SFCPC

金融文化丛书

瞿建国

改革创业人生

上海金融文化促进中心 编

瞿建国 等 口述

王家骏 徐进 金蕴 撰稿

上海人民出版社 学林出版社

图书在版编目（CIP）数据

瞿建国：改革创业人生 / 上海金融文化促进中心编；
瞿建国等口述；王家骏，徐进，金蕴撰稿. —上海：学林出版社，2021
（金融文化丛书）
ISBN 978-7-5486-1769-3
Ⅰ.①瞿… Ⅱ.①上…②瞿…③王…④徐…⑤金… Ⅲ.①瞿建国-生平事迹
Ⅳ.①K825.38

中国版本图书馆CIP数据核字（2021）第092170号

责任编辑 尹利欣 汤丹磊

封面设计 肖晋兴

金融文化丛书

瞿建国：改革创业人生

上海金融文化促进中心 编
瞿建国等 口述
王家骏、徐进、金蕴 撰稿

出　版 学林出版社
（200001 上海福建中路193号）
发　行 上海人民出版社发行中心
（200001 上海福建中路193号）
印　刷 上海盛隆印务有限公司
开　本 720×1000 1/16
印　张 22.75
字　数 330千字
版　次 2021年5月第1版
印　次 2021年5月第1次印刷
ISBN 978-7-5486-1769-3/F·65
定　价 128.00元

改革创业人生

策　划　范永进　沈惠民

口　述　瞿建国

撰　稿　王家骏　徐　进　金　蕴

丛书总序　用文化力量讲好金融故事

1978年，党的十一届三中全会召开，改革开放的春风吹向神州大地，我国经济体制逐步由计划经济向社会主义市场经济转变。1990年，邓小平在上海过完春节后回京与中央几位领导同志谈话时指出：“上海是我们的王牌，把上海搞起来是一条捷径。”是年，浦东开发开放吹响号角。1991年初，邓小平在听取上海市负责同志的工作汇报时又说：“金融很重要，是现代经济的核心。金融搞好了，一着棋活，全盘皆活。”党的十四大报告正式确立上海“一个龙头、三个中心”的建设目标。一个个改革的故事在春天里破土，一批批改革的骄子在春风中成长。

这是一段波澜壮阔、激荡人心的历史，随着经济社会的快速发展，我们的文化也在觉醒，我们的自信也在勃发。文化自信是一个民族、一个国家以及一个政党对自身所禀赋和拥有的文化价值的充分肯定和积极践行，并对其文化的生命力保持坚定的信心和发展的希望。习近平总书记在强调文化自信的重要性时明确指出：“文化自信，是更基础、更广泛、更深厚的自信。”

金融和文化在现代经济发展中扮演着非常重要的角色，在中华民族伟大复兴历程中也有着不可忽视的地位。金融文化作为新时代文化的重要组成部分，也应当具有“更基础、更广泛、更深厚的自信”。

上海金融文化促进中心、《岁月　人生　思考》杂志编辑团队通过十余年不懈努力，利用业余时间抢救史料，记录上海金融改革历史风云，研究上海一个多世纪的金融史，同时还涉猎经济、政治、历史、文化以及国际关系等相关领域；坚持以“文化引领金融”为己任，围绕金融文化自信和自觉，积极开展金融文化自信内涵的探索传播，激发创新活力，讲好中国金融文化故事，传播金融文化好声音。

上海金融文化促进中心的相关工作，最早可以追溯到2000年前后，我们一直以来跟踪、梳理、研究经济金融领域发展及其历史，并于2007年起深入聚焦三大任务，一是寻找“上海金融记忆”，二是抢救民间金融史料，三是搭建金融交流平台。这些年来经历了四个发展阶段，积累了丰硕成果。

第一阶段起步于“股市回响”。2007年，我们怀着抢救股市史料的初衷，通过收集股市资料、采访股市名人等方式，推出了一批有影响力的书籍和影像资料。主要成果有：2007年拍摄纪录片《中国股市早年岁月（1984—1992）》，并由上海人民出版社出版同名书；2008年编写《上海资产重组回望》一书，拍摄纪录片《中国股市拓荒者之歌》；2009年完成该阶段扛鼎之作《见证中国股市》一书，该书现已成为研究中国股市历史的重要参考资料。

第二阶段扩大于“往事回望”。自2009年起，我们不再局限于股市，而开始抢救改革开放、人生往事等各方面的史料。主要成果有：整理口述回忆录，编辑《父亲范玉高的足迹——兼记解放战争时期山东参军革命到上海的那一代人》，参与由中央电视台录制播放的讲述中国股市20年历史的《大市·中国》纪录片，历时两年整理完成原人民银行上海市分行老行长龚浩成口述书籍《上海金融改革往事》。

第三阶段上升于“岁月人生”。2011年，工作团队创办了《岁月　人生　思考》双月刊杂志，迄今已经出版60期，迎来了创刊10周年，成为上海金融文化促进中心的会刊，是金融文化交流的一个重要平台。其他主要成果：编写《穿越时空的凝思》、《我们走过的路》（上下册）、《经济体制改革与股份制实践》、《大时代　大思维》（上下册）等。

第四阶段聚焦于“金融文化”。2014年，我们抓住契机，正式成立市级社团组织上海金融文化促进中心，着重探寻申城一个多世纪的金融发展历史形态和人文脉络，抢救民间金融史料，搭建金融文化交流平台，推动上海金融文化史研究工作的开展。在“金融文化”阶段，成果更加丰富，活动更加多样，人才脱颖而出，思想火花迸发。主要成果有：推出《往事与思考》《行动的力量》《坚持的力量》《前行的力量》《金融·法治·文丛》《商事·法治·文丛》《经济新常态与企业新变革》《华政情缘》《股市里的故事》《感悟大时代》《与岁月同行》《荣华十年》《融入大上海》《九零后的故事》等一大批书籍；撰写《上海国际金融中心建设与风险防范》《做强做大资本市场是上海金融中心建设的重中之重》等调研报告；开展“四史”研究，撰写《中国百余年来的五代企业家》《从大时代看大国崛起——兼论改革开放与中华民族的伟大复兴》《从1919到2019：中国巨变一百年——革命、建设、改革三个三十年与再出发十年》等重要文章。

上海金融文化促进中心提出“分享人生、回报社会，留下足迹、记录历史，培育新人、传承事业”及“出成果、出思想、出人才”等目标任务。十余年来坚持信念，十余年来追求卓越，十余年来从小到大，十余年来由优变特，上海金融文化促进中心发展轨迹呈现出四大特点：

第一是阶段上追求稳中求进，从“股市回响”到“往事回望”，到“岁月人生”，再到“金融文化”，其中的含义越来越深刻，在做出成果的同时也成就了自我。

第二是行动上追求知行合一，从出成果到出点子、出人才，坚持脚踏实地，除了有理论基础，也不断地积累材料和资源。

第三是成果上追求“三精一体”。首先是“打造精神”，做精神产品首先要有正能量，要充满精气神；其次是“多出精品”，上海金融文化促进中心坚持传承历史，多创造精品；最后是培育出有情怀、有格局、有智慧、有担当的精英人才。

第四是方法上追求创意连连。一是顺势而为，时代需要什么就做什么；二是队伍精干，团队规模不大，但是作品力求有成；三是守正出新，以文会友，做的是正能量并经常创新；四是高效优质，平时采访、出杂志都是保证质量，力求短、平、快，多、特、优。

2020年，是浦东开发开放30周年、上海证券交易所开业30周年，也是上海国际金融中心基本建成之年；2021年，又迎来了中国共产党建党百年和

“十四五”开局之年。当前，我们正面临百年未有之大变局，站在继往开来的重要节点。我们赶上了一个金融大时代，这些年全球经济金融的风云激荡让更多人对金融产生了一种新的敬畏。中国想要重新回到世界舞台的中心，向我们的文化自信、文化提升提出了迫切的需求。

感恩大时代，感恩开创者。这套金融文化丛书的出版，正是基于上海金融文化促进中心的使命信念，源于传播金融文化的责任担当，立足于十余年来成果和人才的底蕴积累，着眼于讲好中国金融文化故事的情怀梦想。

我们的事业还在路上，我们需要更多地凝聚智慧，用文化力量不断讲好中国金融故事。

金融文化丛书编委会

2021年5月

本书序　创业老兵瞿建国

稍稍对中国股市之历史有点兴趣和了解的人，几乎没有不知道“老八股”的。而“老八股”面世时，唯一一家乡镇企业就是“申华电工”。本书的主人公瞿建国就是申华电工的创始人。

瞿建国的人生与“股市”“创业”有着不解之缘，堪称传奇。

他迄今为止共有四次创业：1973年创办乡村木器厂，1987年创办后来成为“老八股”之一的申华电工，2001年创办人生第二家上市公司开能环保，2014年创办原能细胞科技。从这些几乎不相干的行业来看，他似乎总能把握时代发展的潮流，看到未来经济发展的趋势，从而赢得先机，创造价值。

他与股市的交集，更是一个个脍炙人口的传奇故事：从当年股市风口浪尖的“申华事变”，他与王石等资本市场大咖探索合作重组，到他重起炉灶、二次创业搞开能环保并成功上市，再到他花甲之年而钟情细胞生命科技，开能环保新老董事会完成交班。瞿建国的股市故事，与《公司法》、董事会制度、所有权和经营权分离、企业法人治理结构完善这些重要的法律、制度的变革完善密切相关。他的故事，不仅精彩，而且还是理解中国改革开放以来企业制度演化的一把钥匙。

瞿建国可以说是因股市兴家立业，因股市跌宕起伏，因股市精彩纷呈，因股市老当益壮。在他的数次创业阶段，身边围绕了一批铁杆粉丝，始终追随他左右，即使在危机四伏之时也是无怨无悔，进退与共。他的人格有着什么样的魅力？

瞿建国不仅是一位企业家，也是一位慈善家，他年轻时就怀揣报效家乡、尊老爱幼之理念，在20世纪90年代初将从股票认购证上赚到的1000万巨款捐资成立中国首个以私人名字命名的非公募基金会（上海市建国社会公益基金会）。他持续热心公益，2004年又设立上海市自然与健康基金会。

瞿建国把他一生的成就概括为这些“第一”：

1973年在浦东川沙创办首个村级桥弄大队木器加工厂；

1982年成立上海第一家村级工业公司并获得工商执照的企业（桥弄大队工业公司）；

1983年创办全国第一家大队村级工业开发园区；

1983年建成全国第一个家家户户装电话的电话村；

1985年成立全国首家由四省市18家企业组成跨地区跨行业跨所有制的横向经济联合体（申华电工联合公司）；

1987年改制创办全国第一家农委推荐经国家批准公开发行股票的股份制试点企业；

1988年在上海首创中巴便民公交，实行招手上车、就近下车；

1990年成为全国第一批在证券交易所挂牌上市的八家上市公司之一（俗称“老八股”，申华电工）；

1993年捐资成立中国首个以自己私人名字命名的非公募基金会（上海市建国社会公益基金会）；

1995年成为浙江省首个个人捐赠希望小学的民营企业家，著名作家巴金题名建国希望学校；

2001年全球首创“全屋净水，全家健康”的理念并创立开能环保设备股份有限公司，并于2011年在创业板上市；

2004年设立上海首个以资助、支持环保健康为主题的非公募基金会：上海市自然与健康基金会；

2012年首创实行工业园区负排放、自然河浜可游泳的环保举措；

2014年首家提出存储健康人免疫细胞，并创建自动化细胞银行库；

2015年开发出全球首个自动化、智能化、无人值守细胞存储设备；

……

一连串的“第一”，表明了瞿建国拥有非凡的勇气、超人般的远见、敢于担当的魄力。他一生不断地创新，一次次在逆境中崛起，拥抱成功。作为一个农民的儿子，他深深体会到财富对于改变命运的重要。他做木匠，走街串巷；他成立社办企业，带领乡亲们共同致富；他创办申华实业，做一个股份制改革的“试水者”；他倡导“全屋净水”理念，办起了开能环保；他深为国人的健康担忧，60岁的时候再度创业，成立原能细胞，期待成立细胞银行，实现“天下无穷人，地上无病人”的创业理想。

春江水暖鸭先知。瞿建国经历过的60多年的岁月，正是共和国风起云涌的60多年。他出生在百废待兴的新中国成立初期，父母为他取名建国，成长于三年自然灾害和“文化大革命”期间，在人生的黄金岁月，迎来了改革开放的伟大时代。瞿建国感恩这个时代为他提供了展示才华的舞台。瞿建国的创业人生，就是中国改革开放40多年历史的真实写照，也是中国新一代民营企业家成长的不凡历程的缩写。

有人赞叹瞿建国眼光非凡，有人敬佩瞿建国魅力超群。瞿建国身上有那么多的谜，对于创业者来说，解开这些谜，就仿佛是打开了成功的大门，掌握了财富的钥匙，走上了实现理想的通途。

对于这些看法，瞿建国自己这样说：“一个读者，看了比尔·盖茨传记、马云传记，是不大可能复制成功的。如果创业者能够从我的创业经历中找到灵感，如果我的创业经验可复制可推广，为这个时代的创业者提供一些路径，那就有些价值了。”

本书就是向广大读者展示这样一位创业传奇人物瞿建国，也许从他的故事中，可以领悟到一些什么，而这也正是瞿建国所希望的。

目录 Contents

第二次创业（1987–2000）：
申华成为“老八股”　在并购中负重前行

第三次创业（2001–2014）：
创办人生第二家上市公司：开能环保

第四次创业（2014年至今）
聚焦大健康产业：创办原能细胞科技

引 子

英雄不问出身，他虽一介农民，却极富敏锐意识和超前眼光，跻身第一批勇立改革开放潮头的农民企业家，成为第一个在新中国股市叱咤风云的农民。

英雄自问出身，他已腰缠万贯，仍不舍浓浓乡情和深深友情，对养老、慈善事业情有独钟，身边几位创业伙伴已追随他闯荡商海40年。

英雄不提当年勇，他曾经傲立巅峰，却不留恋巅峰，当宦海波诡、商海变幻，他两度毅然离开，华丽转身，将已成就的一番事业留在身后。

英雄不减当年勇，他自忖宝刀未老，慧眼洞察商机，当时代更新、科技发展，他果断投身新兴行业，先后进入节能环保、生命科技两大前沿领域，再度创业。

他，就是每13年创业一次的传奇人物——瞿建国。

1

第一次创业

1973–1986

从乡村木器厂到探索成立联营公司

1973年，瞿建国就开始创办木器厂；当改革春风吹起后，他因领导村办企业经营有方、业绩突出，被提升为主抓工业的副乡长、工业公司总经理，为孙小桥乡（也就是后来的孙桥乡）跻身“亿元乡”作出贡献；当大家还沉浸在“村村冒烟”的喜悦中时，他又将眼光投向创办现代化企业的更远方。

第一节　木匠办木器厂

1954年，瞿建国出生在上海浦东川沙一户贫困农家。由于家庭贫困和大环境使然，瞿建国并没有好好上过学，先是走街串巷做木工，不久就发现了城市里对木工需求的商机，萌生办企业的雄心。1973年，他带着一群年轻人创办了桥弄木器厂，并担任厂长，从此走上了创业的征途。

桥弄村的苦孩子

曾经的烂泥渡，现在是高楼鳞次栉比的陆家嘴，大上海的金融脉搏在这里跳动。

曾经的滩涂地，现在是磅礴大气的浦东国际机场，有朋自远方来，不亦乐乎。

浦东开发开放带来的成效是惊人的。回溯几十年，再富于梦想的人也不会想到，仅仅几十年的光景，浦东就换了容颜。2018年11月，中共中央总书记、国家主席、中央军委主席习近平在上海中心大厦，同大家一起回顾上海城市建设和发展历程。他表示，改革开放以来，中国发生了翻天覆地的变化，上海就是一个生动例证。

瞿建国的家乡，就在陆家嘴通向浦东国际机场的路上，一个名叫桥弄的地方。瞿建国出生前后，桥弄还是苏南行政区松江专员公署治下的一个小村子，贫瘠的土地上处处芦苇荡，村民的日子过得很窘迫，远离主路的村庄里条条烂泥路，因而也很闭塞。

1956年夏天，桥弄和邻近的十多个村遭遇了罕见的龙卷风，据《浦东方志·张江镇志》记载，“是日晌午，乌云密布，雷声轰鸣，气旋翻滚，狂风夹暴雨霰雹。突然一道白炽电光，一声霹雳巨响，东西方凌空升起一条粗大乌黑漏斗状长龙，下尾席卷大地迅速朝西北转北扫去。瞬间拔木倒屋，瓦梁柴堆、家禽家畜及农作物等腾空而起，回旋飞舞，惨遭毁坏”。遭了灾的桥弄，人心惶惶，村里的年轻人只要一有机会，就坐上手摇船去上海。当年，上海郊区被称作“乡下”，上海市区才是“上海”，去了就不再回来。

瞿建国的父亲瞿六根是个老实巴交的木匠，因为一些历史遗留问题，被送去劳动教养，瞿家没有了顶梁柱。瞿建国很小的时候就非常懂事，他能够在村口蔓生的野草中，准确地分辨出哪些是可以吃的，后来他又找到了可以吃的树皮。在饥荒时代，一个穷人家的孩子能吃的，大抵也只有这些了。每天的口粮就是野菜浸泡的绿水，偶尔吃上一碗豆腐渣拌菜，就欢天喜地。

1958年11月14日，江苏省人民委员会通知，桥弄村所在的川沙县随同南汇、青浦、松江、奉贤、金山、崇明等六县，一起划归上海市。浦东首次作为一个行政区划得到确认（在1961年，浦东县撤销建制，其农村地区划归川沙县，沿黄浦江边的高庙地区划归杨浦区）。这个决定，被认为极具战略眼光和重大的历史意义，然而，对于像瞿建国这样一个4岁的孩子而言，对于绝大多数的农村家庭而言，生活在江苏农村还是生活在上海浦东农村，又有多少区别？

农民是看天吃饭的，但老天并没有给他们好脸色。1958年的初霜，10月底就出现了，周边地区的温度在3℃左右，这是20世纪最早的一次初霜。漫长而寒冷的冬夜，给1958年画上了句号，而这仅仅是三年自然灾害的开始。

一般认为的三年自然灾害，发生在1959年至1961年。实际上，受极端天气的影响，自然灾害的梦魇前前后后持续了近十年。

1963年，是川沙人苦不堪言的一年，桥弄村所在的孙小桥及周边地区，更是饱受恶劣天气的蹂躏。1月出现了零下13.8℃的地面极端最低温度；7月，台风、暴雨、海水倒灌，据《浦东方志·张江镇志》记载，邻近孙小桥的张江地区，甚至发生了“2.5吨船只可撑至家门口”的奇事；9月，孙小桥地区最大风力达11级，毗邻的南汇境内遭大水倒灌，9334.5亩农田受淹，58个生产队集体仓库不同程度进水。1964年2月17日至24日，暴雪八天，是中华人民共和国成立以来连续降雪时间最长的一次。

1966年8月7日，在张江、孙小桥地区创出了地面极端最高温度67.8℃

（据《浦东方志·张江镇志》），大地龟裂，生命力最顽强的野草也是遍地枯黄。

只有亲身经历过饥饿，才知道饥饿之下那种人性泯灭的可怕。然而，也只有到了山穷水尽的时候，珍贵的品格才会格外耀眼。在最饥饿的那几年里，有些乡亲实在是忍不住饥饿，把孩子抛在路边，背井离乡逃荒去了，瞿建国的母亲心地善良，在自己都吃不饱的情况下，还收养了邻居遗弃的残疾女孩。这样一来，每天分到瞿建国兄弟三个碗里的粮食又少了一些。瞿建国不抱怨，每天饿得难受，就在外面发疯似的游走，仿佛这样才能忘记饥饿，筋疲力尽地回家，才可以什么都不想，倒头睡到天亮。浩然在《艳阳天》里有一句“饿得连自己的影子也拖不动了”，这也是瞿建国的写照，那时候，看着自己在太阳底下的影子，走不动了，看着看着，眼就花了。

有一次，瞿建国饿得实在不行了，哆嗦着腿，又出门到处乱走。走在桥上，头昏眼花，小腿发抖，生怕掉下去。还好碰到一个小孩吃花生。那花生的味道可香呢，至今，瞿建国还记得那个香味。他忘记了头昏眼花，忘记了小腿发抖，从桥上跟到桥下，一路跟着他走。那孩子很快就注意到身后跟着一个邋里邋遢的孩子，也大概知道这个孩子想要什么，但他也舍不得把自己的花生给人。他对瞿建国说，要不，我把花生壳给你吧，我吃里面的，你吃外面的。瞿建国很高兴，接过那人递过来的花生壳，连忙放进了嘴里。

“我吃里面你吃外面”，这句话瞿建国记了一辈子。每次遇到挫折，眼看就山穷水尽了，瞿建国都会情不自禁地想起那些花生壳。要说困难，嚼花生壳的时候才是真困难，都嚼过花生壳了，还有什么苦吃不得，嚼不得，咽不得？

从小裁缝到小木匠

随着年龄的增长，瞿建国上了小学，但他对读书兴趣不大。在瞿建国的记忆里，对一位老师印象特别深刻。为了帮妈妈挑起养育两个弟弟的担子，小建国总是琢磨怎么赚钱补贴家用。记不清从什么时候开始，学校的一位老师开始买他从家门前的菜地里挖的菜，无论他带去什么菜，老师都会高高兴兴地买下来，让小建国回家的时候很有成就感。现在想起来，瞿建国会眼睛湿润，他说，他现在明白了，老师是在帮他。

记得有一天，小建国不小心把手上划了一个大口子，血流不止。妈妈慌了，赶紧抓一把土给他糊上。一个邻家伯伯看到了，从口袋里摸出5毛钱，给了瞿妈妈，让她带孩子去镇上的卫生站医治。妈妈带着小建国去找了医生，清洗处理包扎好，要收1元钱，可是妈妈口袋里只有5毛钱。看到手足无措、困窘不已的瞿妈妈，医生摇摇头，从自己的口袋里拿出5毛钱，替他们娘俩交了费。

至今，瞿建国的左手还留着一个长长的疤痕，如同在他的心里对邻居和村民们的感激之情，清晰可见。

生存如此艰难，瞿建国的母亲决定为儿子找一条穷人家孩子经常走的"老路"，学一门手艺——裁缝。

川沙的裁缝技艺，在清末民初的时候，有"一根针"的称誉。根据1990年出版的《川沙县志》记载，川沙"妇女纺纱织布，刺绣编结；男子多外出从事泥木工及缝纫业"，穷人家的孩子，能够拜个裁缝做师傅，有手艺就饿不死。

母亲让瞿建国课余时间去裁缝家试试运气。那时候，瞿建国才9岁，年纪太小，裁缝又要去公社里的手工业合作社做工，不肯收。看着瞿建国一脸的沮丧，母亲说："你不要去管别人怎么说怎么做，你只要坚持在门口等，就一定能成功。"

听了母亲的话，瞿建国就待在裁缝家门外，一待就是两个多星期。裁缝见瞿建国的性子这么执拗，倒像是一个能做事的人，就让他进了门。虽然只能看着裁缝做一些零碎的针线活，但瞿建国心中还是欢喜的，总算是有点事情可做了。

自从进了裁缝家，瞿建国对于读书就不再上心，12岁的时候，正逢"文化大革命"，就基本不读书了。这算是一桩憾事，瞿建国后来出版了《瞿建国微信微博选》一书，在自序中自嘲道："吃亏的还是小时候书读得不多，汉语拼音也没学成，一年里所发之微博全是靠拇指画出来的。但遇到写不出的文字时，还得保姆用拼音相助。"

瞿建国12岁这一年，家里出了一件喜事：父亲瞿六根从农场回来了。常年接受劳动改造，磨平了父亲的棱角，待人接物给人的感觉有些木讷。瞿建国好奇地打量着父亲，眼前这个面容陌生的男子，真的可以让家里人吃上一顿饱饭吗？父亲话不多，手艺还在，他仍是一个手指灵活的木匠。为了让家里人都吃上饭，父亲拿起了锯子和刨子，重操旧业。

父亲为领养的妹妹做了一个小板凳，这让瞿建国眼前一亮。

无论生活在哪个时代，最先接受新事物的人群中，总是少不了十多岁的少年。这样的年纪，只要给他一个机会，他就会创造一个未来。总觉得针线活不对自己胃口的瞿建国，在见识了父亲的手艺后，有一种醍醐灌顶的感觉：这样的手艺才对自己的胃口，能让自己出人头地。

这一天，儿子突然跑过来说想要做一个木匠，这让瞿六根有些手足无措。劳动教养的经历，让瞿六根凡事都变得小心翼翼，其时，“文革”浪潮已起，瞿六根的犹豫并非完全没道理。

在反复确定了儿子的决心后，瞿六根咬咬牙，儿子说得没错，靠天靠地不如靠自己的双手。就这样，瞿建国成了一个木匠学徒。从小裁缝到小木匠，这是瞿建国第一次为自己选择了前进的道路，这条路是康庄大道也好，是羊肠小道也好，是水泥路也好，是烂泥地也好，瞿建国认准了方向，就坚持走下去。

做木匠，除了要拜师父，还要拜祖师爷。川沙城旁种德寺奉祀祖师爷鲁班，在遥远的1888年，集合水作、锯木、石工、雕花、桶作、板箱、小木、铅皮的川沙“八业公所”就在这里成立。但瞿建国入行，是破除四旧的“文革”时期，在“横扫一切牛鬼蛇神”的大环境下，瞿六根不敢带着儿子去拜鲁班，就连传授技艺，一开始也都放在晚上。

瞿建国的木匠手艺都是晚上练出来的。拿起榔头锯子，就好像有使不完的劲儿。父亲是一门心思地教，儿子是认认真真地学，才一年多的光景，瞿建国的木匠活就做得有模有样，还经常举一反三，改良木器的制作方法。瞿六根对儿子的天分还是有一些期许的，督促也更加严格。

到了16岁的时候，已经彻底放弃了学业的瞿建国成为一位资深的木匠师傅，开始一本正经带徒弟了。说起来，这些徒弟比他年纪都大很多了，不过他们还是毕恭毕敬、像模像样地叫瞿建国一声“师父”。

“试水”木器厂

一个好汉三个帮，瞿建国有了几个可靠踏实的徒弟，胆气壮了，他想自己闯一闯，就喊出了要“创办木器厂”的口号。那一年是1973年，瞿建国19岁。

瞿六根吓了一跳，村里人也吓了一跳。

瞿建国说话的样子，并不像开玩笑，摸摸额头，不凉也不烧，怎么就癔症了？

1973年，大多数中国人都如同瞿六根这样，对任何可能改变生活方式的事情，感到不理解，只有极少数中国人在认真思考，为国家思考，为自己思考。在距离桥弄村100多公里的华西村，一个小五金厂已经偷偷开办了5年；在距离上海1000多公里的北京，我国第一台每秒钟运算100万次的集成电路电子计算机试制成功。由于公开资料的缺失，无法清楚地还原1973年的上海人、桥弄人对计算机和华西村的看法。然而，正是这样一些改变，悄然推动着时代的车轮步步向前。不积跬步，无以至千里，从“文革”后期过渡到改革开放的萌芽，从量变到质变，都至关紧要。

瞿建国有时候会跟着村里人去上海打零工。川沙来的木匠师傅，在上海口碑一向很好。《川沙名胜》（上海科学技术文献出版社，2018年版）记载，19世纪末至20世纪二三十年代，来自川沙的大批泥工、木工参与建造了海关大楼、中国银行大厦、汇中饭店（和平饭店南楼）、先施公司大楼、永安公司新楼（七重天）、梅龙镇酒家等地标性建筑。上海的城市建设、上海曾经的天际线，有着川沙木匠师傅的辛劳和智慧。

在走街串巷的时候，瞿建国发现城里人对木工师傅态度特别好，而城里对木工的需求也特别大。1973年，“无师自通”的瞿建国想明白了一些道理，而且是越想越兴奋。他喊出的“办厂”的口号，只是他满脑子琢磨出来的新思想中的一个，他不愿多说，情愿多做。

这是瞿建国的第一次创业。和以后几次波澜壮阔的创业相比，第一次创业的起点很低，用《沙家浜》里的戏文来形容，就是“十几个人来七八条枪”，甚至说可以调动的人和资源比“胡司令”的还要少。然而，这一次勇敢的探索，让瞿建国终身受益。

瞿六根说儿子得了癔症，村里干部也来打探口风。瞿建国说，自己“创办木器厂”的念头，是在反复研读了毛主席语录后产生的。1959年，毛泽东发表重要讲话，指出社队企业是“我们伟大的、光明灿烂的希望”。1966年，毛泽东又说：农民“在有条件的时候，也要由集体办些小工厂”。既然如此，大家对豪言壮语的瞿建国也就无话可说了。

上海的乡镇企业起步于农业合作化时期，为响应毛主席的号召，一些乡率先办起了农具修理厂和农副产品加工厂，上海近郊比较著名的社队工业企业分布在六里乡、凌桥乡、莘庄乡、高境乡、塘南乡等地。农具修理厂基本可以满足农业生产的需要，农副产品加工厂丰富了市场供应，又增加了集体收入。这些已作为经验，在上海近郊农村进行了推广和普及。既然如此，大家对雄心勃勃的瞿建国也是有所期待的。

事情就这么成了。

瞿建国很感谢当时跟着一起创业的伙伴们，他还记得当年自己对大家所说的那些充满了鼓动色彩的话语：农村的地越来越少，人越来越多，我们要为自己找出路！就这样，他们就决定跟着瞿建国一起创业了。

瞿建国更感激当时的那些大队干部。他说，当时我说的很多想法，他们并没有完全接受，其实很多时候我自己都将信将疑，但他们还是毫无保留地支持我把木器厂先办起来。

在大队的支持下，瞿建国的木器厂（一开始叫桥弄木器场）顺顺利利地搭起了草台班子，并逐步走上了正轨。事实证明，瞿建国的洞见是睿智的，他的第一次创业乘着东风而起，赶上了好时候。

“文革”结束的那一年——1976年，上海郊区的社队工业企业发展到5055家，务工社员有42.3万人，年工业总产值12亿元。这是一个良好的开始，是一份还算不错的成绩单。这其中也有瞿建国木器厂的一份贡献。

从办厂到修路

瞿建国办木器厂的决心是很大的，他对一起创业的小伙伴们说：我们要同吃同住，一起干。既然要做，就做出点样子来再回家。虽然离家里只有5分钟的路程，但几个小伙伴说干就干，把铺盖搬到厂里，对家里人说不成功就不回家了。“不回家”并不是说说而已，瞿建国在木器厂的加班天数，全厂第一，甚至结婚第二天，他就返厂上班，通宵达旦。幸而新娘子完全支持他，没有怨言。

顾培华是和瞿建国从小一起长大的“赤膊兄弟”，也是1973年一起办厂的“元老”。顾培华还记得瞿建国当年振臂疾呼“我们的木器厂就要和以前的土钢铁、土机床、土原料、土设备、土办法的作坊式生产不一样”。顾培华感慨地说，如果说当时受制于资金和政策，土钢铁、土机床、土原料、土设备暂时“动不得”，那么瞿建国一门心思要改的，一股子热情要改的，就是“土办法”。

木器厂，顾名思义，除了木匠师傅，厂里最重要的就是木料。然而，当时缺的就是木料。据顾培华回忆，当时到处都是“农业学大寨”，把村里的树都砍尽了，为耕田腾地方。

没有树，就没有木料，没有木料，就没有木器厂，这是最简单的因果循环。为了找木料，瞿建国从桥弄村找到川沙县，又从川沙骑着自行车，一路蹬到南京路。

十里南京路，一个大上海，作为上海开埠后最早建立的一条商业街，南京路的商业业态创亚洲百货业无数先河，即便是在秩序混乱的“文革”时期，南京路仍然是一个农村人无比向往的地方，更何况川沙的泥工木工曾经参与南京路的建设，对这条路感情深厚。瞿建国把去南京路叫作“进城”，把在南京路上做木工叫作“学习”。他珍惜每一次进城的机会，总要多看多问，不放过每一次学习的机会。他凭借出色的手艺、灵活的头脑，在一向“眼界很高”的南京路，也慢慢积累起了一定的人际关系。同时，也让他更加渴望改善村里乡亲们的生活质量，让善良、贫穷的乡邻们过上“楼上楼下，电灯电话”的日子。

瞿建国曾为南京路上多家剧院、饭店修理过桌椅，其中就包括上海人耳熟能详的大舞台、长江剧场、扬州饭店、功德林等。一来二去，店里上上下下都很喜欢瞿建国这样一个热情淳朴的川沙小木匠，也愿意帮他。因为种种原因，店里总有一些损坏严重不能再修的桌椅，本来店里是把这些当废品处理的，瞿建国看在眼里，觉得都是宝，就和店里说，能不能把这些废品都卖给他，反正都是卖，店里就把这个人情顺水给了瞿建国。就这样，瞿建国收集了店里的这些废桌椅、废木料，集中起来，运往桥弄村，慢慢也积累了一些木料。

为了拓宽木料的进货渠道，瞿建国甚至打起了村里养猪场的主意。在计划经济的运作模式下，一切都要按计划来。养猪场是村里的重点项目，是排入生产计划的，比起“先天不足”的木器厂，更容易弄到木料。这些木料被用来加固养猪场的门窗。瞿建国和养猪场商量，加固门窗可以用竹子，省下的木料给他们木器厂。

就这样东一榔头西一棒子，瞿建国收了不少木料，虽说大部分是边角料，但用来做小凳子、小桌子、小家具，还是绰绰有余的。木器厂就这么一步一步发展起来了，一起创业的小兄弟们获得了实实在在的回报。顾培华记得自己在木器厂第一年的工资是298元，家里装电灯用了89元，一开始有些“肉痛”，后来想想还要继续跟着瞿建国做下去，花出去的钱还可以正大光明地赚回来。更何况，装了电灯，家里亮起来，很有成就感。

那段日子是艰苦的，也是快乐的，更是充实的、难忘的。在木器厂时和很多人结下的友谊，瞿建国念了一辈子。他在2015年2月1日的微博中说：“昨晚，赴四十多年前亲手创办的木器厂吃年夜饭，见到一起创业的老同事们在寒风中迎接，内心真是激动万分。席间，杯酒忆当时、念友谊，满是快乐幸福感。在显苍老、乏健康的老朋友面前，议到了我那百岁长寿计划时，大家一下子感到还年轻，更兴奋起来，似回到了一起创业的当年场景。”

木器厂走上了正轨，瞿建国却更忙了。

顾培华说，瞿建国永远闲不住，木器厂的“庙”太小，装不下瞿建国的“大思想”。瞿建国自己也说：“无论是否休假日，每天必须为自己找列出一两件具体的事，并尽一切可能去完成。”

十一届三中全会形成的《中共中央关于加快农业发展若干问题的决定（草案）》明确指出：“社队企业要有一个大发展。”1979年7月，国务院下发《国务院关于发展社队企业若干问题的规定（试行草案）》，指出“国家支援农村人民公社的投资拨给社队企业管理部门用于扶持穷社穷队办企业的，一般不得少于一半”；“农业银行每年要从农业贷款中，拨出一定数量的低息贷款”；“国家对社队企业实行低税、免税政策”；“各行各业要积极扶持社队企业”。

瞿建国1973年创办的木器厂（摄于2014年）

借着政策东风，一贯奉行“勤快一点，抢着做事，没必要等待”的瞿建国，一边经营木器厂，一边“开疆拓土”，在村里先后成立了多家社办企业。有一天，瞿建国和顾培华闲聊，说他想为村里修一条路。顾培华大惑不解，接二连三地在村里创立企业，说到底还是可以和木器厂“横向联系”，但修路这件事，怎么看都和木器厂还有那十几家先后创立的新企业无关。那瞿建国为什么坚持要修路？

要想富，先修路。1975年11月，运营了50年的上川铁路停运，铁轨随即被拆除，原路基改建成了上川公路，开始通行公共汽车。平整的马路，“缩短”了城市和农村的距离，瞿建国经常骑自行车往城里跑，对马路最敏感，回到村里，他自然对村里到处都是烂泥路意见很大。瞿建国对顾培华说：“一下雨就要光着脚走，不然鞋子就要被烂泥拖走，这样的路况，怎么能发展经济？”

顾培华点点头，这话有道理，这路必须修。就这样，瞿建国想了很多办法，筹措了资金，带着顾培华这些小兄弟在创立村办企业的同时，把村里的烂泥路修成了煤渣路。他们从农田里的阡陌小路开始，想方设法打通各条连接生产队与生产队之间的路。

道路通畅了，生产队和生产队之间的联系也更紧密了，乡下和镇上、和城里之间的距离也“缩短”了。顾培华的父亲拍着儿子的肩膀说，你和瞿建国做了一件大好事。

道路通畅了，乡里乡亲的工作效率提高了，彼此的联系也更紧密了。2006年，胡锦涛总书记来到瞿建国所在的桥弄村，桥弄村作为上海建设社会主义新农村的样板典型，村里向总书记汇报了瞿建国带领大家创造出的成绩。回首往事，没有这条路，不可能有现在的富，是这条路让一批想干事、能干事、干成事的人，走了出来。

道路畅通了，老百姓的日子也好起来了。瞿建国在桥弄村修了第一条路，其他村看了，有的也跟上了瞿建国的步子。大路大富，快路快富，无路不富。桥弄村一带，家里装电灯的，不仅仅是瞿建国、顾培华这些在木器厂创业、做工的小青年；骑上自行车的，也不只是瞿建国或者顾培华父亲这样在村办企业、国营企业做厂长的能人。

虽然还不是柏油路，但大家的心情，就好像走在柏油路上，走在阳光下，走在幸福的田野上。

第二节　村办企业初显才能

1980年，瞿建国成为桥弄村的工业大队长，喜欢琢磨、如饥似渴地汲取新思想的他大胆提出类似园区雏形的工厂规划布局，锐意进行工资改革，采取了一系列有利于经营发展的措施。1984年，桥弄村已拥有塑料厂、服装厂、木器厂等11家厂，员工规模也达到700多人。这显然要归功于瞿建国的改革。

一场覆盖全国的大讨论

1979年9月，在党的十一届四中全会上，正式通过了《关于加快农业发展若干问题的决定》。这一年瞿建国25岁，他通过报纸和广播，认真学习了这份总结了过去20年农业发展的主要经验教训的重要文件。当读到其中有关当前发展农业生产力的政策和措施时，若有所思，眉头时锁时开。

1980年1月，国家农委针对农村的发展状况召开了各省、市、自治区同志参加的座谈会。在会上，一部分人把主张“包产到户”斥之为刮单干风，另一部分人则主张热情支持农民“包产到户”。大会发言后分组讨论，大家的分歧很大，尤其是华东组的争论极为激烈。争论的焦点是“包产到户”是姓“资”还是姓“社”的问题。争论从座谈会蔓延到了全国，邓小平说：“对改革开放，一开始就有不同意见，这是正常的。”

然而，农民群众自下而上掀起的“大包干”浪潮，已经不可阻挡。当年的一位公社书记说：“1980年春，到处都在搞包干到户。我们即使长出三头六臂，也没有办法纠正。上面领导来检查，我们就说单干已基本纠正。实际上哪能纠正得了。”

1980年5月31日，邓小平在同中央负责工作人员的一次谈话中指出，农村政策放宽以后，一些适宜搞包产到户的地方搞了包产到户，效果很好，变化很快。根据邓小平同志的谈话精神，经过几个月的深入调查研究，中共中央于1980年9月14日至22日召开了各省、市、自治区党委第一书记座谈会，讨论加强和完善农业生产责任制的问题。9月27日，中央给各地下发了这次座谈会的纪要《关于进一步加强和完善农业生产责任制的几个问题》。

文件第一次明确提出用“包产到户”的办法来解决中国农村的贫困问题，打破了多年来深深植根于党和广大群众中“包产到户”等于分田单干、等于资本主义的僵化观念。至1982年6月，全国实行家庭联产承包责任制的生产队已发展到占生产队总数的86.7%。

上海社科院应用经济研究所特聘研究员冯登道先生在《为什么上海发展》（今日出版社，2017年版）中提到：“从上海情况看，郊区乡镇工业的起步，可以追溯到农业合作化时期，但是，真正大发展、大腾飞是在1978年党的十一届三中全会以后。尽管在一段时间里，郊区乡镇工业受到了种种不公正的责难和非议，甚至曾一度承受着很大的社会压力，什么‘以小挤大’‘以落后挤先进’‘利润转移’‘不正之风的风源’等等，即使如此，乡镇企业还是以不可阻挡的历史必然性大踏步地迅速发展。”

“农村能人”的出现，是乡镇企业在前期的发展中显示出很强竞争优势的保障，塑造了改革开放后农村第一代企业家形象。

在同样的时代，差不多的环境，手巧眼光也好、人正点子更多的瞿建国，通过带着村民创业致富，以及为村里修路，也渐渐赢得了“农村能人”的称号。村里老人都说，这个20多岁的小木匠肯定能做出一番大事业。

能人从争论中冒了出来，还是要感谢邓小平。邓小平在1992年发表南方谈话时说：“不搞争论，是我的一个发明。不争论，是为了争取时间干。一争论就复杂了，把时间都争掉了，什么也干不成。不争论，大胆地试，大胆地闯。”

瞿建国是这场全国大争论，以及之后邓小平为争论画句号的获益者。和大多数人相比，瞿建国更早地获得了机会的垂青。

然而，就像瞿建国在2014年9月18日的微博中提到的：“大多人，常为没抓住机会而后悔，却不知机会正在失去。成功者，从来不后悔逝去的机会，更相信，机会就在当下，把握才是机会。”

瞿建国的“春天里”

瞿建国是在1979年左右当上工业大队长的。他先后创立了多家村办企业，带动村里工业红红火火，这纸任命堪称众望所归。

当上了工业大队长，责任大了，担子重了。以前只需要对一家木器厂、七八个人负责，而现在所做的每一个决定，都要上一个平台，从全村人的利益出发。

瞿建国在2014年8月1日的微博中提到："决定了方向后，制定能激动人心的目标非常重要！领先的目标就算未完成，也会因领先一步而先进，轻易的目标反会增加惰性而落后自己。领先的目标不仅是自我的承诺，也是自律，更是誓言，还能激发自我内在的动力，更能获得外界和领导支持。不用保守，不留余地，无所谓面子，这是成功之道。"

瞿建国读书囫囵吞枣，读政策却务必每个字都印到骨头里。他坚信，政策的字里行间蕴藏着巨大的机会，这些机会有助于他制定"领先的目标"，最终确保"成功之道"。

1979年1月，邓小平召集工商界领导人谈话，指出要落实对原工商业者的政策，鼓励原工商业者"钱要用起来，人要用起来"。

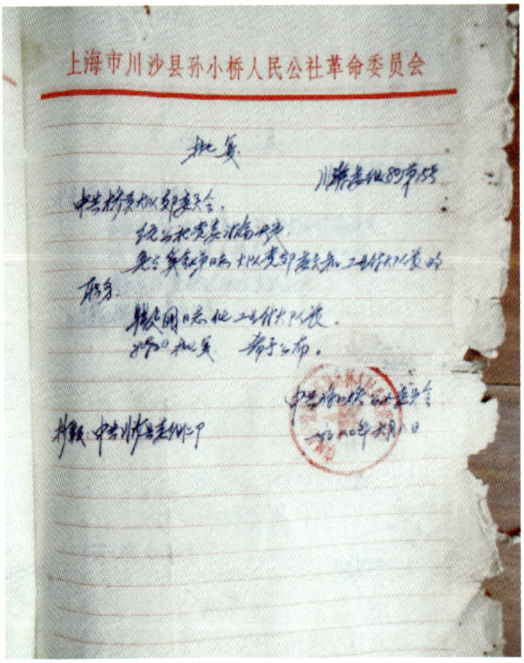
上海市川沙县孙小桥人民公社革命委员会

孙小桥公社委员会关于瞿建国工业大队长的任命

同年7月，《国务院关于发展社队企业若干问题的规定（试行草案）》下发后，瞿建国敏锐地告诉伙伴们，机会来了。"赤膊兄弟"顾培华说，你已经是大队长了，怎么又不"安分"了？瞿建国笑着说，国家那么支持，政策那么好，我若安分，那这个世界上也就不必有我。

瞿建国重新规划了村里工业的发展前景，在距离村中心最远、距离马路最近的地方，选了一块土地，大概有500亩，专门用来办工厂，并创造性地提出类似园区雏形的工厂规划布局，这不仅是桥弄村首家，在桥弄村所在的孙小桥人民公社也是第一家。而更为远大的意义还在于，这是农村建立工业园区的雏形，瞿建国在这片“试验田”里大胆创新，锐意进行工资改革，采取了一系列有利于经营发展的措施。这样的魄力，在当时的时代背景下，让同侪瞠乎其后，让同行刮目相看。

这是瞿建国人生的“春天里”，他所经历的，就是“春天的故事”。

“钱要用起来，人要用起来”，瞿建国自己加了一句“时间要用起来”。那时候，瞿建国的伙伴们差不多都和他一样，以工作为家，以事业为妻，创业劲头十足。

顾培华说，那时候我们一年要工作400多天，一年是365天，多出的那些天是我们不睡觉、不休息攒出来的，是把黑夜当作白天用。大家都像瞿建国一样，豪言“不成功就不回家，事情不做好就不回家”。

两个“不回家”一说出口，很多家庭主妇、老人小孩都对瞿建国这个工业大队长有意见，还有人去向瞿建国的妻子奚秀芳提意见，说你们家的建国怎么这么霸道，自己不休息，还不让别人回家。奚秀芳一笑了之。

奚秀芳家境不错，看中瞿建国是因为他有一技之长，是个好青年。没想到的是，嫁过去后才发现瞿建国是一个没有时间概念也没有家庭概念的工作狂。想来想去，奚秀芳觉得还是支持他的选择，第一她知道瞿建国是一个比较犟的人，宁愿放弃家庭也要去做事业；第二瞿建国这种全身心工作的样子，还是蛮招人爱的。

还有一点，也是很关键的。瞿建国曾经说过：“任何时间都是生命。不懒惰，不闲散，不无聊，不游玩，不浪费。”这个对于“时间”有着如此深刻感悟的男人，当然不会因为“懒惰、闲散、无聊、游玩和浪费”，而把时间蹉跎了。

其实，瞿建国不在家的日子，奚秀芳也很忙。瞿建国给她派了一个接电话的任务。

瞿建国的梦想是让自己村里的乡邻们过上城里人的好日子。“楼上楼下，电灯电话”是标志。而木器厂业务开展，也需要和各方面联系。因为工作的关系，他又经常往市里跑，在南京路有庞杂的人脉，他知道电话对于一个家庭、一个企业、一个村庄的重要性。

通过关系，瞿建国从川沙县城里申请了一条线，直接拉到桥弄村。在村里设立总机台，没人做接线员，奚秀芳就成了第一任接线员。村委会办公室里拨一间做机房，从这个机房里又拉线到村里乡亲家，到1982年的时候，村里家家都有电话可用。要知道，1982年的上海拥有电话机的总数大约只有18万台，而桥弄村家家一台，这可是一件说的人很风光、听的人很吃惊的大事。

机房有且只有一个接线员，第一任就是奚秀芳。此后，因为工作安排的关系，陆续有其他人接替奚秀芳担任接线员。奚秀芳则无论瞿建国怎么安排她，她都无条件地信任和服从安排。

信任是双向的。瞿建国信任妻子，奚秀芳信任丈夫。不回家就不回家，趁着年轻，多做事业，未来的日子还很长。

带领大家集体致富

1981年，国务院发文指出“社队企业已成为农村经济的重要组成部分”，1984年国务院进一步指出“现有社队企业是农村经济的重要支柱，有些是城市大工业不可缺少的助手”。

从“重要组成部分”到“重要支柱”“不可缺少”，国务院的行文措辞给了市场极大的想象空间。

事实证明，社队里的村办企业也确实成为农村经济重要组成部分。20世纪80年代初，桥弄村的销售收入达到1000多万元，差不多占孙小桥人民公社总收入的40%，利润也达到100多万元。这和瞿建国的努力是分不开的。

1982年12月10日，第五届全国人民代表大会第五次会议通过了《关于修改地方各级人大和地方各级人民政府组织法的若干规定的决议》：条文中的“人民公社”改为“乡、民族乡”；“人民公社管理委员会”改为“乡、民族乡人民政府”；“人民公社主任、副主任和委员若干人”改为“乡长、副乡长”；“人民公社基本核算单位”改为“农村集体经济组织”。根据中共中央、国务院发出的《关于实行政社分开，建立乡政府的通知》，各地争取在1984年底以前大体上完成建立乡政府的工作。

这是农村经济体制改革迈出的重要一步。作为人民公社改名为乡的“配套”，1984年3月，中共中央、国务院转发农牧渔业部《关于开创社队企业新局面的报告》，同意将社队企业改称乡镇企业。名正方能言顺。这一称呼，一直用到今天。

1984年4月，孙小桥人民公社正式改名为孙小桥乡，下辖包括桥弄村在内的13个行政村。新名字，要有新气象。乡里要树典型，第一个想到的就是桥弄村。

1985年桥弄村工业战线上的干部合影（最后排左一为瞿建国）

到1984年孙小桥乡改名的时候，桥弄村在工业大队长瞿建国的带领下，已拥有塑料厂、服装厂、木器厂等11家企业，员工规模也达到700多人，成为宣传孙小桥乡的一张经济名片。

越来越多的人开始关注桥弄村，开始关注瞿建国。瞿建国也开始参加一些会议，交流经验，畅谈思路。乡领导对瞿建国十分赏识，当面称他为“能人”。

1984年底，“能人”瞿建国正值三十而立，他完成了人生中第一次的职务晋升，从村里上调到了乡里，被任命为孙小桥乡副乡长，兼工业公司的总经理。乡主要领导希望瞿建国能保持在桥弄村当工业大队长时的激情，把改革方案在全乡范围里进行到底。

孙小桥乡很快就感受到了瞿建国的激情。在工业公司20多名员工里，瞿建国是第一个穿西装上班的人。不仅自己穿，瞿建国还要求员工们也一起穿，瞿建国说："工业公司是乡里的名片，我们走出去，不仅代表了工业公司，还代表乡里主要领导，一定要体面、整洁，让人家乐意和我们打交道。"然而，在穿西装这件事上，并不是所有人都和瞿建国一条心，大多数人穿了几天，觉得硬邦邦的，举手投足都不自在，能不穿就不穿。到最后，整个公司穿西装的只剩下了瞿建国一个。他那件灰色西装，成为他为人处世的一种标志：认定了一个目标，就要坚持走下去，不用保守，更不留余地，这就是成功之道。

办公室里的"西装革命"无疾而终，瞿建国一笑置之。新旧两种观念的碰撞，"西装革命"只是其中一朵小小的浪花，更深层次的体制改革，才是惊涛骇浪。在体制内部，改什么，怎么改，瞿建国的心里有一本账，他没有给自己留后路，因为在他看来，改革必须成功。

有人说瞿建国想法太多，做个副乡长兼工业公司总经理，也算是国家干部了，要稳一点儿，小心驶得万年船。瞿建国可不这么看，在他看来，既然选他来做事业，那他必须要担起这个责任来。

瞿建国在2015年1月8日的微博中写道："今天的我已经在角色，唯有转变观念，调整心态，放弃自我，努力真干。"时间回溯30年，1985年，孙小桥乡工业公司总经理瞿建国所做的，其实就是他在2015年微博里所写的。

瞿建国是从桥弄村最基层木器厂出来的，他了解基层的情况，也知道职工最需要的是什么。结合改革开放的政策，瞿建国大刀阔斧地开始改革，推出种种调动大家积极性的制度。在关键问题上，瞿建国举重若轻，把各方利益处理得很好。

虽然那时候已经在提倡承包制、提倡业绩和效益挂钩，但真正落到实处的，孙小桥工业公司算是一家。瞿建国总结了前几年的分配制度和责任制模式，调查研究，分析利弊，用超前的意识、创新的观念和开拓的精神，制定出一个按"绩效比例"分配的方案，提高企业经营者和职工的积极性，既促使经济持续发展，又增加职工收入水平。

这样的改革，自然是大受欢迎的。工业公司的职工对这个从田间地头上来却坚持穿西装上班的总经理心服口服，打心眼里希望成为瞿建国那样风光体面，走到哪里都受欢迎的人。穿西装是第一步，许多观念还要慢慢培养，许多做派还要慢慢领悟。

瞿建国任孙小桥乡工业副乡长时的所在地

统计数据显示，1982年至1985年上海乡村工业产值平均增长21.6%，在1985年底的时候出现了两个亿元乡，一个是嘉定县的马陆乡，还有一个就是川沙县的孙小桥乡。截至1985年底，孙小桥乡实现总产值10757万元，上榜中国十大亿元乡。

1985年的上海，乡镇企业总数5.1万多个，其中工业企业14524个。而在孙小桥，乡镇工业企业300多家，职工数量近8000人。这时候的孙小桥已不仅是川沙的孙小桥、上海的孙小桥，更是全国的孙小桥，全国改革的骄傲。

2014年10月18日，瞿建国在微博里写到："他的期望就是我们事业的机会。只是应付这个期望，那一定没有抓住机会；仅是满足那个期望，也可能将失去机会。我们的利他，务必要超出他的期望，使其满足，使他感动。"

瞿建国在微博里所说的“他”，既是客户，也是同事，而在1985年，这个“他”就是孙小桥的300多家乡镇企业、近8000名职工。

瞿建国开起了消防车

有人统计过，20世纪八九十年代，中国30岁以上的女性每100人里面就有60人使用过一款名为“霞飞”的护肤产品。那时候，“霞飞”一天三班都来不及生产，要货的人交了钱三个月、六个月才能拿到货。

“霞飞”的诞生和瞿建国有着千丝万缕的关系。20世纪80年代，孙小桥乡产的为上海人所知的名品，只有孙小桥羊毛衫厂的雪兰毛女绣花开衫（1988年被评为“部优”），瞿建国觉得这还不够。要知道1981年至1985年，上海的乡镇企业里有600多个产品先后获得部、市、局优质、名牌产品称号，其中白熊牌薄荷脑、口得福牌味精、天鹅牌彩色灯泡等还获得了上海市优质出口商品称号，孙小桥乡是1985年上海仅有的两个亿元乡之一、全国仅有的十个亿元乡之一，不能仅靠雪兰毛女绣花开衫撑门面。

瞿建国排摸了孙小桥乡300多家乡镇企业生产的工业品，很快就相中了一款名为“霞飞”的化妆品。“霞飞”的生产方上海霞飞日用化工厂建于1985年，在孙小桥乡属于后起之秀。瞿建国经常去上海开会、学习，爱打扮的城市女性给他留下了深刻印象，他觉得化妆品一定会成为“朝阳产业”，就调动资金重点扶持“霞飞”。

这只是第一步。“世界营销之父”菲利普·科特勒（Philip Kotler）曾经说过：“对于营销天才的真正考验不是生产一种成功的产品，而是缔造一个成功的品牌。”20世纪80年代的瞿建国并不知道谁是科特勒，但他的想法和科特勒不谋而合。

美不美，家乡水；亲不亲，家乡人。瞿建国把扶持“霞飞”的关键一步，落实在了桥弄村。村里人都爱听瞿建国讲上海的事情，瞿建国觉得这是个机会，就把上海女子爱打扮的事情绘声绘色地演说了一遍。城里姑娘爱打扮，村里姑娘就不打扮了？桥弄村的女孩子不乐意了，这正中瞿建国心意。瞿建国专门请了上海人民艺术剧院化妆师来桥弄村，给村里女孩子整整培训了一个星期的化妆术，还要求村里的女孩子出门一定要打扮。

慢慢地，川沙一带开始流行这样一句话：最漂亮的姑娘都在桥弄，而桥弄的姑娘都用“霞飞”。借着这些最漂亮姑娘的“广告效应”，“霞飞”的品牌慢慢起来了，成为驰名商标和国货精品，到1992年的时候，“霞飞”年产值3.8亿元，有八大系列300多个品种的产品。不得不说，瞿建国的眼光还是很独到的。

在瞿建国描绘的美好生活愿景里，村民们可以早上在纽约酒店里吃早餐，晚上就到巴黎吃晚餐；机器人在田野里、在工厂里干活；人们可以按自己的想法周游世界。顾天禄回忆道：“瞿总和我们讲这些话的时候，我是觉得怎么可能？后来我举家移民加拿大，回头看看，瞿总当年所说的差不多都实现了。”

瞿建国说，都说我们农村出来的人思想落后，我们吃自己种的粮食和菜，住自己建造的房子，我们什么都不缺，缺的就是想法，真正有想法了，把想法落实了，农村也不比城里差多少。

所以，落后就落后在观念上，落后就落后在没有创新精神上。这样看来，改变人的观念是最重要的。

当时的孙小桥乡有13个村民委员会，115个村民小组，就是没有工商局。而且在农村创立企业，不需要工商局发执照，只要向村里打个报告，村里同意就可以，这是当时的土规矩。瞿建国是这种土规矩的受益人，木器厂就是这么成立的，但土规矩只是权宜之计，从长远看，还是要依法办事、以规从商。

不久，孙小桥乡成立了工商所，要求企业补办营业执照，很多企业都按兵不动，他们想看看瞿建国怎么做。企业不急，新上任的朱所长很着急，想来想去，他决定先抓“大鱼”，直接来找工业公司总经理瞿建国。都是乡里的干部，所长没有耍官腔，而是很诚恳地说：“建国，我们要企业补办工商执照却没人响应，你能不能带个头？”

瞿建国知道其中的利害关系，就带头办了工商执照。所长亲自上门把执照正正方方地挂在办公室里，并很高兴地到处宣传说：“瞿建国已经挂执照了，大家也要挂。”

在孙小桥乡，瞿建国总是第一个接受新思想的人，和他一起创业的伙伴们、兄弟们都觉得瞿建国的脑子转得太快，大多数人都跟不上， 只好远远看着，一些特别铁的，不管建国说什么，都跟着做。瞿建国不但乐于接受新思想，还对在上海召开的各种会议十分热衷，一回生二回熟，瞿建国就这样在市里工业经济条线挂上了号。通过参加市里一些重要的工业经济会议，瞿建国结识了许多当时颇有名望的经济学专家，也获得了和同行切磋交流的机会。瞿建国还经常去市里一些大的工业公司“串门”，学习现代企业管理模式，譬如各种各样的经济责任制，各色各样的承包制。它山之石可以攻玉。

瞿建国也经常去市里参加一些表彰会，代表孙小桥乡去领奖。奖品奖状领了一大堆，印象深刻的有三样。第一样是一台拖拉机，在农村正好能派上用场。第二样是一辆交通牌四吨卡车，是上海市政府对跻身亿元乡行列的孙小桥乡的奖励。参加完在上海市人民政府大礼堂召开的表彰大会后，瞿建国就把这辆交通牌卡车开回了乡里，从此取代拖拉机，成为主要运输工具，喇叭一按，响遍四邻。第三样，还真有点特别，是一辆消防车。消防车是奖给工业公司的，表彰工业公司消防做得好。

那时候真的是顺风顺水，年少得志。

第三节　乡工业公司再上台阶

1986年，瞿建国挟孙小桥乡位列全国十大亿元乡的士气，联合浙江、江苏、安徽的27家企业，创办了上海申华电工联合公司。未曾想经济寒流，竟然让27家企业最终各奔东西。瞿建国痛定思痛，辞去公职，专心经营起上海申华电工联合公司。他要用时间证明，自己一定能打一场翻身仗。

这一次创新，失败了

任何事物，总是盛极而衰，虽然乡镇企业的巅峰一直要到20世纪90年代初期才到来（沪郊农村经济连续3年出现了快速增长），但一些问题其实已经出现了。

20世纪80年代末、90年代初的上海农村，很多地方的干部和群众在千载难逢的大发展机遇面前，逐步解放思想，加大投入，但因为起点低，几年前还是泥腿子农民，现在是厂长、经理，对于经营管理，都是从直接经验中获得的，对现代企业之道所知甚少，尤其缺少现代化的高级经营管理人才。上海社科院应用经济研究所特聘研究员冯登道在《为什么上海发展》中提到："以工程技术人员为例，据某县统计，该县有21个乡镇，1744家乡村企业，总共拥有高级工程师3名，工程师49名，还有5个乡镇没有一个中级职称以上的工程技术人员。"冯登道的文章还提到："最不容易解决的问题，是难以找到能经营管理上亿元乃至几亿元资产的合适的经营者。"

人才队伍的匮乏，导致乡镇企业转型难。上海的许多乡镇在起步阶段，为了引进项目，将门槛放得很低，涌入了许多"夕阳"工业，不可否认在最初的几年，这些"夕阳"工业是创利大户、骨干企业，但和城市工业相比，这些"夕阳"工业的工作环境很恶劣，生产的产品多数为低端产品，长此以往，是没有出路的。

这些问题具有普遍性和时代特征，孙小桥乡也遇到了。作为孙小桥乡工业公司的总经理，瞿建国调研了乡里所有的企业，也调研了提倡集体发展的苏南模式和提倡个体经济的温州模式。瞿建国思考最多的，是乡镇企业的未来。在工业公司这些年，瞿建国留下了一些文字，里面记述了他的一些前瞻思想。他说，那时候虽然没有人懂他，但他相信发展，相信未来一定会有知音。这些文字中，有谈管理的，有谈思想的，也有专门谈环保的，那时候瞿建国就有了环保意识，提出了一个口号："远看是公园，近看是花园，家家户户在乐园。"这些都是有案可查的。

人才队伍匮乏和"夕阳"工业尾大不掉这两个问题，瞿建国都看到了。全国都在讲改革，乡镇企业更要改革。在瞿建国的思维模式里，要去创办一些有一定规模的、有一定实力的、有一定生命力的、真正法人结构体系的企业，这才是乡镇企业的出路。

开明的政策又一次成为瞿建国的引路明灯。1985年、1986年中央关于农村问题的两个1号文件和1987年5号文件，结合乡镇企业发展中出现的新情况、新问题，提出来许多有针对性的新政策，突破了乡镇企业组织制度建设、农村劳动力转移等许多旧机制和"三就地（就地取材、就地生产、就地销售）"的限制，为乡镇企业走向更广阔的市场空间创造了条件。

让瞿建国再一次"不安分"的政策，是1986年3月国务院发布的《关于进一步推动横向经济联合若干问题的规定》，以及同年6月，上海市人民政府颁布的《上海市进一步推动横向经济联合的试行办法》，其中明确提出"横向经济联合，要以企业为主体，提倡以大中型企业为骨干，以优质名牌产品为龙头进行组织。通过企业之间的横向联合，与兄弟地区共同建立一批优质名牌产品的生产联合体，科研产品的系列开发联合体，重要资源（包括主要农副产品）的综合开发联合体和出口货源的配套加工联合体，形成一批跨地区、跨部门的新型企业群体和企业集团"。

横向经济联合，区别于乡镇企业在发展壮大的过程中最常见的"纵向经济联合"，上海市郊不少乡镇企业其实和城市工业企业是子母厂，你中有我，我中有你。冯登道在《为什么上海发展》中提到："从现实看，具有城郊型特点的上海郊区乡镇企业，是靠为城市工业协作配套和为外贸出口服务发展壮大起来的，曾在一段时间里，产品的70%左右直接、间接纳入中央有关部和市县各级计划渠道，其组织形式采取的主要是‘工农联营’和‘工贸联营’两种。在一定程度上说，乡镇企业是从城市工业中脱壳而来，是城市工业的延伸。”

横向经济联合是指在商品生产、流通和技术开发过程中，一些彼此相关和相互依赖的各经济单位按照自愿互利的原则建立的某种经济联合形式。横向经济联合要求企业有更大的自主权，能根据自己的需要和可能走出去与其他企业联合。

在政策东风的引领下，瞿建国信心满满地联合浙江、江苏、安徽的27家企业，创建了一个跨省市的横向经济联合体。这个联合体名称叫上海申华电工联合公司，正式创办于1986年，是未来“老八股”中申华实业的前身。

值得一提的是，一直引领农村改革风潮的华西村，也参加了上海申华电工联合公司的横向联合。瞿建国和吴仁宝，两位成长在田间地头，却不约而同走上改革第一线的“农村能人”，手紧紧握在一起。瞿建国很激动，对未来满是憧憬。从1973年的木器厂起家，到村里的工业大队长、乡里的工业公司总经理，再到跨省市27家企业的横向经济联合体“带头大哥”，瞿建国觉得市场待他不薄。市场是一块诱人的蛋糕，每个人都恨不得咬上一大口，而这13年来，每一次“分蛋糕”，或大或小总有一块留给他。

然而，这一次市场“分蛋糕”，瞿建国“缺席”了。因为用人失误，当时请的“能人”没有法律意识，擅自以申华电工的名义签了很多无法履行的合约，遭到各方面的法律诉讼问题，令上海申华电工联合公司成立后不久就陷入困境。事后补救，收效甚微，在猜疑和犹疑中，大厦将倾。横向经济联合的愿景是美好的，但进展显然背离了初衷。

瞿建国一直很看好漆包线，并寄以很大期望。这款用于制造马达和各种变压器里的线圈产品，被定义为上海申华电工联合公司的拳头产品。漆包线对工艺要求很高，特别是拉丝工艺，要求拉到头发丝粗细。有的厂家工艺达标，却没有销路；有的厂家有门路，却工艺粗糙。成立横向经济联合，瞿建国的本意是集合江浙皖沪的精英企业，追求更高效的生产，把漆包线的生产和销售做大、做强。

生产有了规模，销售却不见起色。由于国家宏观调控，经济下行，促使国家工业经济加速转型，漆包线从热销品变成了滞销货。撑了几个月，产品积压现象越来越严重。由于横向经济联合的特殊性，政府不可能也不愿意来托底。作为决策者，瞿建国有些懵了，他肩上有27家企业，责任重大。当时就有人说，瞿建国这个能人，是“能干反被能干误”，决策太草率，太主观。

很多年以后，也就是2014年10月10日，60岁的瞿建国回忆往事，发了一条微博：“大多数人认为自己很能干，却不断地变得固执、主观、死板、自以为是，而最终能干反被能干误。所以，真正的能干，应是不断地否定自己、改进自己。”

瞿建国还来不及否定自己、改进自己，横向经济联合内部对瞿建国的不满已经公开化了。

横向经济联合只是一个松散的联盟，在顺风顺水时，大家向着同一个目标，可以拧成一股绳；一旦逆风而行，总有人离心，也总有人掉队。当联盟内部开始流传有企业想要退出上海申华电工联合公司时，一些后知后觉的企业也纷纷效仿，陆续向瞿建国摊牌。雄心壮志的瞿建国一时间成了孤家寡人。

苦不苦，想想当年嚼过的花生壳。瞿建国很快就做出了一个让人瞠目结舌的决定，但他认为，这是当时最正确也是最合适的一个决定，如果让他重新抉择，他还是毫不犹豫地做出同样的决定。

瞿建国把27家企业的负责人找来，开诚布公：大家拿出多少钱，就退回多少钱，所有的损失，我们（上海申华电工联合公司）来承担，大家好聚好散，买卖不在，情意长存。用市场经济的方式萌芽，却用计划经济的方式了断，这个短命联盟中的其他26家企业都认为自己在这次横向经济联合中吃亏了，但最伤心的人，还是发起者瞿建国。

2014年5月21日，瞿建国在微博里写道：“任何差错均与自己不当相关，须自我担当，不要怪罪他人；任何成就均与他人帮助相关，应时常感恩不要自以为是。”这是瞿建国总结多年所得的“成功之道”。主动承担责任，而不是怨天尤人地推诿，瞿建国用失败换到了对成功的感悟。

上海申华电工联合公司部分人员合影（后排左三为瞿建国）

瞿建国“好聚好散”的决定，为他赢得了很好的口碑，但不可避免地留下了后遗症。在27家企业散得差不多的时候，他让财务算了一笔账，一共亏损了50万元。

20世纪80年代，50万元相当于1万名工人1个月的工资，可不是一笔小数目。孙小桥乡党委的有关同志对瞿建国说，怎么说上海申华电工联合公司都是乡里的企业，而且公司账面上也没有多少钱，这50万元就由乡财政负担，这件事到此为止，就算是花钱买了一个教训。

乡里这样表态，是站在瞿建国的立场上，对他的仕途或者前途的一种爱护。在乡财政托底后，上海申华电工联合公司是关是停是并还是转，尚没有确切的说法，至于瞿建国仍然是孙小桥乡管理委员会的副主任、孙小桥乡工业公司的总经理，他还有一展身手的舞台，凭着他的头脑和才干，未必不能成就事业。

瞿建国的反应，却很微妙。他并非不懂得乡党委对他的爱护，但他更重视自己的信誉和责任：这50万元我背不动，但我仍要背，损失因我而起，我会负责到底。瞿建国的这个表态，就像之前拿出50万元“好聚好散”一样坚决。

其实，在瞿建国心里，仍固执地认为：上海申华电工联合公司虽然在横向经济联合和漆包线方面折戟沉沙，但企业的发展方向并没有选错路，坚持下去，企业的未来一定是有希望的，他要用时间来证明，自己可以打赢翻身仗。

然而，帮助瞿建国暂时摆脱困境的乡党政领导班子能不能给他这个时间？

瞿建国辞职了

事情总往一个方向上凑。瞿建国还没来得及用时间证明自己，也来不及向乡党政领导班子逐一描绘上海申华电工联合公司的未来，紧接着农村经济制度改革而来的人事制度改革席卷全国，把瞿建国所有的底牌都翻了面。

这次改革最核心的内容，就是国家干部不允许在企业里兼职。国务院为此还专门下发了文件。农村人爱自嘲：别把村长不当干部。村长当然是国家干部，身在乡管委会的瞿建国也是国家干部。根据改革要求，瞿建国只能在国家干部和企业老总两个位置上二选一。如果继续当国家干部，不要说是正在等待东山再起机会的上海申华电工联合公司必须放手，连孙小桥乡工业公司总经理的位置也要让贤。如果舍不得总经理的位置，舍不得上海申华电工联合公司，那么要放弃的可是一个“铁饭碗”。

关于平行世界，有一个世俗化的解读：你所迈出的每一步，哪怕是先迈左脚，还是先迈右脚，都会把你带入一个完全不同的世界。对于未来的选择，将改变你的历史，同时也会改变很多人的历史。对于瞿建国来说，前方的路有两条，一条看似坦途，一条布满迷雾。瞿建国的选择只有一个，他没有预测未来的能力，但他有果敢的决断力，他坚决地把所有筹码压在一条路上，是因为他知道，他一定不会选另一条。

瞿建国要辞职的消息，在孙小桥乡引起了极大的震动。人们把辞去公职经商做买卖称作“下海”，但这个词真正流行起来，是在1992年邓小平南方谈话之后，当时国务院修改和废止了400多份约束经商的文件，大批官员和知识分子投身“商海”。在20世纪80年代的上海农村，瞿建国舍弃国家干部的身份，义无反顾地投向上海申华电工联合公司的怀抱，其勇敢无人喝彩，反而落下“鬼迷心窍”的话柄，很多人真心劝瞿建国回心转意，有些人想看他的笑话，有些人佩服他的勇气，有些人笑他鲁莽，大部分人都认为他不会成功，因为这是一次完全没有自我保护的“跳海”。

《诗经》云：知我者谓我心忧，不知我者谓我何求。瞿建国没有读过这部我国最早的诗歌总集，但心情被一语道破。

为了表达辞职从商的决心，瞿建国向乡党委打了许多次报告，其中一份报告至今还珍藏着：

谁不会随波逐流，一团和气，谁不会稳坐位置而发号施令，这种既有利又有权的事，我同样可做！但是我为了我们地区的工业能兴旺发达，改变其现状，我愿为搞活乡镇企业的新路子做出更多的牺牲，将个人利益置之度外，决定放弃（国家）干部列编的机会和马上可以获得的大专文凭！

乡党委、乡政府领导：

我现在郑重向你们提出：决定辞去孙桥乡管理委员会副主任、乡工业公司经理的职务。

目的是通过我的这一行为，将申华公司保存下来，并使之发展、壮大、腾飞！

甚望通过这一行动激发大家对改革的热情和对改革者的信任，望乡党委、乡政府、乡管委会及县有关领导，同意我的这一要求，并继续支持申华公司，让这一新生事物在一个良好的环境下生存！

最后万分感谢各级领导对申华公司做出的各种支持……

瞿建国

1986年12月

瞿建国知道，他的这一份辞职报告，肯定会引起轩然大波，甚至激怒相关领导。但他决心很大，也顾不得了。

1987年，邓小平在接待外宾时高度评价说："农村改革中，我们完全没有预料到的最大收获，就是乡镇企业发展起来了，异军突起。"而作为其中的佼佼者，瞿建国用辞职报告这种在当时看上去异常高调的方式宣布离开，无疑是一种不和谐或者不合适的声音。

而且，一个新的课题摆放在了决策者的案前：离开了乡镇管控的企业，还是乡镇企业吗？

收到瞿建国的辞职报告，乡党委大部分人难以相信。

这一份份白纸黑字的报告，坐实了"瞿建国要离开乡镇，自己单干"的传言。面对传言，可以做一只鸵鸟，而现在必须要有一个权威的说法。

在收到第一份辞职报告后，乡党委班子立即开会讨论，得出的结论是"坚决不同意"。他们的理由很充分：瞿建国是乡里经济改革的一面旗帜，他的工作方法存在需要改进的地方，但不能抹杀他为孙小桥乡做出的贡献，孙小桥乡成为亿元乡有瞿建国的功劳，孙小桥乡的未来同样需要这位"农村能人""改革红人"。

乡党委不让瞿建国走，老百姓也舍不得他走。当时至少有60个合作队的大小干部天天到瞿建国家里"上班"，唯一的工作就是劝瞿建国留下，理由是"大家都需要你"。

后来又有300多个老人成天围着瞿建国，说什么也不让他走。其中有几位还是瞿建国桥弄村的乡亲，是看着他长大的，在他困难的时候，也曾帮过他、鼓励过他。瞿建国对老人们说："我走不是为了钱，不是外面传说的瞿建国想钱想疯了，而是要去做一番事业，如果成功了就回来，如果不成功那就不回来。"

这样的话，瞿建国1973年办木器厂的时候曾经和家里人说过，当时家里人还是支持他的。老人们可不这么想，他们一厢情愿地认为，瞿建国这一走，永远都不会回来。

瞿建国辞职，并不是"以退为进"，而是真真切切地想走。想走又走不掉，申华公司那边的事情又半吊着，瞿建国的心里充满了矛盾，也塞满了郁闷。作为一名国家干部，辞职必须得到党委的批准，如果不服从党委的决定，自行决断去留，是违反组织纪律的，真这样，那就什么都不可能了。

瞿建国要走，态度是坚决的。在还没有租到房子的情况下，他竟然带着老婆孩子离开孙小桥乡，前往川沙镇。好在支持瞿建国的人也很多。有一对夫妻，丈夫是川沙烟糖公司的总经理，他把家里自己住的房子让给瞿建国，夫妻俩去住儿子家。

瞿建国没有主动挖人，但还是有人主动和他一起走，老兄弟顾天禄的态度就非常坚决。顾天禄当时是一个村的农业大队长，为了和瞿建国一起创业，放弃公职，拖家带口一起搬走。这份情谊，瞿建国始终记在心里。在瞿建国的第二次创业（申华公司）和第三次创业（开能环保）中，顾天禄都扮演了重要的角色。2018年，已经66岁的顾天禄因年龄原因，向公司监事会提交了辞呈，宣布辞去开能环保监事长的职位。开能环保在公告里表示："顾天禄先生作为公司监事会监事长，自公司第一届监事会成立任职至今，为公司的发展做出了重大的贡献，公司监事会对顾天禄先生在任职期间对公司监事会工作所做出的贡献表示衷心的感谢。"

就像上海金融文化促进中心会刊《岁月　人生　思考》的发刊词写的："我们遇上了大时代，这是一个思想碰撞呼唤大师的时代，这是一个创新驱动转型发展的时代，这是一个追求卓越向往和谐的时代。在这样的大时代，我们见证，我们思索，我们呼唤，我们奋斗，我们奉献。"

发刊词激荡人心，同样身处这个大时代的瞿建国感同身受，还在最后加了四个字："我们创业。"

有人问瞿建国，创业的关键是什么？瞿建国说："创业不能为了钱，为了钱去奋斗，最终必败无疑。钱是成功的结果，并非是成功的要素。很多人脑子里做着财大气粗的梦，这是创业失败之根源。成功人到处传授赚钱之道，但根本不明白自己是如何成功的。"

创业并非总是一帆风顺的。瞿建国说："人总会遇到一些意外，总会发生些不如意的事，比如由于头痛放弃了度假，手烫伤放弃了宴席。看似坏事，也许是上等的好事。因为你根本不知道那天继续下去还会发生什么。要是没有那些'不好'的影响，怎么会有这么好的今天？"

瞿建国创业的载体，就是上海申华电工联合公司。这是乡里的亏损资产，乡里同意瞿建国把公司带走，条件是把50万元的亏损也带走，既然已经和乡里没有关联了，乡财政当然不会为这50万元的亏损埋单。这50万元的亏损，一直是瞿建国的“心病”，其实不用乡里说，他也愿意以一己之力承担下来。

就这样，住着朋友的房子，能用的只有几个老兄弟，还背着50万元的债务，瞿建国从仕途到商途的转身并不华丽，但他乐观地看待，万事开头难，能走出第一步，已是心满意足，接下来天时地利人和，还有很多关系需要捋顺，还有很多篇章等待书写。

瞿建国的人格魅力

和瞿建国接触过的人都说，瞿总有常人难有的人格魅力。跟他有过接触的人，一接触往往就是一辈子。他远离了，人家还跟着。他虽然跑得越来越远，但大家还是不愿放弃，在后面紧紧地追。

这种魅力的养成，并不是一朝一夕，而是经历了同甘共苦，经历了大风大雨，经历了惊涛骇浪。

2017年，周利众（右）与瞿建国

瞿建国1973年曾经在黄河路上的长江剧场修桌椅，带过一个徒弟名叫周利众。周利众1973年中学毕业分配到长江剧场，剧场让他跟着瞿建国学木工。瞿建国的做工很细，包括划线、锯子、推刨、磨刀，在很小的细节上，瞿建国会很耐心、细致地去教周利众。他们是师徒，更像是兄弟。周利众还跟着瞿建国一起，从南京路一起骑自行车去孙小桥乡桥弄村。

周利众1987年结婚，瞿建国带着妻儿去喝喜酒。瞿建国发现，周利众的婚车没有他开去的车子好，当机立断，让周利众坐他的车去接新娘，而瞿建国委身当他的司机。这段情，周利众感动了一辈子，后来他以上海越剧院副院长的职务退休，他说，最后悔的是没有跟着瞿总一起去干事业。

周利众没有做到的事，杨焕凤做到了。在杨焕凤早年的工作经历中，她曾经是中国航空测绘研究所的一名工程师。1992年加入申华后，杨焕凤一直是瞿建国的铁杆追随者，在申华时期，她长期担任公司的董事会秘书，随后跟随瞿建国创立开能环保，并长期担任总裁。在瞿建国创立的中国首家非政府背景的公益基金会——上海市建国社会公益基金会，以及上海市自然与健康基金会中，杨焕凤也担任了重要角色。杨焕凤说："瞿总的思想总是超前的，我试图读懂他，但总是一知半解，后来所发生的一切，又都印证了瞿总当时的判断是正确的。我们这些人不理解，是一种视野的局限。"

瞿建国至今仍保留着一张20世纪80年代拍的集体照，他是照片上13人中的一个。虽已过去那么多年，其他12人的名字和脾性他依然可以脱口说出。

孙小桥乡党、政、社三套班子合影（后排右三为瞿建国）

这包括瞿建国在内的13人，组成了孙小桥乡党政领导班子。在这个班子里，每个人想法并不尽一致，而且因为有瞿建国的存在，经常发生“火星撞地球”般的争论。

瞿建国说，这张集体照里，有人支持我，有人反对我。当时无论是谁，其实都是为了一个共同的目标，都是想把事情做好。

瞿建国的直接领导、时任孙小桥乡管委会主任的朱文忠，是瞿建国的支持者，后来接受了瞿建国邀请，出任申华公司董事，主要负责申华房地产公司的业务。周忆祥当时只有20多岁，是孙小桥乡工业公司的办公室主任，后来在瞿建国的申华公司担任过董事长助理，他参与并见证了瞿建国的第二次创业（申华公司）和第三次创业（开能环保）。

瞿建国说，对于支持他的人，他心怀感激，对于反对他的人，他同样心怀感激。瞿建国一直认为，人生像一辆汽车，支持他的，是给他加油；反对的、有不同意见的，就是踩个刹车，没有这个刹车，也不安全的。所以，反对他的人，也是要感激的。更何况，很多反对他的人，真的是出于善意，很多人都是经历过“文革”，经历过各种运动，他们反对过于激进的改革，是从社会发展一盘棋的全盘考虑的，其实也是一种对改革者的保护。

瞿建国认为，人的观念是最重要的，如果人的观念没有改变，是很难去做好一件事情的。瞿建国曾经说过：“谁较早认识市场，谁最有勇气在这个市场上创新，谁就会赢得财富女神的青睐。”

瞿建国还在村里办了第一家幼儿园，专门聘请几位幼教老师，这在村子里算是一个轰动新闻，因为农村里基本上都是老人带孩子、邻居带孩子，哪里会想到找专门的幼教老师来带孩子。从一开始将信将疑，到后来把孩子全都送进幼儿园，再到后来有一位华侨给幼儿园捐了200万元，桥弄人都感激瞿建国。

瞿建国说，都说我们农村出来的人思想落后，我们吃自己种的粮食和菜，住自己建造的房子，我们什么都不缺，缺的就是想法，真正有想法了，把想法落实了，农村也不比城里差多少。

所以，落后就落后在观念上，落后就落后在没有实干精神上。这样看来，改变人的观念是最重要的。

第二次创业

1987—2000

中华成为『老八股』在并购中负重前行

1987年，正式辞去公职的瞿建国，全身心投入申华发展事业。1990年，申华实业（600653）在上海证券交易所公开上市，成为中华人民共和国成立后最早的八家上市公司之一，俗称“老八股”。在20世纪90年代的中国股市，万科的王石、君安的张国庆等风云人物在申华重组中先后出现，与瞿建国发生交集，演绎了一出出惊心动魄的并购大戏。

第一节　申华上市得人相助

1987年，申华发行股票时正碰上国库券发行，任何筹资活动都要停止，瞿建国得到人民银行上海市分行龚浩成行长支持，获准破例发行。1988年，瞿建国参加上海市委召开的股份制企业调研会，向江泽民同志汇报。由于股票长时间不能上市流通，一些投资者退股，他借钱来买股票，这些股份让他成为中国最早的一批先富起来的人。1993年，他捐资1000万元成立了上海市建国社会公益基金会。

上海农村第一股诞生

无官一身轻，但辞去公职的瞿建国身上的担子并不轻。

50万元的债务，是无法回避的当务之急。曾经背靠财政，衣食无忧，现在自己当家作主，总不见得让跟着自己一起创业的老兄弟们天天“喝西北风”。而解决这两个问题，只能走一条路，社会主义现代化企业的道路。

到底什么样的企业，才是社会主义现代化企业？瞿建国在思考，上海也在思考，整个中国的有识之士都在思考。

1978年12月，党的十一届三中全会做出了工作重心要转到经济建设上，实行改革开放的战略决策，拉开了中国改革的序幕，之后开始了企业改革。十二届三中全会提出要“增强国营企业的活力，放权让利，搞活经济”的命题，但在实际操作中很难推行，当时的企业普遍缺乏经营活力，也缺少发展壮大的资金。

长期从事经济发展战略研究、经济体制改革工作的金志在《上海证券市场的重建》（收录于中共上海市委党史研究室编撰的《口述上海·改革创新（1992—2002）》）一文中回忆：“当时并没有找到好的办法。中央领导也曾经口头对上海各方面的领导授意要上海在这方面做一些探索，拿出一些解题的途径。”

解决生产建设资金短缺，最好的办法就是搞股份制。上海证券交易所曾是中华人民共和国成立前全国唯一的证券交易所，中华人民共和国成立后，上海的证券市场在很长一段时间里暂停，但这种筹集社会资金的有效途径并没有被丢入故纸堆。

重提股份制之前，需要解决企业的利润分配问题，作为企业现代化改革的第一步，“扩权”在较短的时间内得到了推广。扩权是指基数留存，增长分成，一开始的办法是企业在保证完成国家下达任务以后，企业的利润可以按一定比例留在企业用于发展生产、职工福利和工人的奖励。“扩权”打破了平均主义，调动了企业积极性，加快企业发展。

1979年4月，国家经委首先确立了全国的8家企业进行扩权的试点，8家企业里上海占了3家，分别是上海柴油机厂、汽轮机厂、彭浦机器厂。1979年7月，国务院下发了《关于扩大国营工业企业经营管理自主权的若干规定》等文件，上海实行试点的单位扩大到上海自行车厂、缝纫机厂等企业。

据统计，1979年全上海试点“扩权”106家，都取得了明显效果，工业总产值增长10.8%，利润增长14.7%，试点单位的增长水平高于全市平均水平。到1982年，企业扩权在全市展开，1836家企业试点扩权，占全市国营企业总数的75%，利润的80%。商业企业也有3800多家开始试点。

1982年开始，上海根据《中共中央、国务院关于国营工业企业进行全面整顿的决定》，进行了为期3年的整顿，从“扩权”转到了经济责任制。金志认为，这个转变“在短期内搞活了部分企业，但是它的政策效应是减退的，企业扩大自主权的个体改革行为和整体的经营管理制度的矛盾越来越突出”。

1983年，时任上海市市长汪道涵在理论界开展调研讨论，要求在承包经营、放权让利之外，扩大讨论范围，可以讨论企业的产权组织形式，也包括对股份制的看法。1984年6月，上海市经济体制改革领导小组办公室（简称“市体改办”）成立，汪道涵布置了股份制的课题。汪市长此举是有的放矢。自上棉十七厂1980年9月率先在厂内发行股金券30万元，集资举办了集体性质的第三产业后，上海大量新办集体企业、乡镇企业，通过民间集资的方式来解决生产资金问题，还有一些扩大规模的老企业，因为得不到计划内资金的支持，也开始向民间集资。当时，民间集资主要是通过企业内部发行股金券，向职工集资来实现，有的是债券性质，即要还本付息；有的是股票性质，即不定期限，不能抽回本金，只按股分红或取得股息。据统计，截至1985年底，上海有1240家企业内部发行了股金券，许多都是手写的。研究者普遍认为这就是新中国"股份制"的雏形。

其实，最早提出试行股份制的是北京大学著名教授厉以宁，他也因此人称"厉股份"。在1980年4月中央书记处研究室和国家劳动总局联合召开的"劳动工资座谈会"上，厉以宁最早提出了试行股份制。随着实践中问题不断出现，理论探讨逐渐开始活跃起来，并形成了一股股热潮。股份制是否可以在中国实行？

1980年9月25日，《工人日报》发表署名文章称："股份公司对四化建设有害无益。首先这种公司的资金，应该说是资本……其次，股份公司的私有制性质决定了它的分配原则是按资分配。……这种私有制的股份公司，对于我国的四个现代化实在是弊多利少。"有的人提出："股份制经济是否商品经济发展的必然产物，这本身就是一个有待证明的问题……股份制不宜作为国营大中型企业的改革方向，不能成为我国所有制改革的目标模式。"有人甚至认为，实行股份制是违反了《中华人民共和国宪法》。

上海市体改办写来一份《股份经济内部专辑》，通过对已经搞股份制改革的一些小企业的调查，肯定了改革对经济的促进作用，并提出了上海要实行股份制的若干建议，还在专辑中特别写到："股份经济不仅根植于资本主义经济的土壤，也可以生长在社会主义经济的百花园里。"这份专辑受到了国家体改委的重视。据说，当时国家体改委各司长人手一册，都在看《股份经济内部专辑》。

历史车轮滚滚向前，时代潮流浩浩荡荡，每一个看似不经意的变化，其背后都蕴藏着多年的探索和变革的力量。

通过不断争论和总结、磨合和推动，股份制的理论研究终于落地为政策。1984年5月，国家体改委印发《城市经济体制改革试点工作座谈会纪要》，明确允许“职工投资入股，年终分红”。

1984年11月18日，上海飞乐音响公司在上海武夷路开业，公司委托中国工商银行上海分行证券部公开向社会发行股票一万股，每股50元。这是改革开放后金融机构第一次发行股票。实际上，当时北京等地也有一些企业发行了股票，但是有的企业存在时间太短，有的企业股票不分红只发定息，都不能算真正意义上的股份制改革。

飞乐音响董事长秦其斌回忆到，他在长宁区工商联开会的时候，和上海市工商界爱国建设公司（现上海爱建集团的前身）的一些老工商业者交流时得知，爱建是由以刘靖基、唐君远为代表的1000多名上海老工商业者及海外人士筹资创办的，爱建公司有股份制企业的雏形，因此自己也受到启发。

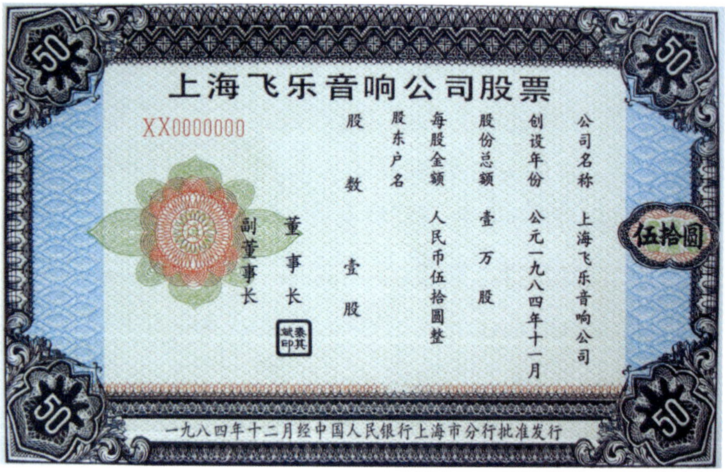

1984年11月18日，上海飞乐音响公司公开发行股票，这也是我国改革开放后首张公开发行的股票，人称“小飞乐”

1986年初，飞乐音响第一次分红，虽然此后受到了静安区税务局稽查大队的质问，相关负责人还写了检讨，但飞乐音响终究还是按照股份制的形态运作起来。飞乐音响从发行到分红的每一步，都是新中国证券市场从无到有、零的突破，这在一定程度上印证了外界对中国必将以更大步伐走向市场经济，全面推广企业股份制改革，开放证券市场的预测。

1986年5月，国务院批转国家体改委、商业部等单位《关于1986年商业体制改革的几个问题的报告》，提出试行股份制的问题。更多具有创新意识的企业负责人嗅到了其中的巨大机会，跃跃欲试，其中就包括瞿建国。

在上海飞乐音响公司发行股票的时候，瞿建国刚刚从桥弄村上调到孙小桥乡，作为一名旁观者，他并不了解飞乐音响的股份制试点，但看到了股份制试点后所产生的经济效益。当瞿建国决定下海自己办企业，飞乐音响的股份制让他眼前一亮。

在1986年12月23日出版的《经济日报》上，评选出了十大经济新闻，其中，“上海工商银行开办代理股票现货买卖业务”榜上有名。其他还有几条，诸如“党中央、国务院决定全国国营企业全面推广厂长负责制”“国务院关于鼓励外商投资的规定”“我国六万余国营商店实现租赁制”“我国城乡个体商业者已达1766万人”等，无不昭示着一个全新时代的到来。

瞿建国雄心壮志，既然辞去国家干部，闹得沸沸扬扬，就要让大家看看，沸沸扬扬之后，是轰轰烈烈，他要筹建上海农村第一家股份制公司。

口气很大，志气很高。上海申华电工联合公司毕竟只是一家仅有36名职工，又背着50万元负债的乡镇企业，要向社会公开发行股票，谈何容易？

瞿建国拿出辞职时的劲头，天天往政府部门跑，今天去乡里，明天去县里，后天去市里，逢人就说股份制试点对于乡镇企业的重要性，经委、计委、银行的门卫在不知不觉中都和他称兄道弟。爱结交各方朋友的瞿建国深知一个好汉三个帮，经多方联系，又组建了一个顾问团，为发行股票出谋划策，提供理论依据和政策支撑，甚至舆论宣传。在他的顾问团里，集中了当时理论界、新闻界、金融界的一些知名人士。

在申华股票发行前，上海市工商银行信托投资公司静安分公司经理黄贵显、副经理胡瑞荃应瞿建国的邀请，来到川沙县城，在瞿建国暂住之地，一人坐在木凳上，一人坐在床沿，与瞿建国聊政策、找不足、谈发展。

瞿建国的顾问团向瞿建国透露了一个重大信息：中央领导提出要加快股份制试点的要求，上海决定在全民所有制企业开始试点，并于1986年10月，在上海锦江小礼堂召开了股份制试点方案论证会。时任市委书记芮杏文、市长江泽民在会议上，责成上海市体制办牵头，与有关单位协商，确定试点单位。大家当时都信心满满，要跳出原来承包制、经济责任制这些简单的扩权模式，进行深层次的改革。

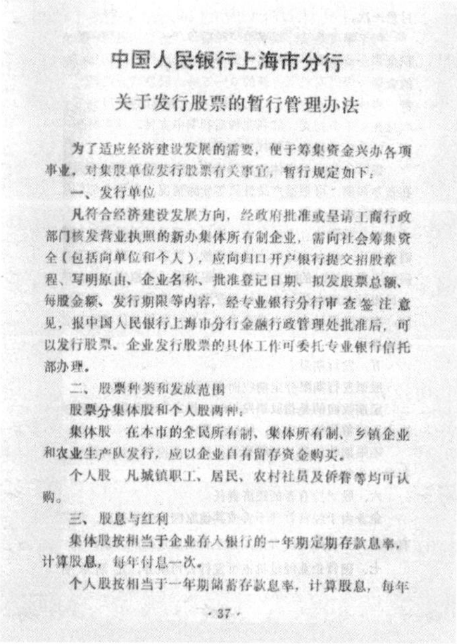

中国人民银行上海市分行

关于发行股票的暂行管理办法

为了适应经济建设发展的需要，便于筹集资金兴办各项事业，对集股单位发行股票有关事宜，暂行规定如下：

一、发行单位

凡符合经济建设发展方向，经政府批准或呈请工商行政部门核发营业执照的新办集体所有制企业，需向社会筹集资金（包括向单位和个人），应向归口开户银行提交招股章程、写明原由、企业名称、批准登记日期、拟发股票总额、每股金额、发行期限等内容，经专业银行分行审查签注意见，报中国人民银行上海市分行金融行政管理处批准后，可以发行股票。企业发行股票的具体工作可委托专业银行信托部办理。

二、股票种类和发放范围

股票分集体股和个人股两种：

集体股　在本市的全民所有制、集体所有制、乡镇企业和农业生产队发行，应以企业自有留存资金购买。

个人股　凡城镇职工、居民、农村社员及侨眷等均可认购。

三、股息与红利

集体股按相当于企业存入银行的一年期定期存款息率，计算股息，每年付息一次。

个人股按相当于一年期储蓄存款息率，计算股息，每年

·37·

1984年8月10日，中国人民银行上海市分行颁布《关于发行股票的暂行管理办法》

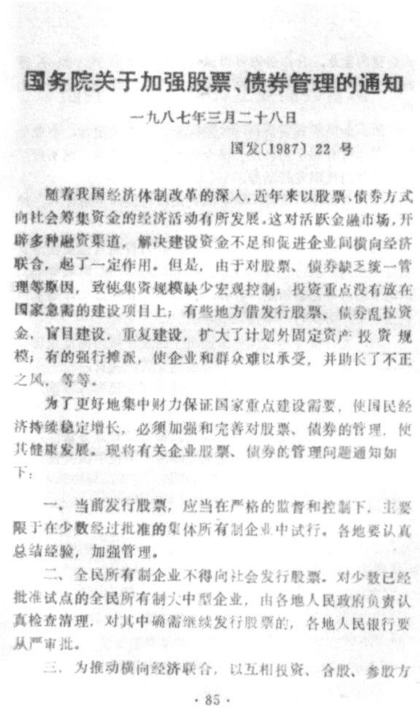

国务院关于加强股票、债券管理的通知

一九八七年三月二十八日

国发〔1987〕22号

随着我国经济体制改革的深入，近年来以股票、债券方式向社会筹集资金的经济活动有所发展，这对活跃金融市场，开辟多种融资渠道，解决建设资金不足和促进企业间横向经济联合，起了一定作用。但是，由于对股票、债券缺乏统一管理等原因，致使集资规模缺少宏观控制；投资重点没有放在国家急需的建设项目上；有些地方借发行股票、债券乱拉资金，盲目建设，重复建设，扩大了计划外固定资产投资规模；有的强行摊派，使企业和群众难以承受，并助长了不正之风，等等。

为了更好地集中财力保证国家重点建设需要，使国民经济持续稳定增长，必须加强和完善对股票、债券的管理，使其健康发展。现将有关企业股票、债券的管理问题通知如下：

一、当前发行股票，应当在严格的监督和控制下，主要限于在少数经过批准的集体所有制企业中试行。各地要认真总结经验，加强管理。

二、全民所有制企业不得向社会发行股票。对少数已经批准试点的全民所有制大中型企业，由各地人民政府负责认真检查清理，对其中确需继续发行股票的，各地人民银行要从严审批。

三、为推动横向经济联合，以互相投资、合股、参股方

·85·

1987年3月28日，国务院发布《关于加强股票、债券管理的通知》

当时确定的试点条件有三条：一是产品符合国内外市场的要求，经济生产力是有前景的；二是经营管理水平比较高，企业素质和经济效益相对比较好；三是企业产品结构、技术结构符合上海发展的战略。根据试点条件，在各行业筛选出的试点企业，首先是要以生产名牌优质产品的骨干企业为主体，产品有销路想要进一步发展但资金不足的，就优先考虑，把社会资金引进来组成股份公司入股，来扩大生产力。其次，还要结合行政性公司改革，采取股份制方式组建企业，让原来的行政公司解体，企业可以独立经营，在自愿基础上，把各个企业的原有资产都作价入股，组成股份公司，使产权多元化。

据金志在《上海证券市场的重建》（收录于中共上海市委党史研究室编撰的《口述上海·改革创新（1992—2002）》）一文中回忆：被上海市体改办、经委、商委列入第一批试点名单的一共有8家单位，分别是上海电

真空、上海柴油机厂、上海机床厂、第一印染厂、永久自行车厂、自行车三厂、第一百货商店、华联商厦，都是当时比较有规模、有影响力的工商企业。不过，“中央一些部门有不同意见，当时就讲，上海提出的试点怎么都是一些比较好的国有企业？为什么把国家赚的钱去让股东赚？这不是让国家财政收入减少了吗？”

1988年6月21日，上海股份制理论与实践研讨会召开

后几易其稿，第一批名单中的8家只留下1家，上海电真空器件工业公司的股份制试点获得国家体改委同意。多出的7个名额按行业分布来选择，要在工业、农业、国有、集体、服务业等中具有代表性。还特别提到农村也要有一家。

农村的这一家，最终花落上海申华电工联合公司。当时也有一些乡镇企业有股份制的想法，但瞿建国的决心最大，他一直跟工商局领导据理力争，说上海已经有几个股份制企业了，农村也应该试点，而且农村更有条件，从农村开始才是改革的出路。就这样，市里给了他一个名额。据金志回忆，申华“这么小的企业，又是农村的，根本不算什么，但是当时要求郊区要有一家，它比其他的乡镇企业都要好，积极性也很高，就定下来了。这些企业的选择，实际上是经过上上下下多轮的斟酌，每一个都有故事，每一个企业家都有一本账的”。

水到渠成。

1986年11月14日，邓小平接见了美国纽约证券交易所主席约翰·范尔霖。邓小平将一张面额50元的“飞乐音响”股票作为礼物，赠送给了范尔霖。这是中国领导人第一次向全世界发出中国发展证券市场的明显信号。

一锤定音。

1987年1月9日，瞿建国33岁生日前10天，中国人民银行上海市分行发出了（87）沪人金股第26号文件，批准上海申华电工联合公司向社会公开发行记名式普通股票100万元。

1990年11月，申银万国配股申华股票的柜台（左一瞿佩君，右一孙忠鸣）

瞿建国哈哈大笑，这是他收到的最好也是最珍贵的一件生日礼物。

瞿建国当上股份公司董事长

“三十三，乱刀斩”，说的是人到了33岁那年会遇到诸多的不顺。这种玄之又玄的说法，从农村到城市，据说一直都很灵验。刚过了33岁生日的瞿建国，也碰到了一件不顺之事。

1987年2月，国库券像往年那样上市发行。对于国库券的发行，国务院有专门文件，规定在当年国库券未发行结束前，任何债权集资都应停止，任何股票都不许发行。为此，人民银行上海市分行金融管理处给瞿建国打电话，三令五申：要按国务院文件的要求办，暂不发行股票。

瞿建国眉头紧锁，这几天一直捏在手里反复看的沪人行第26号文件，白纸黑字地写明：自批准之日三个月内，不发行股票，此批文即无效。

根据往常经验，在三个月内，上海不可能结束国库券发行。显然，瞿建国的“生日礼物”——申华股票的批文就将成为一纸空文，一场“竹篮打水”的空欢喜。

瞿建国急了，他找到人民银行上海市分行金融管理处的处长王定甫，在王处长办公室，商量来商量去，还是没有办法同意申华发股票。

瞿建国连夜去找自己的顾问，经济学家、复旦大学教授毛泽生和《文汇报》理论部主任周勇闯。说到毛泽生，有个小插曲，那时候瞿建国刚辞去乡里的职务，一门心思要创业，就写信给厉以宁教授、吴敬琏教授，听听他们的看法。当时上海很多教授也在讨论、争议瞿建国脱离体制去创业的事情，其中就包括毛泽生教授。毛教授对瞿建国说，建国啊，你做得对，我们争论了几十年，我都老了，还没有争出什么名堂。你还年轻，你能实现我们所倡导的事情，要面对许多困难是毫无疑问的，但一定要勇气去克服。

在过去几个月的筹备期，毛泽生教授一直在鼓励瞿建国。无巧不成书，人民银行上海市分行的行长龚浩成就是毛泽生的邻居，两人楼上楼下住着，又是多年老友，当毛泽生听说瞿建国的问题卡在人民银行发行的国库券上，就说：“你不要着急，我给你想想办法。我相信，走股份制的道路，推动乡镇企业的改革，一定会得到各方面的支持。这样吧，现在我就带你去找龚浩成。”

晚上9点多，毛泽生带着瞿建国走进龚浩成的家，向龚浩成行长面陈申华股票发行的现状和难处。在汇报过程中，龚浩成和毛泽生几次示意瞿建国坐下慢慢说，瞿建国频频点头，就是坐不下来，他心中急啊，急着把所担忧的如竹筒倒豆子般，都告诉龚行长。

龚浩成听完瞿建国的描述，询问了毛泽生的意见，转头又问瞿建国：“除了这些，在发行申华股票上，你们还有什么其他困难？”

1990年2月，根据朱镕基市长批示要求，组成筹备上海证券交易所的三人领导小组，从左至右依次为李祥瑞、贺镐圣、龚浩成

龚行长这么一问，瞿建国还真的有话要说。此前上海已经发行了三家公司的股票，分别是上海飞乐音响公司、上海延中实业有限公司、上海爱使电子设备公司，都是城市工业企业，由上海工商银行信托投资公司静安分公司承销发行，而上海申华电工联合公司是乡镇企业，金融业务归农业银行。瞿建国对龚行长说：“农业银行从未委托发行过股票，会不会受到政策方面的限制？”

龚浩成想了想，对瞿建国说：“难道你们申华公司这100万元股票发行出去，就会影响到国库券的发行？农业银行的投资部门，就不能代理发行股票了？”

这两个问题都不是瞿建国能回答的。龚浩成虽然面对瞿建国发问，实际上是把他当成了其他一些人。瞿建国上门求助，是就事论事，龚浩成的思考却是全局性的，他更关心申华公司股票发行受阻，会对上海股份制改革的前途造成怎样的影响。

龚浩成表了态，抓紧安排股票发行。

第二天下午，龚浩成召集工商银行、农业银行和人民银行金融管理处等开会。申华公司的股票发行重新亮起绿灯。

好事多磨。农业银行来找瞿建国，提出股票面向农村，全部放在川沙县，低调发行。瞿建国一听就急了，毕竟是100万元啊，全部放在川沙县，发行对象都是农民，这能行吗？

证券界前辈与“中国股市回响丛书”编委合影（前排左起：秦其斌、卢金涛、贺镐圣、龚浩成、黄贵显、李玉琴；后排左起：李济生、陈岱松、范永进、尉文渊、姜国芳、魏华文、朱鑫云）

和农业银行以及市里相关部门洽谈多次，瞿建国最终接受了折中方案：50万元留在川沙发行，50万元放到外滩发行。

1987年3月16日，《新民晚报》刊登了《上海申华电工联合公司发行股票公告》：

本公司经中国人民银行上海市分行批准发行股票：

一、发行总额：人民币壹佰万元，每股壹佰元，共壹万股，一次发行。

二、股票委托中国农业银行川沙县支行信托部代理发行。

三、发行办法：企业单位、城乡居民均可认购，由代理发行单位出具收据，二个月后凭收据换取股票。

四、发行日期：自1987年3月20日至4月10日止，在川沙县中市街18号中国农业银行川沙县支行营业部和上海中山东一路15号(九江路口)中国农业银行上海市信托投资公司证券柜台交易点同时发行,售完为止。

事实证明,瞿建国坚持在外滩发行股票是有道理的。在外滩发行的50万元申华股票,短短两天就全部卖出,已经经历了三次股票发行的上海市民投资热情很高。

川沙这边的销售速度相对慢一些。瞿建国当时是川沙县经济协会的副会长,他对协会说了这件事,协会的会员们都表示支持,但是需要拿钱出来的时候,大家又都说没有钱。后来经过多方努力,孙小桥乡、桥弄村、洋泾乡仁和工业公司等认购了26万元法人股,剩下的24万元股票中的16万元经协调,调拨至外滩销售,再次全部卖出。还有8万元股票,卖给谁?

瞿建国和妻子奚秀芳倾其所有,又借钱凑足1万元,买了100股申华股票。说到瞿建国买股票,还有一个小插曲。“新中国第一股”飞乐音响在发行股票的时候,上级部门领导再三叮嘱飞乐音响的总经理秦其斌:“你是领导干部,你不能买股票,家属也不能买。”后来经过讨论,最终批准秦其斌购买1股股票。从秦其斌的1股到瞿建国夫妇的100股,这种改变既是市场经济冲击计划经济理论禁区突破的过程,更是市场的参与者在这惊涛骇浪中探索、创新、实践的过程。

瞿建国不但自己买股票,还发动父母、弟弟、妹妹买申华股票。老兄弟顾天禄对买股票有些顾虑,瞿建国对他说:“手里有20股申华股票的人,才能作为公司董事会董事的候选人,你要做董事的,一定要买下20股公司股票。” 顾天禄拿出了全部家底1500元,另向母亲借了500元,买下了20股申华股票,跟着瞿建国也当起了股东。

在瞿建国的发动下,申华有16名职工成为了股东。川沙的50万元股票,也终于在一周时间里销售完毕。

经统计,孙小桥乡、桥弄村、洋泾乡仁和工业公司等购入法人股,占26%,社会个人和16位公司职工所持的个人股占74%。

1987年4月12日下午2时,上海申华电工联合公司召开了第一次股东大会,通过了公司章程,选举产生了董事会,确定了公司发展的重大事项。瞿建国众望所归，当选公司的董事长，并被董事会聘任为公司总经理，一肩担起公司决策与经营的双重要职。

有人问瞿建国，当选董事长兼总经理，和以前做总经理有什么不一样？股份制的申华公司，和以前的乡镇企业申华公司有什么不一样？

瞿建国想了想，说："股份制帮助申华在短期内筹集到大量的社会资金，我们有16名职工既是职工又是股东，生产积极性比以前更高了……"

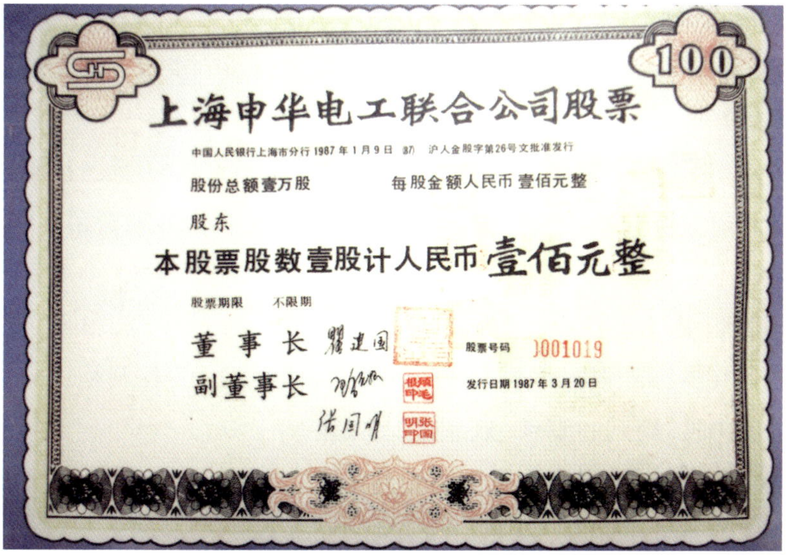

最早的"老八股"之一——申华电工股票

曾任上海市体改办副主任、上海市国资办副主任、上海市发展计划委员会（市物价局）巡视员的徐家树在《改革开放初期上海股份制改革》（收录于中共上海市委党史研究室编撰的《口述上海·改革创新（1992—2002）》）一文中提到："实行股份制，可以把企业推向市场，上市公司完成了自己的法人治理机构，董事会做重大决策，经理层经营事务，然后由监事会监管。国家作为国有股的所有者，只能委派股权代表控制国家股股权，不能直接干预企业的经营活动，可以弱化行政干预，对国有企业的改制、转换经营机制起到了重要的推动作用。"

瞿建国的感悟和徐家树的总结，潜台词都是"经营机制的转变"，而这种转变，是在弱化行政干预的情况下完成的。这种"松绑"是一把双刃剑，市场是广阔天地，市场又深不可测，由于身份不同了，曾经熟悉的市场，看起来又是那样的陌生。从头再来，更要冷静对待，瞿建国对自己说，你已是董事长了，36个职工里16个是股东，你要带着他们一起创业致富，不要辜负他们不离不弃的一路追随。

申华公司的主营业务是漆包线，因为国家工业转型，已日薄西山，既然成立了股份制公司，一切都是新的开始，可不能新瓶装旧酒。瞿建国经过市场调研，将公司主营业务转向为乡镇企业的产前产后服务，利用经营机电产品、机械配件、五金交电、塑料化工的优势，开辟市场。瞿建国又前往南宁、武汉等地，出庭应诉，清偿债务。申华公司一步步走向正途，股份制改革的好处也慢慢显现出来。

一年下来，公司销售总额631.21万元，实现利润20.5万元，上缴国家税金26.53万元，支付给股东股息、红利10.66万元，提留各项费用基金12.74万元。

16名职工股东笑了，平均每股可以得到10.66元的股息、红利，投资回报率超过10%。瞿建国和妻子买了100股，得到的股息、红利是1066元；顾天禄买了20股，得到的股息、红利是213.2元。

36名职工笑了。申华公司在调整主营业务后，一年大变样，未来可期，这是一家有前途的企业，这是一份有前途的工作。

瞿建国笑了。自辞职以后，他一直背负着巨大的压力，现在终于可以释怀。

这份答卷，让人满意。

病床上迸出金点子

2018年，从川沙到市中心，自驾车驶上华夏高架路，直通中环，可以轻松前往上海市中心的任何地方。公共交通同样便利，从川沙到人民广场，如果搭乘新川专线，30.4公里，路经37个站点；如果搭乘上海地铁2号线，路经14个站点，1个小时以内就能到达。现代交通的便捷，缩短了农村和城市之间的距离。

时间回溯数十年，从川沙到上海，绝没有这么容易。中华人民共和国成立前一直到20世纪50年代，川沙特别是孙小桥一带的农村，到上海去，要摇舢板、划小船。也有人坐火车，1个小时1班，从川沙一直开到浦东黄浦江边的庆宁寺（又称高庙）。火车用锅炉烧煤，靠蒸汽牵引着机车和车厢前进。机车头的颜色是黑色的，驱动轮的颜色是红色的，车厢的颜色是绿色的。运行时，响亮的汽笛声，几里路外都可以听到。

1975年11月，火车停运，铁轨随即被拆除，原路基改建成了上川公路，开始通行公共汽车。

20世纪80年代，川沙通往上海市区的公交线路一共有3条。每天第一班从川沙开往上海的公交车，定在5时50分发车；每天最后一班从上海（黄浦江边的轮渡站）开往川沙的公交车，定在19时20分发车。

那时，川沙农村和上海市区的来往已经很频繁了。有人抱怨车次少，挤都挤不上去；有人抱怨车次结束时间早，还来不及在上海吃晚饭，就要急吼吼地往回赶。在抱怨挤不上去又抱怨车子结束太早的人群中，就有瞿建国和申华的员工们。

抱怨，是情绪的宣泄，对于问题的解决，并没有多大帮助。瞿建国知道短期内川沙不可能增设新的公交线路或者对班次做出调整，但老百姓的需求是客观存在的，抱怨就是最好的民意的表达。既然交通部门“无能为力”，那么申华公司是不是可以在这车轮滚滚的上川公路上，分一杯羹？

申华公司发行了股票，是乡镇企业中的“明星企业”，多少双眼睛灼热地盯着申华，如芒在背。在发行股票后的一年半时间里，申华在机电产品、机械配件、五金交电、塑料化工等业务方面，运转正常，瞿建国又开出了一个复印社、四个营业部，开疆拓土。然而，在上海市郊，类似申华公司这样生产模式的企业，为数不少，规模也不小，和它们相比，申华除了股份制的优势外，产品和服务都不突出，今年是盈利的，明年也许因为政策调整就亏损了，毕竟，漆包线的失利，一直是瞿建国喉头的一根鱼刺。

思前想后，瞿建国觉得，必须要开发一些“其他业务”，来优化申华公司的产品结构，“其他业务”可以是工业领域的，也可以是其他领域的，“其他业务”的成功，将成为申华在激烈的同质化竞争中脱颖而出的保障，一举奠定申华的前途。

“我们虽然是工厂，但申华创办的初衷是扎根农村、服务农村，现在就有一项扎根农村、服务农村的新业务出现在我们眼前，我们做不做？”

这个问题，瞿建国问了自己很多遍，从一开始的犹疑，到最后的坚决，他也有所挣扎。瞿建国知道，只有说服了自己，才能说服董事、说服职工、说服更多关心申华公司前途的人。

主意已定，瞿建国给几位董事打去电话，让他们即刻赶到市区，共商大事。电话里来不及多说，董事们忧心忡忡。那段时间，有关瞿建国身体状况的传言沸沸扬扬，在给几位董事打电话前，瞿建国已经在上海市第一人民医院的病房里躺了20多天。

瞿建国的身体一直都不好，小时候长期营养不良，底子没有打好，在13岁的时候查出血吸虫病，19岁时严重到肝腹水、肝硬化，多亏毛主席、党中央派出解放军医疗队，下乡帮助农村的病患治疗血吸虫病，解放军医疗队的专家亲自操刀，为他切除脾脏。免于一死的瞿建国，逐渐康复，但失去脾脏的身体一直不够强壮。渐渐地，一直拼命干事业的瞿建国感到体力不支，到后来走5层楼中间也要停一停，不能一口气走上去。1988年的夏天，瞿建国驾驶着借来的尼桑轿车，驶过苏州河上的外白渡桥。上斜坡的时候，尼桑突然熄火，他下去推车，被大太阳一照，整个人竟然虚脱昏厥，被就近送到了上海市第一人民医院，后来查出胸廓上有肿瘤阴影。

这个阴影笼罩在瞿建国个人和家庭之上，也笼罩着整个申华公司。有关瞿建国身体状况的各种流言不胫而走，申华公司的董事、核心员工们，有段时间就怕接到从医院打过来的电话。不久前，他们得知了一个好消息：瞿建国持续20多天的高烧已经降下去了。紧接着，他们就接到了瞿建国的电话。几位董事心中忐忑，难道瞿建国真的不行了？

在上海市第一人民医院的花园里，瞿建国穿着白底蓝条的病号服，迎着施元德、顾天禄、王根生等几位董事焦灼不安的目光，淡然道："我这个病，医生已经同我打过招呼了，我不希望躺倒下去，但也得防止横着被推出去的结果出现。"听了这话，董事们愈加不安起来。

瞿建国看了大家一眼，接着说道："我把大家请过来，并不是讨论我的病。我知道大家对我的病很关心，但大家更应花时间思考、花精力操心的，是公司的发展。我们已经向社会发行了股票，只能成功，不能失败，一旦搞不好，给社会的震动就太大了。"有人插了一句："瞿总你怎么还在想这个，把身体养好才是现阶段最大的事情。”

瞿建国摆摆手，说道：“这次生病，我想了很多很多，公司要发展，就要确定一个符合市场需求的主业。”话锋一转，瞿建国又问：“这次大家从川沙到上海，都是怎么过来的？”几位董事面面相觑，摸不清瞿建国的真实想法。

瞿建国很快就把话题从发问过渡到了讨论，并抛出了“客运市场大有可为”的结论。瞿建国说：“要想富，先修路。我曾经用木器厂赚的钱为桥弄村修路，乡里乡亲出门方便了，眼界也开了。川沙一直是上海农村的重镇，现在地位更加重要，政府为我们把上川公路修得那么好，联系也更紧密，但大家都知道，川沙到上海的公交车，又挤又慢，结束时间又早。我的想法是，申华可以为政府做后勤，我们买几辆公交车，把客运业务做出来。机会就摆在眼前，我们可不能错过。”

瞿建国动情地说：“我在医院里养病，脑子一刻也没停。我想过很多新业务，但想来想去，只有客运最好。办客运，是三赢：申华赢利，股东赢红利，老百姓赢便利。我们是从农村起家的企业，我们本来都是乡镇干部，因为这样或者那样的原因，离开了以前的工作岗位，成为市场经济的一部分，我们可不能忘本，我们要把客运办好，为本乡本土的男女老少出行提供便利……”

3个月后，申华客运服务队办下了营业执照，买回了四辆象牌面包车。瞿建国也因病情确诊，从上海市第一人民医院转往上海市胸科医院等待手术。手术日期排在1988年11月23日。

手术前，瞿建国异常焦虑，他反复询问主刀医生：“我怎么才能活过两年？”在瞿建国看来，客运执照刚刚申请下来，自己撒手不管，心有不甘，而不管肿瘤是良性还是恶性，只要争取到两年的时间，让自己把客运做成公司主业，在公司运作成熟后，再交给他人，也算是善始善终，无憾了。

主刀医生并没有多说什么，倒是病房里的护士给了瞿建国信心。

有一次，护士小吴无意中说起：“我在这医院里工作了很多年，看到很多病人的病例，开刀并不是特别有效。”说者无意，听者有心，瞿建国追问了一句：“那该怎样治疗才有效果？”护士说：“我也不知道，我只是知道我看到过的，有的病人开了刀，病情反而恶化了。有个病人，启东乡下过来的，来的时候身体很好，查出来也是癌症，他没钱开不了刀，给他吃吃药，过了3个月，还可以骑自行车，前两天就骑自行车来医院的，看上去身体也很好嘛。”

瞿建国一直在苦苦思索到底是开刀好，还是不开刀保守治疗好，护士小吴的一番话让他茅塞顿开。

瞿建国决定不做手术，但又不方便把这个决定告诉医生，正踌躇着，妻子奚秀芳带来一个令人振奋的好消息：政府同意申华客运队营运，现在公司等着瞿建国选一个日子，正式开张。

这样一来，瞿建国在医院里更住不下去了。在客运队正式投入营运的前夜，瞿建国对护士小吴说：“小吴，我不想做手术了，在医院里这么久，我想出去看看，医生不肯放我出去怎么办？”小吴看了看瞿建国，问：“你为什么非要现在出去？”瞿建国也不隐瞒，把客运队的事情简单说了一遍。小吴点点头：“好吧，做不做手术，你自己再仔细想想，至于你要出去，我可以帮你。”

顾天禄（左）和瞿建国在申华客运成立时的合影

申华客运候车室

就这样，在小吴的帮助下，瞿建国趁着夜色离开了医院。第二天上午7时，在申华客运队的停车场里，瞿建国坐进了已改装成客运车辆的象牌面包车的驾驶室，妻子奚秀芳坐在售票员的座位上，喇叭按响，滴滴叭叭，申华的第一辆客运车发车了。受瞿建国委托负责客运业务的老兄弟顾天禄紧随其后，按响了第二辆申华客运中巴的喇叭。

川沙多了一条去市区的客运线路，但川沙人一开始不买账，他们依然去公交站点排队、挤车、抱怨。好朋友、川沙烟糖公司总经理赵锦康对瞿建国说："建国，你怎么能搞客运，这是个亏本买卖，你看看公交公司，哪家赚钱？"

瞿建国心中也很着急，发动亲朋好友，跑村镇、跑企业、跑政府，到处宣传申华客运队的优势。有段时间，瞿建国的儿子瞿亚明自告奋勇当起了"移动广告"，放学后提着电喇叭就去公交站点大声喊："申华客运，到塘桥，到东昌路码头、江边码头、陆家嘴码头，快来啊，要开车啦。"

稚嫩的童声，伴着电喇叭的尖锐的啸叫，成为那段时间川沙人等车候车的一个消遣。慢慢地，大家接受了瞿建国的客运队，乘上了瞿建国的中巴车。

中巴车有了乘客，才能谈发展，谈盈利。赵锦康所说的"公交公司，哪家赚钱"是事实，但瞿建国办客运，不仅要口碑，也要赚钱。既然要赚钱，那么必须要和公交公司有所区别。

从川沙往返市区，公交的单程票价是0.35元，申华客运的单程票价是1.5元。如果瞿建国推出的"高价票"能够被老百姓所接受，客运队肯定会实现盈利。

但一张单程票，申华的要比公交公司的贵这么多，老百姓一开始很难接受。这也是申华客运队刚上路的时候，老百姓宁愿在公交车站排队，也不愿来申华乘车的原因之一。

瞿建国多次对董事、职工们说："决定了方向后，制定能激动人心的目标非常重要！领先的目标就算未完成，也会因领先一步而先进，轻易的目标反会增加惰性而落后自己。领先的目标不仅是自我的承诺，也是自律，更是誓言，还能激发自我内在的动力，更能获得外界和领导的支持。"

瞿建国给申华客运队制定的"领先的目标"，并不仅仅票价是公交票价的4倍多，服务更要领先10倍甚至更多。

和公交公司的客运车相比，申华客运队的中巴车有一个明显的特点：

早上很早，晚上很晚。特别是“晚上很晚”这一点，逐渐获得了川沙人的认同。以前在市区办事，赶不上19时20分的末班车，就要在市区留宿一夜，现在再晚也有申华客运队的中巴车等着，因工作关系往来川沙和市区的政府工作人员和商人由此获得了极大的便利，他们成为申华客运队的主力乘客。

申华客运队的中巴车还很人性化地推出了“就近下车，招手即停”的服务。在排班上，公交公司的车一小时一班，申华客运队半小时一班。“时间就是金钱，效率就是效益”，当这句话成为越来越多人的共识，瞿建国和申华公司也正朝着“领先的目标”更近一步了。

和公交公司相对比较呆板的分配制度不同，企业家出身的瞿建国在创新分配制度上更有想法，也更具操作性。申华客运队实行的是承包制，以家庭为单位承包客运中巴，一辆车子，老公开车，老婆卖票；或者是老婆开车，老公卖票。反正总是一家人的，多做多得，都是为自己做的。当时的川沙人称这样的车为“夫妻老婆车”，这极大地调动了驾驶员的积极性，也减少了公司的管理成本。

申华客运队一步步走上正轨，成为申华公司财政报表上的一个亮点，但1988年底，瞿建国又遇到了一个坎。川沙县财政局下发专文，规定因公外出人员如果乘坐申华客运队的中巴，财政将不予报销。出这个规定，是因为一部分领导对高价票有疑问。瞿建国知道，必须及时回应疑问，否则申华客运队刚刚培育而成的市场，将会一下子垮塌。

为了申华的前途，自己的身体可以不要，脸面也可以不顾。瞿建国豁出去了，把中巴车开到了川沙县委大院。那些熟悉瞿建国办事风格的人并不奇怪他的“冲动”，只是善意地提醒他，这是县委大院，提意见可以，要适可而止。瞿建国笑笑说，我是来讲道理的。

县委领导对瞿建国的来访很重视，先后接见了他。瞿建国说：“现在，很多人都说‘要致富，先修路’，可是，有了路，没有车跑，这个路有什么用？川沙到市区，不是没路，而是少车。我们申华搞客运业务，不仅是出于企业发展的需要，也是为了方便服务川沙老百姓的出行需要。我们申华的车，半小时发一趟，而公交车要一小时一班，正常情况下，我们的车比公交车早开半小时，乘客们少等半小时，这半小时，就是效率，金钱买不回来的。还有一点很重要，你们几位领导都坐过我们的中巴车，坐车环境肯定比公交车好，我们是在认真做服务、认真做品牌，顺便把川沙的新形象传递到市区。”

县委主要领导并没有打断瞿建国的话，很认真地听他力陈己见。瞿建国估摸事情并非没有回旋余地，又说：“现在县里和市里往来很频繁，交通却不方便。我听到一个说法，有些单位和部门考虑买轿车、用轿车，其实，我们申华客运完全可以弥补公交客运的不足，打通县里和市里的交通联系。”

“县财政如果从节省开支上考虑，乘坐小轿车的花销更大；如果从节省时间、提高效率上考虑，申华比公交公司更有优势。”瞿建国说得铿锵有力，县委主要领导频频点头。瞿建国又说：“所以，不论是企业干部，还是机关领导，乘申华的车不但要给予报销，还应该鼓励。”县委主要领导听到这里笑了：“瞿建国你真会算，广告都做到县委大院来了。”

瞿建国也笑了，他知道，这道坎，就这么有惊无险地跨过去了。事后，因公去市区乘坐申华中巴不能报销的限制，很快就被取消。川沙县各单位的财务报销单据里，申华客运队的车票越来越多，而在申华公司的财务损益表上，申华客运队第一年就创造了百万元的收益。

瞿建国对董事们说，这是双赢，既有经济效益，也顾全了社会效益。其实，在大家的眼里，瞿建国这位当时的“人生赢家”，还有可喜可贺的“一赢”，就是他的健康状况，随着客运队走上正轨，“恶毛病”也似乎远离了。

在保守治疗下，瞿建国的身体慢慢康复。既然已经错过了1988年11月23日的手术，在瞿建国看来，以后相当长的一段时间就再也没有回到手术间的必要了。

浦东开发迎机遇

开启一个波澜壮阔的时代，需要一把钥匙、一根火绳或者一座灯塔。

1990年，钥匙、火绳、灯塔，一起出现在上海。邓小平指出：“上海是我们的王牌，把上海搞起来是一条捷径。”

这一年的春天，国务院正式宣布浦东开发开放，由此奏响了中国新一轮开发、开放的号角。《纽约时报》以半个版的篇幅发表新闻通讯——《向世界展示中国仍在大搞经济》。这一年的冬天，上海证券交易所正式成立，这不仅是中华人民共和国成立后第一家证券交易所第一次对外营业，更是新中国证券发展史上的重要里程碑。这一年的上海，万象更新，流光溢彩。

瞿建国是从媒体上获知浦东开发开放的消息的，当时他兴奋得从椅子上蹦了起来。“宁要浦西一张床，不要浦东一间房”的调侃，将成为往事，世人将重新审视黄浦江以东的这片土地。其实，大约从1983年、1984年开始，上海市委、市政府就开始提出要开发浦东，这是从整个上海层面来考虑的。而现在，浦东不仅是整个上海的浦东，更是整个中国的浦东。这是浦东之幸，也是浦东人之幸，更是浦东企业之幸。

从中央到地方，改革的动作可真快。根据媒体的记录，1990年春节后，邓小平从上海返回北京，对中央政治局的同志们语重心长地说：“我已经退下来了，但还有一件事，我还要说一下，那就是上海的浦东开发，你们要多关心。”4月18日，李鹏在上海宣布：中共中央、国务院同意上海市加快浦东地区的开发，在浦东实行经济技术开发区和某些经济特区的政策。4月30日，上海市人民政府宣布开发浦东的十项优惠政策和措施。5月2日，上海市政府召开会议，成立浦东开发办公室，当天午饭后，就开始办公。9月10日，国务院有关部门和上海市政府向中外记者宣布开发、开放浦东新区的九项具体政策规定。第一代浦东建设者赵启正这样表述：“浦东开发是一首雄壮的交响曲，它的总谱是邓小平谱写的，指挥是党中央和上海市委，我们有幸成为这个大乐队的演奏员。”

瞿建国几次去位于浦东大道141号的浦东开发办公室学习，印象特别深刻：一间10来平方米的办公室中，摆放着4张破旧的办公桌，周围还有9个凳子。但正是因为有了这样一间办公室，浦东的开发开放进入了实质性启动阶段。

瞿建国几次站在黄浦江边，望着正在施工的南浦大桥出神。这座架于浦西陆家浜路至浦东新区南码头之间的大桥，距离桥身合龙尚有时日，但伟岸的轮廓已经显现。合龙后，南浦大桥将成为上海市区第一座跨越黄浦江的大桥，浦西到浦东，浦东到浦西，距离缩短了，来往交流更便利了。

瞿建国对董事们说："这是一个机会，我们应该有更高的视野，更好的瞭望。我们一定不能辜负了这个时代。"

1991年6月20日，南浦大桥合龙，同年12月1日正式通车。

1992年10月，江泽民同志在党的十四大上指出："以上海浦东开发开放为龙头，进一步开放长江沿岸城市，尽快把上海建成国际经济、金融、贸易中心之一，带动长江三角洲和整个长江流域地区经济的新飞跃。"

1992年10月11日，国务院（国函[1992]145号）批复：设立上海市浦东新区，撤销川沙县，浦东新区的行政区域包括原川沙县，上海县的三林乡，黄浦区、南市区、杨浦区的浦东部分。

1993年1月，浦东新区正式成立（党工委和管委会）。3月，杨浦区歇浦路街道、南市区浦东地区的周家渡、塘桥、南码头、上钢新村4个街道及杨思镇、原上海县的三林乡及黄浦区的浦东部分正式划归浦东新区。

1993年4月10日，《人民日报》头版头条刊发通讯《怎样认识"龙头"——浦东》，在中央作出浦东开发决策三周年之际，反映浦东的开发开放成就，进一步明确开发浦东的战略意义。

浦东开发开放的洪流如此奔腾汹涌，出乎很多人的预料。曾任上海市副市长的沙麟在2013年的一篇回忆文章《难忘从事浦东开发开放的激情澎湃岁月》里写道："当时《纽约时报》的一个记者采访报道浦东开发开放，开始他对浦东开发开放的力度和进度是有怀疑的。一次他在上海市外办采访我时，我就问他有没有兴趣到浦东实地看一看，这个记者答应了，于是他就和我们一起到浦东中心医院食堂吃饭。这个记者看了我们浦东开发办的实际情况，很感动，就写了一篇很长的报道，说53岁的上海浦东开发办负责人沙麟，带领63名工作人员，脚踏实地地工作，完全没有官僚主义作风，是真正干事业的人。"

和意气奋发的上海浦东开发办负责人沙麟一样，当时40岁上下的瞿建国也是一个真正干事业的人，他一直坚信在浦东开发开放的热土上，有他的用武之地。

不过，也有人为瞿建国担心，时代不同了，政策不同了，打交道的领导也不同了，还能一如既往地顺风顺水？在国务院发文川沙县“降格”为川沙镇后，就连瞿建国的支持者也有些信心动摇了。川沙是瞿建国事业的根据地，但似乎在这一次的浦东开发开放上“靠边站”。瞿建国在川沙的业务布局前途不明，特别是客运业务，随着川沙县委、县政府的撤销，一些行政机构迁往陆家嘴浦东新区政府，肯定受影响。

在申华公司的一次内部会议上，瞿建国摊开地图，指了一个地方，对于董事们来说，这个地方再熟悉不过，正是瞿建国最先创立事业的孙小桥。这时候的孙小桥，已经省略了一个“小”字，被称为孙桥，1993年的时候叫“孙桥乡”，1995年的时候叫“孙桥镇”。1996年，孙桥农业开发区正式对外开放，这是全国第一个综合性现代农业开发区。董事里那些土生土长的孙桥人觉得，这一切就像是做梦一样。

瞿建国又指了3个地方，从位置上看，分别是陆家嘴、外高桥和金桥。当时，第一批浦东开发开放的建设功臣们正在热火朝天地建设着陆家嘴金融贸易区、外高桥保税区、金桥出口加工区，它们是浦东开发开放初期最重要的项目。但当时，它们又确确实实是烂泥地上的项目。沙麟在《难忘从事浦东开发开放的激情澎湃岁月》里回忆道：“最初的开发区都是一片荒凉。当时我们到金桥现场考察的时候，那里真是一片农田，还有一片高压线。另外就是外高桥，泥巴太多，车子开不进去，当我走进去的时候，泥巴把我长筒靴拔掉了。”曾任中国证券市场设计研究中心总干事的王波明在《将证券交易所引入中国》（收录于《中国股市早年岁月（1984—1992）》，上海人民出版社，2007年版）一文中提到他1992年参观浦东时的感受：“它真是破破烂烂。虽然他们给我看模型，指这儿是陆家嘴，那儿要建歌剧院时，说得特宏伟，我心里一点儿都不信。”荒凉也好，破破烂烂也好，万丈高楼平地起，风物长宜放眼量。

瞿建国的笔，最后在川沙镇的位置上停了下来，他做决定的时候，底气十足：“申华客运不仅要继续留在川沙，还要继续购买车辆，一如既往地服务家乡人民，为川沙发展尽力。”

瞿建国逐一指着他在地图上画的那些圈，说：“全世界都知道，中国未来10年的发展，热点在浦东，机会在浦东，这是浦东最好的机遇。虽然川沙变小了，县委、县政府撤销了，很多部门搬走了，来来往往的人在短期内肯定比以前少，但随着浦东开发开放的深入，川沙这里一定会更加繁荣，客流也会越来越大，申华客运以至我们整个申华公司肯定会发展，而且会越来越好！”

早年申华实业在川沙的部分产业

正如瞿建国所言，浦东的开发开放给申华公司带来了最好的发展机遇。1992年2月24日，上海市人民政府经济体制改革办公室发布沪体改（1992）第26号文，批准了上海申华电工联合公司更名为上海申华实业股份有限公司，上海市工商行政管理局核准后，变更登记注册。从“申华电工”到“申华实业”，改变的不仅仅是公司的名称、股票简码，更多的还是经营方面的战略布局。客运已经成熟了，可以挑大梁，但在浦东开发开放的大环境中，更多元地经营，更全面地发展，才能获得更广阔的市场的空间。7月28日，上海申华房地产开发经营公司成立。让川沙人啧啧称道的申华大酒店也建起来了，申华公司朝着业务多元化的道路，坚实地前进着。

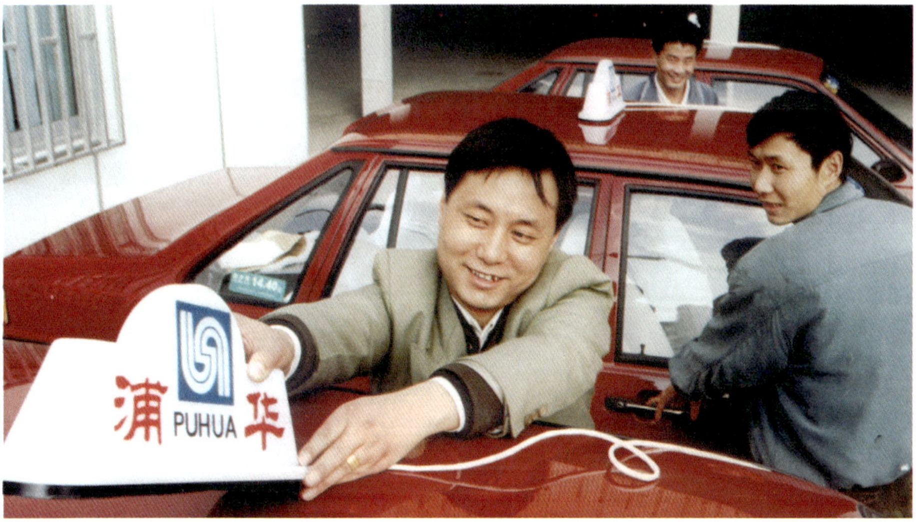

申华早年投资的浦华出租车

早年的申华客运

1990年12月中旬，申华公司进行股票拆细，把一股拆成十股，每股面值10元，同时以每股15元的价格发行了40万股面额10元的股票。1993年3月和1994年4月，申华公司两次配股，把从资本市场里募集到的资金，投入客运队的升级改造。成立了客运公司，顾天禄任总经理。至1994年12月，申华公司从最初的4辆中巴车起步，发展到14辆大客车、238辆中巴车的规模，建立了从川沙镇开往上海火车站、人民广场、徐家汇，以及遍布整个浦东新区的中巴专线班车营运网络，还开辟了前往杭州、湖州、瑞安的3条长途客运线路。让客运同行啧啧称道的是，为了吸引外省市的客运车辆开往浦东，申华公司投资近千万元，在浦东张桥建造具备现代化设施的长途客运中心站。

申华公司通过兼并华旅出租车队，拥有了自己的出租车队。在此基础上，又组建了拥有113辆轿车的浦华出租汽车公司，并参与发起成立浦东大众出租汽车股份有限公司。出租车业务也是瞿建国坚持要做的，他经常前往市区开会，已敏锐观察到出租车对于城市生活的影响。当初在申请客运执照的时候，瞿建国同时申请了出租车的执照，他提出车子的颜色要和国际接轨，国际上出租车都是黄色的，所以申华的出租车也要用黄颜色。

受益于浦东开发、开放的政策，1994年末，申华公司已逐步形成了以客运业为基础，房地产业、酒店旅游业和工贸业等并举的经营格局，股东权益从1987年发行股票时的100万元，增至29484万元，增值近300倍。

把股市里赚的钱投到慈善中

《洛杉矶时报》在1990年，以“为低迷的上海倾注活力”为题，大幅报道浦东开发、开放的现实意义。这一年的冬天，随着一声锣响，中华人民共和国成立后第一家证券交易所——上海证券交易所正式开业。建立上海证券交易所，是国务院宣布的浦东开发、开放的十大政策之一，为上海注入了活力。

1990年12月19日，敲响这第一声锣的，是上海证券交易所的

上海股市早年股票

第一任总经理尉文渊。

为上海证券交易所这一震惊全球的锣响，尉文渊已经连续奋战了许许多多个不眠之夜。锣声响过，新中国第一个证券市场开始交易之时，尉文渊倒下了，他太累了。昏迷的他被急送到医院抢救了过来。

市场的铜锣，就该让市场人士去敲响。一如中央财经领导小组秘书长张劲夫在1988年12月著名的“西直门会议”上的名言：“经济上的问题只能用经济的办法来解决。……是不是股份制就一定能够全解决问题，不一定。但我想，这可能是一种比较好的形式。”这一声锣音，发聋振聩，世界皆惊。虽说是经济事件，但按照上海证券交易所第一任理事长李祥瑞的说法，“这个交易所政治影响大于经济影响”。

上海证券交易所的开锣，可谓是水到渠成的产物。在成立前夕，上海已有申银、万国、海通等证券经营机构25家，柜台交易点50多个。

在第一声锣敲响之后，30种证券在1990年12月19日这一天同时出现在上海证券交易所的电脑交易系统中，其中国债5种，企业债券8种，金融债券9种，股票8种。这8种股票，就包括瞿建国创建的申华电工联合股份有限公司的股票，简称“申华电工”。其他7种分别是飞乐音响、延中实业、爱使电子、飞乐股份、真空电子、豫园商城、凤凰化工。时任中国人民银行上海市分行行长的龚浩成说：“建立的时候，股票一股脑儿只有8个，所以我们习惯讲那是‘老八股’。”

时至今日，一说起瞿建国是“老八股”的创始人时，大家无不肃然起敬。毕竟，历史记载的那一幕是不可磨灭的，而所有参与的人则成为历史的书写者，也是不可忘记的。

新生的社会主义国家设立了一个交易资本的市场，不能不说是一个创举，而这个创举的发起人，是邓小平。

曾任中国证券市场设计研究中心总干事的王波明在《将证券交易所引入中国》一文中回忆：上海证券交易所初开时，第一任理事长李祥瑞在会上打招呼，说开这个交易所别指望赚钱，也没想到这么快，“几乎一年左右，全中国的钱就像对着抽风机似的，忽一下全抽向上海”，“股票交易量大大超过了债权交易量，百万富翁大量涌出”。

百万富翁的诞生，受益于股票交易制度的改革。1986年9月26日，上海建立了第一个证券柜台交易点——中国工商银行上海市信托投资公司静安证券业务部，开始接受委托，办理由其代理发行的延中实业和飞乐音响两家公司股票的代购、代销，不过，这时的转让价格还是根据人行上海分行规定，由票面金额加成交时的股息和红利决定。到1986年底的3个月内，成交了1367股（每股面值10元），约占当时向社会公开发行额的1.1%。1987年，人行上海市分行发布《证券柜台交易管理办法》，规定股票必须在经人行上海市分行批准的证券柜台交易点进行转让买卖，价格实行放开，随行就市，由买卖双方商定，证券柜台还可以直接自营证券的买卖。此后，交易量逐年扩大，1986年、1987年、1988年、1989年，分别为115万元、524万元、890万元、1454万元，到1990年成立上海市证券交易所时已达9926万元。

投资者在当年的静安证券业务部柜台前踊跃进行“小飞乐”“延中”两只股票的交易

瞿建国和他的股东们也成了大量涌出的“百万富翁”之一。就结果而言，出乎瞿建国等大多数人的意料；就过程而言，惊心动魄。

申华公司1987年3月20日公开发行股票，是上海第一家乡镇股份制企业。1988年11月至12月，时任上海市委书记江泽民同志视察了上海万国证券公司、中国工商银行上海信托投资公司、上海飞乐股份有限公司以及上海真空电子器件股份有限公司。瞿建国去康平路市委所在地，参加了上海市委召开的股份制企业调研会，向江泽民同志当面做汇报。

不过，瞿建国很快就碰到了问题：申华的股份制之路在1988年春夏之交时，差点走不下去了。当时，正值宏观调控，经济下行，原有的电工原材料业务也出现了下滑，新的业务还没有开始，股票发行两年了还不能交易。瞿建国自己身体不好住进医院，一些股东就开始到公司里吵闹，希望退股。

也有一些人认为股票就是一张纸，还是拿着现金比较保险。现在公司董事长生病，频繁出入医院，公司效益不好，弄不好血本无归。找到川沙要求退股的人也多了起来。退的情绪会传递，当越来越多的人想着退股换钱，作为创始人的瞿建国压力骤然增大。

当时可以交易的，是已经在申银万国静安营业部设立的交易柜台挂牌的股票，申华公司的股票并不在其中。1987年三四月间，在上海中山东一路15号中国农业银行上海市信托投资公司证券柜台买入申华股票的股东，发现自己手中的申华股票发行两年仍不能交易，想卖却不能卖，不满情绪一点点升腾。

一些股东拿着股票从市区找到川沙，愁眉苦脸地对瞿建国说："股票从100元跌到50元，哪怕能卖掉，我们也能接受。但你们的股票总是不能上市，不上市就不能卖，我们无法接受，我们要求退股！"

瞿建国解释道，对于已发行的股票，可以转让，但不能退回，这是市场的规则，在法律层面，退股要求也得不到法律条文的支撑。而且公司也没有资金可以实现股东退股的需求。

这样的解释，并不能平息股东的怒火。盛怒之下，他们把申华公司办公室里的桌子和茶杯都砸了。

天天有一些人来川沙申华办公室要求退股，瞿建国感到这样下去，对公司的影响很不好。

他只能发动公司的所有职工，尤其是那些追随他的兄弟姐妹们，一起学习当时的证券金融方面的法规条文，但没有一条可以匹配“退股”，已经没有后路了，如果第二天股东们仍然找上门要退股，那只好自己先垫钱，把这些“退股”买下来。

瞿建国把自己的想法对职工股东们说了，对妻子奚秀芳说了，他很无奈也很诚恳：“别人要退股，我们可以理解，但我们自己不能退。我手里的公司股票，一股也不卖。我相信，我们申华公司一定能够大发展，中国的股票一定会增值。”对奚秀芳，他又多说了一句：“不但不能退，为了公司，还要拿出家里的全部存款，再去借一些钱，做好准备，来买下别人退掉的股份。”

奚秀芳对丈夫言听计从，夫妻俩到处借钱，掏尽家底，凑了1万多元钱，买下了一部分“退股”。算上当初股票发行时买的1万元原始股，瞿建国和奚秀芳名下就有了2万多元的申华股票。

1990年12月19日到1997年12月18日，上海证券交易所设在黄浦路15号（原浦江饭店）

然而，这依然只是杯水车薪。瞿建国又去做职工们的思想工作：“现在，有一些股东要卖掉我们的申华股票，我希望我们每位职工不但不要退股，而且还要尽量多买进一些。同时，公司用年终分配的余额部分，再给大家一些补贴，全部用来给大家买股票。我相信，申华股票会很值钱。”

为了公司的利益，当然更多是出于对瞿建国的信任，公司的老职工顾天禄、王凤娣、金凤等陆续也买了一些“退股”。这场差点动荡了申华公司的“退股”风波，总算是风平浪静了。事实证明，瞿建国“申华股票会很值钱”这句话，并没有说错。

1990年3月1日，申华公司的股票在静安营业部开始柜台交易，正好赶上一个好机会。1990年6月之前，静安平均股价指数（1987年11月2日由中国工商银行上海市信托投资公司静安证券业务部编制公布，该指数以1987年11月1日为基准日，基点为100点，采用上海上市的集中股票价格编制而成。这是中国证券市场第一次编制股票指数）一直在100点附近波动，1990年7月后快速上扬，到1990年12月19日，上海证券交易所成立时已跃过400点大关。这显然是当初坚持要退股的人始料未及的。

上海证券交易所开市的消息，激发了人们投资股市的热情。由于只有八只股票，“老八股”有行无市，无量上扬，根本买不进股票，股民只得将买股票的热情全部投放在新股认购上。首先被抢购的新股是兴业房产，消息一出，离发行时间还有两天，地处人民广场旁的主承销商万国证券公司广东路营业部就被围得水泄不通，从全市各地汇聚而来的市民，带着从亲朋好友那里收集到的身份证，以及躺椅、毛毯等物，在广东路安营扎寨，准备熬个几天几夜，对兴业房产股票志在必得。

面对来势汹汹的认购热情，上海管理部门果断决定，将预约地点放到上海北面、当时还属于城乡接合部的江湾体育场内进行。据当时在现场工作的万国证券公司员工回忆：那时候，看着远处汹涌而来的人群，脑子里只有一个念头——逃，于是就翻窗逃了出来。在场的工作人员，包括警察，纷纷后撤。人潮退去，留下几个被踩伤的伤员，工作人员事后清场，光踩落的鞋子和丢失的生活用品就装了几箩筐。

1986年开始介入处于萌芽期的中国证券市场的应健中在《悲欢离合认购证》（收录于《回眸中国股市 1984—2000年》，上海人民出版社，2001年版）一文中回忆：“为了保证把股票安全地发行出去，管理部门绞尽脑汁，想出来30元1份股票认购证的发行方案。股票认购证印刷得极其精美，像邮票中的小本票，封面烫金，封底印着'股市有风险，入市需谨慎'的字样，内有一式四联可复写的凭证。在说明栏里，写明这30元1份的股票认购证不是股票，而是可以买股票的凭证。”

1992年，上海举行股票认购证首次摇号仪式

很多人搞不懂，这30元1份的股票认购证怎么比股票的价格还要高，1元1股的股票发行价才6~8元，可股票认购证却要30元，这无疑等于去看场电影，电影票才5元1张，而买电影票的预约券却要30元1张。

30元不是小数目，而且根据认购证的发行规则，30元1份的股票认购证其实是一张奖券，如果中不了奖，等于30元买了一张废纸。应健中感慨道：“习惯于算小账，并没有赚过大钱的上海人，当时全被这高价的股票认购证吓退了。”

瞿建国是在《文汇报》上读到发行认购证的新闻的，他觉得认购证从出发点上讲是好的，避免了再次发生江湾体育场预约券发放时的混乱，而且报纸上白纸黑字写得明白：“认购发行所得的资金将全部捐给上海福利事业。”瞿建国想，就算不中奖，这笔钱也可以投入福利事业，是善事。

瞿建国找来申华公司财务部从事证券交易管理业务的金凤，对她说：“你去买一批股票认购证来，让公司的职工到你这里来买，省得大家都要去证券公司跑一趟。”在瞿建国看来，职工们和他的想法应该是一样的，做成了，经济收益，做不成，支援国家。

不过，当金凤从证券公司预订了700张股票认购证后，一开始，来买的只有瞿建国和奚秀芳，夫妻俩各买了100张。金凤想自己管认购证，一张不买实在说不过去，就买了1张，剩下499张，无人问津。

金凤在小黑板上写下“有人要买认购证，请到我这里来登记”，并将小黑板悬挂在走廊里，还去找公司经理级别的职工，希望他们带头买几张。顾天禄问金凤：“这个认购证，瞿总买了多少张？”金凤说，瞿总夫妇买了200张。顾天禄心中有了底，说：“跟着瞿总走，不会错的，我买36张，1080元，讨个口彩。”

这边金凤正在想尽一切办法推销认购证，那边瞿建国又接了“新业务”。这一天，瞿建国去万国证券公司黄浦营业部办事，正为认购证推销事宜发愁的总经理谢荣兴立刻来求援：“瞿总，你是不是在我们这里买一些股票认购证，帮我们完成一点指标？”瞿建国爽快地答应了：“行，我来帮你们推销。”谢荣兴顺水推舟：“这样吧，瞿总，一样是买，那就多买一些，给你1000张，凑个整数。”

瞿建国一琢磨，1000张可不是个小数目，金凤上次买回去的700张里还有400多张没卖掉，再加1000张，卖给谁去？见瞿建国面露难色，谢荣兴连忙说：“帮忙，帮帮忙，就算你给上海的福利事业做贡献了。”一边说，一边让人替瞿建国填上购买1000张认购证的数字。

带着1000张认购证回到公司，瞿建国觉得把推销任务交给金凤，恐怕会把她“逼疯”，那只能是自己上了。瞿建国走进财务部办公室，对负责财务管理的王凤娣说：“王阿姨，你买了几张认购证？”王凤娣原是川沙县农机大修厂的财务科科长兼生产科副科长，1988年6月加入申华公司，记下了公司创业过程中的一本又一本财务账，因为资格老，为人和善，公司自瞿建国以下，都叫她“王阿姨”。

听瞿建国这么问，王凤娣如实回答：“我还没有买，要买就买1张吧。”

瞿建国觉得还可以再挖掘一下，就用了激将法：“王阿姨，认购证只买1张的话，我看你就不要买了。要买认购证，你就在你的1张后面，再圈上两个零。这是一个机会，你听我的没有错，你千万不要错过了。” 王凤娣也是“老江湖”了，怎么会不知道这是一个激将法，连连摆手：“什么？买100张认购证，要3000元，我不做、不做，坚决不做。”

瞿建国也有些后悔，把王凤娣逼得太紧，超过她所能接受的底线了，只能自嘲地笑笑，离开了办公室。瞿建国走后，王阿姨心里翻江倒海，“坚决不做”，只是随口一说，对于瞿建国的判断，她还是十分信任的。此前听瞿建国的话，买了“退股”，现在瞿建国让她买认购证，那么还是买一点吧。就这样，王凤娣在自己原先想买的1张认购证后面，加了1个零，买下10张认购证。

一个星期下来，瞿建国在公司里好说歹说，来买认购证的职工基本都是看着他面子，才买了一两张。瞿建国扩大了推销范围，向公司外的熟人、朋友，甚至北京、广州的客户都推销过，连买带送，用了不少人情，也只推出去不足300张认购证。瞿建国十分沮丧，推销认购证是储蓄所、交易所做的事情，自己“越俎代庖”，外行去做内行的事，反而把自己业务上的开拓耽误了。

鉴于公司囤积的上千张认购证实在找不到出路，瞿建国只能去万国证券公司黄浦营业部退货。买卖已成，银货两讫，岂能再回来？谢荣兴经理一口回绝：“买去了，就不好退了，还是你自己消化吧，既帮了我的忙，也给国家的福利事业做点贡献。”

话已经说到了这个份儿上，瞿建国也知道谢荣兴的难处，这和前几年股东找自己退股是一样的，出了门的生意，怎么能退？己所不欲，勿施于人。就这样，瞿建国带着这上千张认购证，又回到了公司。在和妻子奚秀芳商量后，瞿建国决定自己挑重担，上千张认购证全部由自己买下。

谁也没想到，一个多月后，峰回路转，上海的股市一下子火爆起来，30元1张的认购证被炒到了1万多元。其中的原因很简单，通过认购证中奖所买到的原始股，回报远远大于1万元。

瞿建国颇具市场眼光买下的200张认购证，以及之后“无奈”买下的上千张认购证，带给他丰厚的回报，一年多的时间里，竟然赚了1000多万元。

面对突然而来的上千万元的家产，瞿建国和奚秀芳感到了成功喜悦，他们在市区买了一套房子，一家人搬到了上海市区，住进了高楼。

但很快，瞿建国静下心来，开始惦记着一件事。当年离开孙桥乡的时候，老人们祈求他留下的话语犹在耳边，读书的时候经常买他韭菜的老师的关爱暖在心头，还有王定甫、毛泽生、龚浩成这些可亲可敬的领导和朋友们让他感恩……想起当初离开乡里去创业，暗暗发誓要成功、要证明自己，成功了，就要不忘恩德，来回报那些帮助自己的人，也要证明自己并不是为了钱而辞职下海。

这么多人帮助他，怎么才能回报他们呢？忽然，一个念头让他眼睛一亮：把钱捐出来，设立一家公益慈善基金会，从事各种公益项目，包括筹建养老院，改善其设备设施，资助孤困老人，支持文艺团体为丰富老年生活的各种演出，在贫困地区捐建"希望学校"，资助失学儿童和贫困大学生完成学业，支持特殊教育学校改善生活设施等，以此推动民间的社会公益事业的发展，以此回报家乡父老、社会各界的支持和帮助。

他越想越兴奋，便马上找人去咨询。人民银行上海市分行金融管理处的王华庆处长非常支持瞿建国的举动，但私人捐资设立基金会，未有先例，为此王华庆去人民银行总行汇报，争取开一个先河。

时任浦东新区管委会副主任的黄奇帆对瞿建国的想法非常支持。在办公会上，他说，浦东有个企业家瞿建国，自己赚了钱，不去花天酒地，反而要捐出来设立基金会，我们要大力支持 。

在王华庆、黄奇帆的支持和帮助下，经主管单位中国人民银行上海市分行非金融管理处批准，由瞿建国以个人名义捐赠，资助1000万元人民币成立上海市建国社会公益基金会。黄奇帆任名誉会长，瞿建国任会长，杨焕凤担任秘书长。

1993年6月18日，时任上海市民政局局长孙金富向建国基金会签署、颁发了沪社登字（93）第50177449-3号《上海市社会团体法人登记证》，瞿建国出任会长。基金会以扶助贫困和弱势群体、支持非营利组织从事各种公益活动为宗旨，积极推动民间公益事业在扶贫帮困等领域的发展，后来在宗旨里又陆续加入了环境保护、生命健康、文化教育等内容。就这样，瞿建国走上了公益事业的慈善之路。多年来，通过各种公益活动、赈灾义捐、慈善拍卖、实物援助、现金捐献等，基金会公益慈善性资助已逾亿元人民币。

第二节　万科举牌引发君万之争

1993年宝延风波发生时，瞿建国接受媒体采访表示，欢迎大股东入主推动企业发展。11月10日，王石、瞿建国和上海证交所总经理尉文渊一起发布万科收购申华的重要公告，但万科方面几个大股东联合起来，委托股东之一的君安证券为代表，公开表示反对。1995年2月，万科黯然退出申华董事会。

宝延风波起纠葛

任何事物，初生时总是不完美的，若是没有经验可以借鉴，只能摸着石头过河，中国的证券市场概莫能外。

从1990年12月19日第一声锣响，到12月26日，在上海证券交易所上市的“老八股”连续涨停（当时的涨跌停板幅度为5%），股票供不应求。

为控制风险，从1990年12月27日起，有关涨跌板幅度的规定调整为1%。1991年1月7日起，上海证券交易所进一步把涨跌停板调窄至0.5%，该涨跌停板制度一直实施到1991年4月26日，此后又重新恢复至1%。在实施1%和0.5%涨跌幅的那段时间里，上海证券市场的成交量极小，风险控制住了，但有的股票连续几天没有成交。

1992年初，面对当时包括证券市场在内的经济领域及其他领域出现的一些问题，邓小平在视察南方期间发表了对中国未来产生重大影响的谈话：“改革开放胆子要大一些，敢于试验，不能像小脚女人一样。看准了的，就大胆地试，大胆地闯。”

1992年2月18日，上海证券交易所宣布延中实业和飞乐股份的交易价格不再受1%涨跌幅限制，当天两股票分别上涨70.27%和46.56%，带动上证综指上扬5.42%。

1992年5月21日，上海证券交易所总经理尉文渊宣布放开所有股票的股价。放开股价的意义在于尊重市场，充分利用市场规律调节市场。在当时，做出这样的决定是要冒风险的。不少人对此提出不同意见，有人甚至要撤销尉文渊的上海证券交易所总经理职务，尉文渊也在写给上海市领导的信中坦言准备被“撤职”。

天下熙熙，逐利而来。

股价的放开，带来了交易的极度活跃。5月21日，上证综指上涨105.27%，以1265.79点报收。至5月25日，上摸1428.79点，报收于1421.57点，当天豫园商城股票（面额100元）升至万元天价，达到10009元，空前绝后，史称“5·21”行情。

“5·21”行情爆发后，上海各证券营业部人满为患，交易厅内水泄不通，厅外人头攒动，许多股民都是带着铺盖和躺椅，通宵排队买委托单，1元一张的委托单竟被黄牛炒到200多元。8月10日，150万人蜂拥深圳（当时深圳常住人口只有60万），抢购100元一张的新股抽签表。由于工作疏漏，秩序大乱，并发生冲突，有人因踩踏而死，更多人因抢购中存在的营私舞弊而走上街头闹事，史称“8·10”事件。

极度亢奋，容易迷失方向，少数人冷静地退场，多数人狂热地追逐。从5月25日创出1428.79点的高位后，上证综指在半年时间里逐级下行，在“8·10”事件发生后的4天内，沪深股市大跌，上证综指的跌幅高达45%，此后一连数月萎靡不振，至11月17日，踩到386.85点的最低位，新中国股市的第一次“大熊市”扑面而来。

“股市有风险，入市需谨慎”，这句话印在了股票认购证上，却没有印在广大股民的心里。一如股民们不理解“5·21”行情为何爆发，他们同样不理解386.85点又是怎么来的。

当股市处于低谷时，有一些人采用了过激的做法。曾任上海证券交易所上市部副总监、上海上市公司董事会秘书协会秘书长的强纪英在《我与上海证券交易所》（收录于《中国股市早年岁月（1984—1992）》）一文中回忆：当时有人给上海证券交易所寄信，信封里夹着子弹，是真的子弹，而且这样的信前后有三封，信里写着：“尉文渊（时任上海证券交易所总经理），你不要让我看见你，让我看见就打死你。”上海市公安局黄浦分局接到报警后，派人在上海证券交易所大门口站岗，所有进出的人都要严格检查。

回溯往事，总有让人啼笑皆非的桥段。这些桥段，铺就了中国证券市场发展的必由之路，有的路只有走过，才知道对错，才知道远近，但就是不能回头了。

在中国证券市场的早期历史中，“宝延风波”是一段绕不过去的路口，其话题性可能稍逊于民间传奇色彩更浓郁的“5·21”事件和“8·10”事件，但对于中国证券市场的发展意义重大。

“宝延风波”中的“宝”是指深圳宝安集团，“延”是指“老八股”中的延中实业。风波发生前的1992年11月，宝安集团通过向社会公开发行可转换债券，筹资5亿元；1993年9月又通过发行认股权证，筹资10亿多元，可谓是“强龙”。而延中实业从上海市静安区延安中路街道的里弄生产组起家，至1984年，拥有十几个子企业，销售网点300多处，遍布全国，1985年又成为上海第二家向社会公开发行股票的公司，在上海根基深厚，可谓“地头蛇”。这场外来“强龙”和“地头蛇”的较量，打响了新中国上市公司收购兼并第一枪。

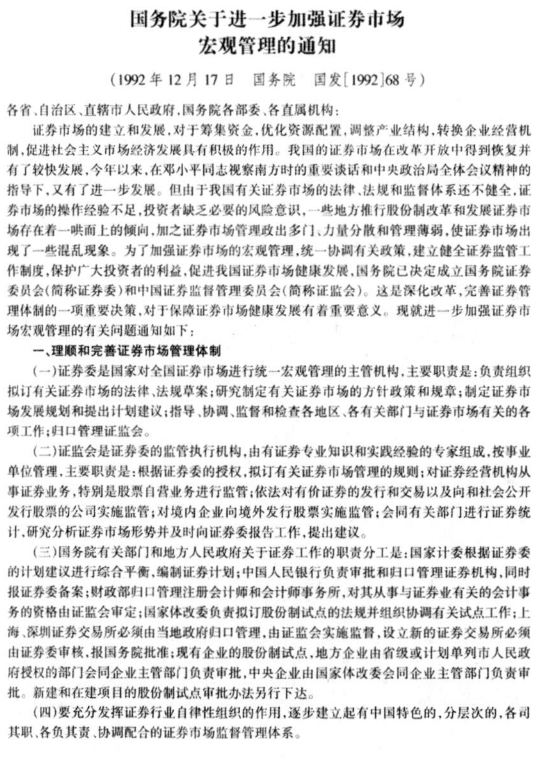
国务院关于进一步加强证券市场宏观管理的通知

（1992年12月17日　国务院　国发[1992]68号）

各省、自治区、直辖市人民政府，国务院各部委、各直属机构：

证券市场的建立和发展，对于筹集资金，优化资源配置，调整产业结构，转换企业经营机制，促进社会主义市场经济发展具有积极的作用。我国的证券市场在改革开放中得到恢复并有了较快发展，今年以来，在邓小平同志视察南方时的重要谈话和中央政治局全体会议精神的指导下，又有了进一步发展。但由于我国有关证券市场的法律、法规和监督体系还不健全，证券市场的操作经验不足，投资者缺乏必要的风险意识，一些地方推行股份制改革和发展证券市场存在着一哄而上的倾向，加之证券市场管理政出多门、力量分散和管理薄弱，使证券市场出现了一些混乱现象。为了加强证券市场的宏观管理，统一协调有关政策，建立健全证券监管工作制度，保护广大投资者的利益，促进我国证券市场健康发展，国务院已决定成立国务院证券委员会（简称证券委）和中国证券监督管理委员会（简称证监会）。这是深化改革，完善证券管理体制的一项重要决策，对于保障证券市场健康发展有着重要意义。现就进一步加强证券市场宏观管理的有关问题通知如下：

一、理顺和完善证券市场管理体制

（一）证券委是国家对全国证券市场进行统一宏观管理的主管机构，主要职责是：负责组织拟订有关证券市场的法律、法规草案；研究制定有关证券市场的方针政策和规章；制定证券市场发展规划和提出计划建议；指导、协调、监督和检查各地区、各有关部门与证券市场有关的各项工作；归口管理证监会。

（二）证监会是证券委的监管执行机构，由有证券专业知识和实践经验的专家组成，按事业单位管理，主要职责是：根据证券委的授权，拟订有关证券市场管理的规则；对证券经营机构从事证券业务，特别是股票自营业务进行监管；依法对有价证券的发行和交易以及向和社会公开发行股票的公司实施监管；对境内企业向境外发行股票实施监管；会同有关部门进行证券统计、研究分析证券市场形势并及时向证券委报告工作，提出建议。

（三）国务院有关部门和地方人民政府关于证券工作的职责分工是：国家计委根据证券委的计划建议进行综合平衡，编制证券计划；中国人民银行负责审批和归口管理证券机构，同时报证券委备案；财政部归口管理注册会计师和会计师事务所，对其从事与证券业有关的会计事务的资格由证监会审定；国家体改委负责拟订股份制试点的法规并组织协调有关试点工作；上海、深圳证券交易所必须由当地政府归口管理，由证监会实施监督，设立新的证券交易所必须由证券委审核，报国务院批准；现有企业的股份制试点，地方企业由省级或计划单列市人民政府授权的部门会同企业主管部门负责审批，中央企业由国家体改委会同企业主管部门负责审批。新建和在建项目的股份制试点审批办法另行下达。

（四）要充分发挥证券行业自律性组织的作用，逐步建立起有中国特色的，分层次的，各司其职、各负其责、协调配合的证券市场监督管理体系。

1992年12月17日，国务院发布《国务院关于进一步加强证券市场宏观管理的通知》

据“宝延风波”的当事人、时任深圳宝安集团董事局证券委主任的厉伟回忆（收录于《回眸中国股市1984—2000年》）：“我们一直希望通过收购一家上市公司，注入资产，发展业务。大约在1992年底的时候，宝安集团总经理陈政立授权我开始调查已有的上市公司，寻找可操作的目标，初步选定上海上市公司。这是因为浦东正在崛起，上海金融中心的地位凸显，宝安集团看好上海，在上海投资了大型项目。具体来看，上海上市公司中'三无概念'公司有几家，有在二级市场进行收购的可能。3月份，我就把可能收购目标的资料交给陈政立，陈政立拍板，可以干！"

厉伟回忆称，宝安集团是在1993年6月份将延中实业确定为目标，专门成立工作小组，专人负责筹集资金，专人设计收购过程，另有专人负责上海方面的情况调查。

对于此，延中实业的反应是迟缓的，甚至是迟钝的。当事人另一方、时任延中实业总经理的秦国樑在《五次收购亲历记》(收录于《回眸中国股市 1984—2000年》)一文中感慨：在上市最初两年，"对公司的理解就是一切都是国家的，即使延中变成了股份公司也是如此。谁还敢来抢国家的东西？"。时任延中实业董事长的周鑫荣说，他是在毫无防备的情况下获知宝安大规模吃进延中股票这一消息的。他很遗憾宝安没有与延中沟通、协调。

1993年9月13日，深宝安旗下宝安上海公司、宝安华东保健品公司和深圳龙岗宝灵电子灯饰公司在二级市场上悄悄收购延中实业的股票。9月29日，上述3家公司已经分别持有延中实业4.56%、4.52%和1.657%的股份，合计持有10.6%。

9月30日，宝安发起"总攻"，深圳宝安上海公司大量买进延中实业股票。上午11点，上海证券交易所通知宝安上海，其所持延中实业的股票已超过5%，立即停止买入。上交所同时发布信息，延中实业停牌，下午开市复牌。

据当事人厉伟回忆："当时我们也不知道具体买入了多少。当天中午发布公告称：'已拥有延中实业发行在外普通股5%以上的股份。'直至国庆节过后得到交割单，才得知9月30日上午收购股数超过了延中实业总股数的16%，新中国证券史上首次二级市场收购获得成功。"

厉伟的记忆可能有一些偏差，在9月30日大量吃进延中实业的股票后，宝安上海持股比例达到15.98%。但这并不重要。让人感慨的是，宝安集团的手法确实凌厉。9月30日之后，就是国庆节放假，他们根本没有给延中实业立即反扑的时间。

后知后觉的延中实业召开董事会，认为“此次宝安集团上海公司利用大量资金采取的‘收购’行为，是一种弱肉强食、大鱼吃小鱼的行为，是钻了股份制试点及证券法的空子，轻易夺取他人改革成果，而不是所谓‘优胜劣汰，使资金达到合理配置’，这种行为不符合公平竞争原则。‘延中’是一个先例，如任其发展，将会出现第二个、第三个及更多的‘延中’，它必将造成股市的混乱”。

1993年10月6日，上海延中实业举行中外记者新闻发布会，右为董事长周鑫荣，中为总经理秦国樑

10月6日，延中实业在延安饭店举行记者招待会，高调表示：“宝安是敌意收购，善意收购应事先同我们打招呼，帮助我们把公司搞得更好，而不能凭借资金实力欺压我们，就像国际关系一样，大国不能欺负小国，他们应遵守商业道德。”出席了这次发布会的著名市场人士李康表示：从应答看，当时延中内部已是一片混乱。

秦国樑在《五次收购亲历记》中称：“尽管现在看来延中人的反应有

些幼稚，过于感情化，可却是极其真实的流露。”比失落和愤怒的情绪更糟糕的是，在秦国樑看来，这一突然袭击严重影响了延中当时正常的经营，一些项目的签约与新产品的专利申请都被延缓。

为了保住延中实业不被易帜，延中实业找到施罗德集团香港宝源投资做顾问，希望实行反收购。但反收购之路非常艰难，收购资金就是一大问题，虽然坊间传闻延中实业已将办公楼抵押几千万元，要与宝安集团决一死战，又有传言称静安区组织下属企业协助延中实业反攻，但实际情况却是，到10月22日，宝安已经持有延中19.8%的股票。

延中实业还以宝安集团的收购违反《股票发行与交易管理暂行条例》，向上海市中级人民法院提起诉讼，并上报国务院证券委，请求处理。不过，上海市中级人民法院始终未受理延中实业的诉状。最后在证监会的协调下，“宝延风波”才得以平息。1993年10月22日，证监会肯定宝安购入延中股票是市场行为，持股有效；但对宝安信息披露不及时处以100万元罚款。

“宝延风波”牵动的不仅仅是普通股民，更多的上市公司也或主动或被动地被卷入其中。在接受《中国证券报》记者周松林、陈捷采访时，瞿建国说：“就‘宝延风波’而言，不管宝安公司的行为是否规范，宝安希望参与延中的经营，这对于真正的股份制改革是有推动作用的。”

据市场人士李康在《记录中国股市时代进程》（收录于《见证中国股市》，上海三联书店，2009年版）一文中回忆，在“宝延风波”发生后，他采访了同样是“三无企业”（即“无国家股， 无法人股， 无外资股”的全流通企业）负责人的瞿建国，瞿建国很乐观，说：“从企业发展、股份制来看，收购是件好事。我们欢迎大公司来收购，当然，作为经营者，我们希望有好的老板来掌握这个企业。我们也要防止不负责任的炒作行为。”

李康说，宝安的收购的确是钻了法规的空子，比如对5%举牌的理解，到底是买入5%就举牌，还是拿到交割单再举牌（交割单一般要在收市后才能收到），但也算是擦边球，落地仍在界内。犹如黄灯闪烁时第一辆车急速穿过停车线，警察对他无可奈何，但跟在后面闯黄灯的势必引起警察的警惕。宝安收购延中，顺利闯过了黄灯，但引起了有关方面的警惕，第二个闯黄灯的，未必这么好运。

当时有传言称，深圳另一大公司已将目标瞄准其他“收购概念股”，上海的这些全流通企业是否做好了准备？想来，李康采访瞿建国，正是有这方面的疑惑。

那么，在这场收购兼并的热潮中，第二家被收购的上市公司，会是瞿建国的申华吗？

瞿建国：申华欢迎大股东

“宝延风波”发生后，“老八股”就一直处在媒体的聚焦之下。在当时“深强沪弱”的股市格局下，几乎每天都有从南方传来的消息：上海的某某公司被南方的某某公司盯上了，会不会成为第二个延中实业？

对宝安集团的收购，延中实业已经平静下来。但有一种情绪在情况相仿的“老八股”兄弟中传递着：延中的创业者吃了多少苦、冒了多少风险、顶住了多大压力才将延中从一个里弄生产组建成现在的规模，个中滋味只有经历了创业艰难的人才知道。时任延中实业总经理秦国樑在“宝延风波”初起时，曾说过：“你宝安就凭你有些钱，说拿走就拿走？”其实，这句话也是很多“老八股”管理层想对那些来自南方的资本“鲨鱼”所说的。

一般认为，“鲨鱼”的危害极大，只有更具前瞻视角的人，才会认为“鲨鱼”游过来，未必就是坏事。在合法合规的情况下，经济的事情，就该由经济手段解决；市场的事情，就该由市场方式去处理。

瞿建国很赞同这个论调，尽管他的申华公司也极有可能被某条“鲨鱼”觊觎着。在接受采访时，瞿建国说：“公司上市就意味着已经成为一个在市场挂牌待售的商品，其本质上已经构成一个公开出售的要约，由市场决定价格，要随时准备被人收购。”

在“宝延风波”最高潮的时候，瞿建国冷静地看到这场风波对于推动市场监管、界定关联企业的间接持股、界定联手操纵市场行为，以及持股满5%时及以后如何披露信息、应该披露什么等方面的积极意义。基于此，瞿建国说：“申华欢迎大股东入主。”

大股东果然来了，其势汹汹，志在必得。据说，当收购开始时，在上海坐镇指挥的负责人整整一周废寝忘食。

这个负责人，名叫郁亮，苏州人，比瞿建国年轻11岁。1993年，28岁的郁亮因深得万科企业股份有限公司创始人王石的信任，出任万科财务顾问有限公司总经理，王石派给他的任务，就是挥师北上，坐镇上海，全面负责在二级市场收购申华公司的事务。

万科企业股份有限公司成立于1984年，1988年进入房地产行业，1991年成为深圳证券交易所第二家上市公司。创始人王石年长瞿建国3岁，军伍出身，行事雷厉风行。和瞿建国一样，王石也是一个极具发展眼光的企业战略家，在1993年初万科进军上海房地产市场的同时，王石叮嘱郁亮也跟着来上海进行调查研究，对沪市挂牌的公司逐一考察，选择一家股权清晰、运作规范的"三无企业"（即"无国家股，无法人股，无外资股"的全流通企业），伺机而动。

在宝安集团对延中实业发起"总攻"的时候，万科很沉得住气，一直在对局势的走向进行研判，并最终选中了申华公司作为投资标的。和宝安集团的"突袭"不同，万科采取的是平等交流的方式，这种交流或可看作一种试探，但也表达了一种诚意。

通过著名的市场人士、亚商咨询公司陈琦伟的联系，万科主动提出希望和瞿建国见面，当面沟通，交换意见。见面时，气氛十分友好，王石、郁亮等万科高层给瞿建国留下了深刻印象。特别是王石，瞿建国觉得他身上交织着文化人的幽默、军人的豪爽和商人的精明，两人相见恨晚。

瞿建国对万科参股申华表示了由衷欢迎。深圳当时是改革开放的前沿，经营理念和管理手段都比较接近发达国家和地区，万科又是一个特别富有文化内涵的企业，企业形象、员工素质、管理手段等，都给瞿建国带来耳目一新的感觉。瞿建国认为，与万科合作，对申华当前的发展，对公司的股东都是有益的。

王石也表达了对瞿建国白手起家的敬意，他表示，万科参股申华主要出于三点考虑：一是双方业务结构有互补和合作的可能；二是万科想通过参股申华来参与上海浦东的建设；三是申华有投资价值。王石诚恳地说，万科参股申华，绝不是为了炒作股票、博取差价，而是真正地参与经营，万科代表进入申华董事会后，双方一定能取长补短，为申华的发展做贡献。

就在瞿建国和万科高层秘密而热络地接触时，市场里爆出一则"收购闹剧”。湖南籍某人向新闻媒介传送虚假消息，称所谓北海正大置业有限公司收购江苏昆山三山实业股份有限公司5%股票，引起“苏三山”股票巨幅上涨和振荡。深交所发表了“收购是谣言”的公告，中国证券监督管理委员会新闻发言人也发表谈话称：经初步查证无此事。

这个闹剧给瞿建国提了醒，之前“宝延风波”发生时，延中实业股票在所谓的收购与反收购中，股价从10多元一直冲到42.20元的历史高位，3000万流通股在一天内成交了4157.64万股，换手率高达138.6%。不管是内幕消息还是编造的消息，只要和上市公司有关，一定会引发股价的剧烈振荡，在这种情况下，更应该谨言慎行，速战速决，以避免别有用心之人有可趁之机。

经事先磋商和邀请，1993年11月10日中午，深圳万科实业股份有限公司董事长、总经理王石，上海申华实业股份有限公司董事长、总经理瞿建国，上海证券交易所总经理尉文渊一起出现在上海证券交易所的交易大厅中，发布公告称：

> 本公司及附属之上海万科房地产有限公司、深圳万科财务顾问有限公司和深圳国际企业服务有限公司至1993年11月10日通过上海证券交易所合计购入申华实业股份有限公司普通股135万股，占申华公司发行在外2700万股普通股的5%。

万科的这则公告，就像是在上海股市投入了一颗深水炸弹，迅即掀起了巨大波澜。这其实早在预料之中，有了之前的“宝延风波”和所谓“苏三山被收购”的谣言，敏感的市场对于敏感的信息格外敏感。尽管王石、瞿建国等已经竭尽所能地谨言慎行，但市场还是给予了激烈的反应。

在当天下午开盘后，数十万股民争购申华股票，股价最高达到70.99元，并创下了在20分钟内，一个股票的成交额近6亿元的纪录。但高价并没有支撑多久，两个小时后，申华股票的收盘价跌落至45.80元，当天的交易量为191.5万股，换手率达81.17%，成交额为9.1025亿元，占到当日沪市成交总额的41.4%。如果万科是一个短视的投资者，已经获得了丰厚的回报，据后来逐步公开的信息显示，万科买入135万股申华股票，占流通股的5%，总投资3940万元，每股平均成本29.10元。

不过，没有任何迹象显示万科是一个追逐股市交易机会的短期投资者。甚至在几个月后被认为是"野蛮人入侵"宣言的《改革倡议——告万科企业股份有限公司全体股东书》也认为，"从万科公布的参股动机和实际操作手法上看，万科参股申华似乎属于战略型投资，因为万科似乎想通过申华获得某种资源和商业利益，而不是为了短线炒作的价差"。

在接受《中国证券报》记者周松林、陈捷采访时，瞿建国重申了"欢迎万科公司参股经营"的积极态度。瞿建国说："申华成为股份制企业以后，公司有了长足的发展，但我们也感觉有问题。首先就是法人股越来越少，个人散股却不断增加。大部分入市股民，包括入市机构，赚取差价的意识较强，争取参与公司经营的意识较弱。"

瞿建国所说，很容易让人联想到当时市场上的风云人物、上海滩股市曾经的第一大户李双成（人称"大老李"），最高峰时，"大老李"一个人就拥有申华公司10%的股票，是董事长瞿建国的5倍，当时申华公司开股东大会，瞿建国一见"大老李"就请他上台坐。后来，"大老李"没有把股票捂牢，坊间传闻，他在申华公司的股票上，只赚了葱姜钱就走了。

曾经的大股东"大老李"心思活络，瞿建国更希望找到能够共进退的大股东。瞿建国说："我们申华公司，确实缺少有参与经营、长期投资意识的股东，因此我们欢迎善意的投资，非常希望有实力、善经营的公司法人来参股申华，成为申华的大股东。'宝延风波'后，我们更加感觉到，应该努力将企业办好，这才是应付收购、控股的积极态度。"

瞿建国的友好态度让王石可以放心大胆地应对媒体的采访。事实上，无论是在接受《上海证券报》记者蒋和平采访时，还是在其他公众场合，王石都表达了对瞿建国的敬意：瞿建国董事长稳重又具有开拓精神，并且对我们参股持欢迎态度，这也是我们合作的基础。在提到万科为何最终选中申华时，王石表示，一是申华的业务结构和万科有相似之处，如双方都经营房地产，都有股权投资；二是申华地处浦东，我们选择申华参股经营，也就把万科在浦西的业务和浦东连成一体，全面参与了上海的建设；另外，从几个小盘股来比较，申华当时每股净资产近6.2元，1992年每股净利0.549元，是小盘绩优股，很有投资价值。

王石表示："我们万科主要是参股经营，加入申华董事会后，我们双方会取长补短，目前不存在万科改组申华董事会的问题。我愿意做瞿建国董事长的助手，为发展申华做贡献。"王石和瞿建国这两个在资本市场上已经摸爬滚打了一段时间的创业老兵，很快便就合作前景进行了深入的探讨。万科将此次参股定义为中国首宗以善意方式透过二级市场达到参股并参与经营的成功案例。万科提出了可能与申华合作的业务：第一，通过申华的房地产交易城出售万科的物业；第二，将来借用申华的客运车队为万科城市花园服务；第三，与申华共同开发申华在浦东的土地储蓄；第四，通过参股申华在上海开辟新的融资渠道。

在瞿建国的邀请下，万科公司委派董事长王石，万科财务顾问、公司总经理郁亮作为董事候选人，加入申华董事会。两家公司在1993年11月14日上午10时，在花园饭店召开了新闻发布会，宣布友好合作，联手发展，场内的董事、经理们欢声笑语，喜气洋洋。

1993年11月14日，申华、万科在上海花园饭店联合举行新闻发布会

据作家王学仁所著的《中国股市疑案：申华事变》（花城出版社，1998

年版）记载，当时意气风发的王石说：“我可以保证，今天我持有的申华股票一股也不会卖出去，我们注重的是占有一定的持股量，不图蝇头小利，那样做，对公司形象来说是得不偿失的。”

王石的“豪言壮语”，言犹在耳，万科的大股东似乎对此有不同的看法。这种不同看法，给予申华股价沉重一击。

在当时的散户股民看来，万科发布了收购申华的公告，并不会仅仅满足于持股5%，接下来还会继续收购，股价还会上涨。而实际情况是，万科在发布公告后，不再增持股数，一直维持着135万股的总数不变。万科在市场上“不作为”，导致热钱效应迅速退潮，很多散户股民在30元至40元的价位被套牢。

散户股民还苦苦等待着解套的机会，不曾想，1994年3月30日，曾经给散户股民无限希望的万科发生了让董事长王石都惊愕不已的变局。

王石在《道路与梦想》（中信出版社，2016年版）中描述：3月30日上午10时30分，君安证券总经理张国庆和副总张汉生走进王石的办公室，通知了两件事：第一，君安准备下午开一个新闻发布会，正式提出对万科的意见；第二，提意见是以“告万科全体股东书”的形式，并在3月31日的《深圳特区报》上刊登，建议改组董事会。张国庆对王石说：“形式或许会让你觉得有些激烈，但这是为了万科好。改组后的董事会还是由你担任总经理。”宣布两项如此重要的决定，前后只用了5分钟的时间，张国庆和张汉生很快就告辞了。

美国一本描写华尔街20世纪80年代一桩著名并购案的图书《站在门口的野蛮人》中，将风险投资家比喻为站在上市公司门口的野蛮人。发布会和“告万科全体股东书”显然就是“野蛮人入侵”的号角，然而王石此前浑然不觉。那时候，他的心情大概和“宝延风波”初起时延中实业董事长周鑫荣、总经理秦国樑是一样的。

3月30日下午3时，君安证券召开记者发布会，宣布君安代表委托的四家股东——深圳新一代企业有限公司、海南证券公司、香港俊山投资有限公司和创益投资有限公司（四公司共持有万科总股份的10.73%）发起《改革倡议——告万科企业股份有限公司全体股东书》。

这份《改革倡议》历数了万科经营和管理中存在的问题，如业务透明度不足、房地产经营业绩欠佳和股权投资利润不稳定等，点明万科的产业结构分散了公司的资源和管理层的经营重心，已经不能适应现代市场竞争。在《改革倡议》的最后，提出对万科的业务结构和管理层进行重组。整整一万多字的内容，整整念了一个小时。

申华股票的持有者大多远在上海，他们并不了解这个发布会的背后到底有多少利益纠缠，他们最关心的还是万科对申华的态度，然而当看到刊登在1994年3月31日《中国证券报》第四版上的《改革倡议——告万科企业股份有限公司全体股东书》时，他们如同被一盆凉水当头浇下。

在涉及参股申华的部分，《改革倡议》是这样写的：

> 万科完全可以不必参股申华就能获得万科想要的东西。或者这种参股并不是以万科和申华在业务上的关联性和资源上的互补性为基础。诸如，万科是以房地产为主业，参股申华却是为把房地产以外的业务带到上海，这不符合万科既定的战略发展方向。万科已有在上海买地和发展物业的经历，不必通过参股申华就可以在浦东获得土地或与地主合作开发。上海万科已成为上海十大地产商之一，论推销大楼盘和广告宣传的经验，远在申华之上，为获得申华的楼盘批发和零售网点花巨资参股，令人费解。万科物业管理堪称国内一流，为万科城市花园客运配套，必须花巨资参股吗？上市公司筹集的钱只能用于上市公司自己的项目，进不了大股东的口袋，申华又是一个小盘股公司，万科想利用申华发股票或借钱为双方的合作项目融资。就好比大财团打小钱庄的主意，只能图个小钱，以万科本身的信用在上海完全可以独立融资，既然参股申华并非一项战略型投资，是否可以设想为财务型投资呢？非也。“宝延风波”后，申华已被视为收购概念股，其股价市盈率高达50倍以上，属典型的短线投资性炒作对象，绝非中长线投资首选。而万科恰恰选择了这样的时机一下子购进了5%的申华股份。众所周知，持股5%以上股东如再增减2%的股份都必须公告，超大量持有

小盘股已犯了财务型投资的大忌，抛出2%以上就必须公告，可能对收购概念色彩浓厚的申华股价产生不利影响，并可能严重削弱万科持有的这部分股票的流动性和获利潜力。显然参股申华也不是一项财务型投资。那么，参股申华对万科到底有什么好处？如果仅仅是花近4000万元打一个别开生面的广告，谁是受益人呢？对万科的广大股东又有什么好处？在所有权和经营权分离的上市公司管理体制下，如何避免这类让股东没有安全感的大动作再次发生？我们希望能找到答案。

在仔细研读了这份《改革倡议》后，市场人士普遍认为，无论王石和君安之间的较量是胜是负，申华已成“弃子”。若是君安胜了，君安改组董事会，王石出局，王石选的申华一起出局；若是王石胜了，他很可能出于稳定全局的考虑，在申华的问题上壮士断腕，向大股东妥协。

王石已经顾不上申华了，他要救的是万科。王石在《道路与梦想》一书中描述：当时“深圳的上市公司怀着复杂的心情看着君安对万科阻击的演变，悲观情绪弥漫，还有点恐惧”，很多人都在问：“君安的下一个目标会是哪一家？”

从香饽饽沦为弃子，申华的尴尬，在于5%的股份还控制在万科手里，万科的一举一动，能载舟，亦能覆舟，但幸运的是，经营权仍然掌握在瞿建国等一众创业元老手中，逆水行舟，更需要齐心协力。

站在后人的角度，往溯历史，会哑然失笑。那个“君安的下一个目标会是哪一家”的问题，有了很多答案，其中一个，竟然是数年后的申华公司。很多人猜测君安在发布《改革倡议》时，就已经对申华公司有了足够的关注。也有人认为是申华在成为“弃子”后的努力，改变了君安的看法。这些都是后话。

资本市场的波诡，如同人心，难以猜测。

从“欢迎王石”到“万科滚蛋”

在万科公告后买入申华股票的股民们期待的万科再一次买进，并没有发生。在成为申华大股东后，万科不再增持股数，这和股民的期望产生了极大的落差，股价也和股民们买入时的高点产生了极大的落差，申华的股民对万科充满了敌意和怨气。

一向主张买进一个公司股票就应该长期持有的瞿建国对此并未关注。但他没有想到，这种敌意和怨气会给万科的王石带来终生耿耿于怀的记忆，也给他自己带来了一次惊心动魄的股东大会。

瞿建国以及申华董事会对万科依然抱有信心，1994年初召开1993年年度股东大会，和万科商量了配股计划，并特意邀请了王石、郁亮以董事的身份出席。瞿建国希望股东大会上王石代表万科的发言，可以化解一部分股民的担忧，让大家看到双方合作的长远发展前景，并对申华的未来充满信心，继续持有股票。待年终分红配股后，股价除权下来，股东们的损失就会逐渐减少，直至盈利。瞿建国对与万科合作的未来充满信心，认为假以时日，一定是皆大欢喜。

报名参加股东大会的人不少，因此股东大会在九江路663号大舞台召开，现场有2000多个座位。由于人比较多，会务组向黄浦区公安分局申请，当地的民警在现场帮助维持秩序。一直以来，瞿建国都认为，不管股东大小，只要持有申华的股票，就同股同权，一律享有《公司法》及公司章程所赋予的各种权利，股东大会关乎每一名股东的利益，他们应该参加，应该来听听董事们的发言，了解企业做过什么，要做什么。

他没有想到，股东大会召开当天，大舞台涌入了近3000人，座位一下子满了，甚至还有人在走廊里、过道里站着参会。当时，不知是哪一家上市公司开始的，为了鼓励股东们来参会，公司还会发放礼品，通常都是自己公司的产品。所以，一些人就成了专门的开会专业户，买个100股，来参加会议，领点礼品。"记得我们那次会议发的是康派斯衬衫，也算上海名牌产品，因为公司正在准备造申华金融大厦，动迁康派斯衬衫厂，所以很便宜就能买到作为礼品。"杨焕凤回忆道，"不发礼品会担心那些不是来参会只是领礼品的人闹场，所以当时几乎没有公司敢不发礼品开会。"

股东大会开始后，董事长瞿建国居中主持大会，首先向股东们介绍主席台上的董事、监事们。没想到他还没讲上几句，台下的股东就开始嚷嚷欲动，乱成一锅粥，一些人站了起来，有人大喊："王石下台，万科滚蛋！"

具有讽刺意味的是，高喊“万科滚蛋”的这些散户股民，有相当一部分曾在1993年11月10日在上海证券交易所高喊“欢迎王石”。股市的浮躁，在一定程度上扭曲了人基本的价值判断，或者说，他们已经“气急败坏，输红了眼”。

现场一片混乱，瞿建国有些无助地喊着：“股东们，这次大会我们安排了股东发言的时间，为了顺利地开好股东大会，请大家先按董事会通过的大会议程进行下去……”但没有人听他的。

终于有人成功挤上了主席台，有了第一个，就有第二个、第三个。这些情绪激动的散户股民有的抢话筒，有的拍桌子，还有一个竟然砸了王石面前的茶杯。在互相推搡中，主席台上的会议桌被掀翻了。

瞿建国一看大事不好，马上让董事、监事们撤下主席台。关照当时的副总经理王建等人护送万科的王石等人从大舞台演员通道平安离开。

不知道是什么时候，有人把一个老爷爷推上了台，他颤巍巍一把抓住瞿建国，抢过话筒声泪俱下地说：“我把所有的钱都买了申华的股票，现在万科来了，不把股价搞上去，还要高价配股，还要让我再出钱，我只有命。”老爷爷的话，让台下的人群更加激动。

站在主席台边上的董事会秘书杨焕凤看得目瞪口呆，不知所措。而现场维持秩序的便衣警察也只能劝阻，无法亮出身份来控制场面。

有人闹事，有人着急。一位女股民对大闹主席台这一幕从困惑到愤怒，她上台找到站在舞台边上的杨焕凤，拉着她的手，急得都快哭出来了：“我手里有不少申华的股票，你赶快帮我把话筒抢过来，我要讲话。他们这样闹下去，公司的分配方案决议不下来，申华股票就要停牌中止交易，我们损失最大。我知道，上台闹的人，有的股票已经卖出了，有的手上只剩下一点点，亏了本，就跑到这里来瞎闹。”

瞿建国好不容易抢回了话筒，对现场喊话：“股东们，股东们，大家要知道，我个人也是股东，请大家放心，你们的意见，我们一定会听。大家这样闹下去，明天股价还会跌！要想保住股价，大家就要支持我把今天的会开好。”

听到这句“闹下去股价还会跌”的话，一些人开始冷静下来，并劝阻身边的人不要吵，人群渐渐安静下来。大家当然不希望股价继续下跌。瞿建国继续说："大家有什么意见和建议，我可以马上去召开董事会紧急会议，进行讨论、表决。请大家放心，我们一定会充分考虑全体股东的利益。"

"请大家把自己的建议写在公司发给大家的征询表上，我们统一收集起来，提交董事会讨论决策，一定给大家满意的答复。"

瞿建国叫站在舞台旁边的杨焕凤上台，把已经收集到的一些股东意见念出来，他逐一回答。念了几张后，他明白为什么股民们这么激动了。原来他们认为申华的配股价格12元太高，认为是万科搞鬼，想从申华套钱出去。这可真是冤枉了万科。

瞿建国心里有了底，他要求大家给他一点时间，让他和董事们商量一下。

在大舞台的休息室里，董事们惊魂未定，董事顾天禄首先提出："我看今天的股东大会不要开了，避免冲突，缓一缓再说。"瞿建国表示反对："不行！这次会议即使不开了，这些股东也不会散去，事情会闹得更大，今后的会议更难开。"

确实，这些激动的散户股民能冲击主席台、抢夺话筒，显然不肯善罢甘休。此时停开股东大会，会彻底激怒这些人。大舞台距离上海市人民政府所在地人民广场以及人流密集的外滩都很近，很难想象这些激动又愤怒的股东，会把事态激化到何种程度。

瞿建国想了想，当机立断："我是个人股东里申华股票最多的，如果利益受伤害，我首当其冲，我反而比较容易和他们进行沟通。所以，我提议，大家先留在这里，我一个人去和他们交流。看起来，这些散户股东是对配股价格不满意，请大家授权给我，听取他们意见后再定个价格，我们今天还是要有个股东会决议。"

由于没有更好的办法，瞿建国主动去谈判成了唯一一根救命稻草。董事们同意授权给瞿建国。

瞿建国转向杨焕凤，说："你和我一起上台，回头你负责收集大家的反馈意见和表决文件，我来和股东们沟通，争取达成一个统一的意见。"

就这样，瞿建国和手里捧着股东大会文件的杨焕凤一前一后走上主席台。

站在舞台中央，瞿建国手拿话筒，一字一顿地说：“股东们，你们都知道，我也是申华公司的一名股东，我有几十万股的申华股票，你们哪一位的股份比我多，现在可以上台来讲话，我会把他迎上台来，将这只话筒递到他手中。”此言一出，现场的散户股民你看看我、我看看你，连那些想抢话筒的人也抑制了冲动，想看看到底谁能把瞿建国比下去。然而，静场片刻，现场没有人站出来，主席台上静静站立的仍是董事长瞿建国。

瞿建国又喊了一遍：“有吗？有比我瞿建国的股份还要多的股东吗？”仍然无人上台。

“看来，这里是没有。”瞿建国清清嗓子，他的语速不快，他要让现场每个人（从台下的股东到会议室里的董事）都听清楚他的心声，“我是申华公司的发起人，是大股东，当了整整8年的董事长，我敢说申华公司一向是尊重并维护股东权益的，无论是现在，还是以往，只要你是长期投资的，买我们申华股票，还从来没有人被套牢过，是不是？”

现场有人带头鼓掌，很快更多的人跟着鼓掌。不和谐的叫骂声被热烈的掌声覆盖，瞿建国心中有底：台下的散户股民是来解决问题的，而不是来闹事的。

而所谓的问题，除了万科阴晴不定的态度，最主要的还是分配问题。根据股东大会前的预案，每十股送三股，并以每股12元的价格配三股。散户股民普遍不接受，当时申华股价在27元左右，万科参股的成本是29.10元，而万科宣布持股5%那段时间股价最高达到40多元，大多数散户股民都是在这个价位进来的，在股价暴跌的情况下，分配方案又不尽如人意，散户股民自然情绪激动。

在股东大会召开前，瞿建国也曾经考虑过这样分配似有不妥之处，和同期配股的飞乐音响（配股价5元）、爱使电子（配股价7元）相比，12元的配股价有些高。但他寄希望于万科加入，会给公司股东对申华未来发展带来更多的信心。他也没想到，投资人看的是眼前利益，更没有想到会以如此激烈的方式表达意见。虽然现在立刻拿出解决方案不现实，但既然知道了冲突的关键所在，应对起来也容易一些。瞿建国说："我们申华公司是非常规范的上市公司，一切都由股东说了算，公司分配肯定要听股东的，无论是我董事长，还是其他董事、经理，都是在为股东做事，都是在为股东们能得到一个良好的投资回报而奔波。所以，我告诉各位股东，你们认为公司应该送多少股，分多少利，形成了股东大会的决议，我们就照着配股、送股，照着分红……"

大部分的散户股民等的就是这样一句话。事已至此，他们只能搏一下，希望一直有一说一、言出必行的瞿董事长，这一次没有耍花腔。对于瞿建国的表态，他们再次报以掌声。

主席台上，瞿建国有点激动了："我相信股东们会考虑到公司的积累和发展，因为只有公司不断发展和日益壮大，提高和增强抵抗市场竞争风险的能力，股东们的投资才会更安全，回报更多。公司垮了，你们谁也不能接受，对不对？"

瞿建国最后说："我希望在场的各位股东能充分考虑到扩大公司经营规模所必需的资金方面的需求，进而和我们董事会一起来寻找和制定有利大家，也有利公司发展的分配方案，希望大家能继续做申华公司的股东，支持公司发展。请大家相信我，我一定会对申华公司负责，对股东负责，因为我和你们一样，也是真金白银地持有股份……"热烈的掌声中，瞿建国不再说话，只是深深鞠了一躬，千言万语在一躬，此时无声胜有声。

瞿建国的表态得到了散户股民的认可，股东大会也按照既定程序达成了决议。瞿建国代表董事会提议：每十股送十股，配三股，配股价不超过8元。这一分配方案在股东大会上获得通过。

据杨焕凤回忆：这个股东大会开得惊心动魄！股东大会的决议形成得真心不容易，还好瞿总只是在最开始的时候感到有些意外和不知所措，马上就镇定下来，展现了智慧和判断：第一，大家不希望股价跌，只要有好的方案，就应该能通过；第二，以自己个人大股东的身份赢得出席会议股东的信任。

当瞿建国和杨焕凤带着好不容易形成的决议到交易所找尉文渊汇报

的时候，尉文渊建议按5元每股的价格配股，和其他公司的价格差距不要太大。瞿建国不肯放弃好不容易和股东们达成的决议，最后经过商量，定了5.8元。

在股东大会上力挽狂澜的瞿建国在证券市场里声名鹊起。在和其他上市公司董事长、总经理们交流召开股东大会心得的时候，瞿建国说："其实，我只是讲了一些实话，讲了公司发展与股东利益犹如水舟关系的真话，因为我自己也是股东，能理解股东们的担忧和利益诉求。我认为值得探讨的，倒是今后怎么开好股东大会，需要动动脑筋，想一些办法出来。"

股东大会怎么开？大家都没有说出一个所以然。瞿建国了解到，在大舞台冲击主席台、抢话筒的一位过激股民，曾经得意地说："我就是留了一股，来参加股东大会，运用我股东的权力，和他们搞。"这种情绪会被传递，这种做法也一定会被模仿。

申华股东大会风波引起了证券管理部门的高度重视。瞿建国、杨焕凤也被找去专门做了汇报。瞿建国也利用一切机会反馈自己的思考。不久，中国证监会对召开股东大会发出专文，做出了明确规定：股东参加会议必须提前注册方能参会，并明文规定股东大会不得发放礼品。这样的景象，和"宝延风波"发生后，所有人都去学习《股票发行与交易管理暂行条例》中的第四节"上市公司收购与合并"（此前几乎没有人认真读过），何其相似。摸着石头过河，也会摔倒，头破血流是很痛，但只有这种痛，才能让摔倒者警惕，让旁观者警醒，而摔倒的经验才更有推广的意义。

瞿建国在股东大会上稳住了激动的散户股民，在一定程度上，也是帮了万科的忙。作为利益相关体，5%的股权将万科和申华、王石和瞿建国绑在了一起，若申华股东大会局势失控，万科势必受影响，也许君安在不久后发布的《改革倡议》中，会采用更加强硬和苛刻的言辞，对王石造成更大的舆论压力。

在上海被砸了杯子的王石，回到深圳后，认真思考过申华的问题， 但还没有形成方案，君安的《改革倡议》就来了。几经波折，王石在和君安的角力中，调动了一切可以利用的资源，重获上风。然而，君安的"兴师问罪"的确给王石敲了警钟。此后，万科逐渐聚焦房地产开发，剥离了已小有规模的万佳超市、怡宝净水等业务，由多元化发展战略转向在房地产领域做大做强，逐渐成为今天房地产行业里的领军企业。王石也成为房地产行业的大佬级企业家。不能不说其中既有王石和郁亮的经营之能，也要感激君安的兵谏之功。

就像很多市场人士认为的那样，这份让上海和深圳两边都感到不安的《改革倡议》，或者说在上海大舞台的不愉快经历，都留下了阴影，多年以后，王石还念念不忘，在其回忆录里记载了这“耻辱”一幕：在他的心里，他不能确定的是，他自己是不是被瞿建国这个“乡镇企业家”给“耍”了。而瞿建国却一直感念王石创建的万科有独特“优秀”的文化，万科文化周刊给申华的管理团队带来了一股清新有益的冲击，对于双方没有能形成进一步合作成果，瞿建国深感遗憾。

1994年12月29日，申华金融大厦奠基仪式（左二为瞿建国，右二为周太彤）

1994年9月2日，万科大量抛售申华股票，一天之内减持2%，主动交出了申华公司第一大股东的座椅。1995年2月，万科退出了申华董事会。回过头来，想想万科参股申华时的意气风发，以及当时对这次参股行为作出的定义——“中国首宗以善意方式透过二级市场达到参股并参与经营的成功案例”，不胜唏嘘。不过，瞿建国个人对这次和万科的合作，还是给予了很高的评价。在公开场合，瞿建国不止一次地说：“（和万科之间的）合作时间虽然不长，有点遗憾，但我认为各自的收获还是不小的，万科在申华股票上获得了客观的收益，申华在发展上也因此上了一个台阶。”

经历了万科风波的1994年，申华实现利润总额3632.4万元，为年初预测指标的100.2%，万科的离开，对申华业务的发展并没有造成太大的影响。当时有“小申华”之称的上海申华工贸发展总公司以2185595股（占总股本3.1%），在1994年的年报里成为申华第一大股东。而作为个人持有申华股票最多份额的瞿建国，以482508股（占总股本0.69%）成为第六股东，上海建国社会公益基金会以443060股（占总股本0.63%）成为第七股东。

瞿建国把自己的利益和申华公司的明天牢牢绑在了一起。

1994年12月29日，位于宁波路、四川南路、江西中路、天津路之间钻石地块的申华金融大厦破土动工。项目计划投资额2.16亿元，将在3年后建成，这将是申华在上海市中心最繁华地段竖立的最伟岸的“广告牌”，也是瞿建国当年在南京路走街串巷做木工时期的心愿——在上海核心的地带有一席之地。在申华金融大厦动工仪式上，挥舞起铁铲挖下第一铲土的瞿建国，用这一历史性的一铲，给这风风雨雨的一年画上了一个句号，同时也翻开了一页新的篇章。

人才，人才，瞿建国要的是人才

翻开申华公司1994年的年报，在“公司董事、监事、经理持股情况”一栏里，可以看到如下名字：董事长瞿建国，董事、总经理董云雄，董事陈祖望，董事郁亮，董事邵清，董事顾天禄，董事华菊耀，董事陈永敏，董事王凤娣，董事奚鸿根，董事朱文忠，常务副总经理马俊，监事长石月德，监事施国光。

其中，有些人，比如顾天禄、王凤娣、石月德，都是一起创业的老兄弟，朱文忠曾是川沙县孙小桥乡管委会主任，瞿建国曾经的上级，也是知己故交。而另一些名字，有的代表了大股东的利益（比如万科的郁亮、陈祖望），有的则是瞿建国筑巢引凤，为申华公司选聘而来的人才。

公司要发展，需要的就是人才。早在1988年4月20日，瞿建国就在1987

年度的工作报告中，代表董事会郑重提出：“要根据发展战略，制订人才计划，要在国家政策允许下，提高职工的福利待遇，特别是在养老保险、医疗劳保，以及职工居住条件方面，解除职工的后顾之忧，以良好的工作环境、较好的福利待遇吸引、挖掘经营人才，使公司职工的素质有较大的提高。有条件时，帮助引进人才解决上海户籍等问题，使职工有一个长期稳定地在申华工作的思想。”

不过，在当时的时代背景下，政府机关和国有企业几乎垄断了所有的人才，他们手捧铁饭碗，按部就班，很少有人能够勇于辞职跳槽，进入上市公司谋职。请不进来，只能先走出去，瞿建国在各种场合（公开的会议，非正式的宴请，等等），要求顾天禄、朱文忠、王凤娣、石月德等老兄弟“要多读些书，多交一些理论界、经济界、法律界、新闻界的朋友，多同专家、学者来往交流，在这些经常不断的走动中，开阔胸怀，打开眼界”。

1990年开始，从浦东到上海，一系列的变化让人眼花缭乱，南浦大桥落成后，浦东发展起来了，浦西也得到了真正意义上的振兴。受益于上海的发展、浦东的开发开放，申华公司逐步形成了以客运业为基础，房地产业、酒店旅游业和工贸业等并举的经营格局，业务蒸蒸日上，市场也越做越大，但瞿建国并不满足，反而有力不从心之感。身边位居公司高位要职的第一代创业元老，面对新形势、新环境、新发展，受限于自身思维和能力，也难有新突破。

问渠那得清如许，为有源头活水来。申华公司需要“活水”，在一次会议上，瞿建国和老兄弟们推心置腹，他们聊起了从创业到上市，从上市到现在的甜酸苦辣，看起来风光的每一天，背后都蕴藏着十二万分的不容易。瞿建国说：“申华现在发展了，有钱了，有项目了，但最缺少的，是人才……”

瞿建国知道，有些话，老兄弟们未必爱听，但迟早还是要说的，与其让小道消息到处传，让大家对自己的想法偷偷猜，还不如开诚布公。瞿建国说：“现在政府机关和国营企业里，有很多优秀人才，以前他们捧着铁饭碗，不愿出来，现在条件成熟了，他们愿意出来了。我的意思是，把他们都吸引过来，给他们位子，给他们空间，这样申华将如虎添翼。”看了一眼老兄弟们，瞿建国接着说：“在公司里，重要的位子就这么几个，现在都有人坐着，我的想法是，达不到公司发展的要求，不管是谁，包括我在内，都要退下来。我们公司要向社会公开招聘人才，不是缺哪个岗位的能人，再向社会去招，而是社会上哪一个人比公司在位的人更合适、能力更强，就要吸引他，想方设法地把他招进来，委以重任。”

瞿建国的表态，有人听进去了，也有人想不通。当初辞职也要跟着瞿建国的老兄弟顾天禄当面发牢骚：“我们都是做实事的人，干得不是挺好的吗？”在情绪激动之下，他听不进瞿建国的解释，回家后就写了辞职信。

《诗经·小雅·常棣》：“兄弟阋于墙，外御其务（侮）。”意思是，兄弟们虽然在家里争吵，但团结起来，仍可抵御外人的欺侮。所谓的“争吵”，是业务探讨，每个人都可以发表不同的看法，最终形成最合理的方案，达到最想要的目标。这是瞿建国一直追求的工作状态。2012年11月27日，瞿建国在微博中写道：“虽然中听的未必全是假的，但逆耳的更多是真的。为了我们的利益，为了自家的前途，更应善听些反对的、不满意的真言。应明白有反对并非是坏事。不要计较对方行为的对错，也不要太在意他人态度的好坏。我们要告诫自己，真实的都是可以接受的，良药苦口，真言逆耳，这就是幸福之基、成功之道！”

瞿建国知道顾天禄钻了牛角尖，自己出面，一言不合就再无回旋余地，就让妻子奚秀芳去做顾天禄的思想工作。此时的奚秀芳已经从申华公司工会主席的岗位上退下来了，新的工会主席是从人才市场上公开招聘进来的原上海织带厂严桥分厂厂长张菊芳。奚秀芳的顾全大局，已成为瞿建国推广人才政策最好的样本。

奚秀芳对顾天禄说：“天禄，公司发展了，我们这些走过来的人要是能力上不去，或者上得慢，那就是退步。你看看，别人都在进步，竞争这么激烈，只有我们退下来，招聘新人顶上去，公司才会更快地发展。”奚秀芳用自己举例子：“你看，连我这个工会主席都退下来了。”

顾天禄写辞职报告是一时激愤，这几天也慢慢想通了，瞿建国对管理岗位更新换代，不是为了打击谁、消灭谁，而确确实实是出于申华公司发展的需要，符合公司的利益，也符合股东的利益。顾天禄说：“我们这些人都是要做事情的人，不然当年在乡镇里看看报纸喝喝茶，不是更舒服？现在退下来，无事可干，心中苦啊，比出力流汗的辛苦，还要苦。”

“退下来，你还是公司的董事、公司的股东啊。再说，新招来的人才，是不是最合适，也要用工作业绩来说话。他们不是来拿铁饭碗的，而是要和你们这些老兄弟比一比，谁合适谁就坐在这个位子上。这一点，建国比谁都明白。”奚秀芳说完，顾天禄沉默不语，但奚秀芳知道，他应该是想通了。

1994年7月1日，申华公司在《解放日报》上刊文称：“申华将以良好的形象和发展前景诚迎社会精英人才，以‘资本来自民间，产业服务社会，利益回报股民’为企业理念，同心同德，共创申华的未来。”在同日的《上海证券报》上，以“今日的选择，明日的成功”为题，刊出申华公司的招聘广告：

> 如果您渴求一个全新的舞台，挥洒自如地施展您的经营管理才华，如果您意欲搏取个人事业的长足发展和自我价值的完美实现，请不妨一试——加盟申华！
>
> 值此申华公司成立八周年之际，经浦东新区人事局同意，本公司再次向社会公开招聘后备高级经营管理人才。欢迎有志于申华事业，具有大专以上学历、中级以上职称和出色业绩以及丰富经营管理经验、能力的成功人士或怀才不遇者，应聘总公司及所属子公司总经理、总会计师之职，亦欢迎能开辟公司新的经营领域、经营业务之优秀人才毛遂自荐。凡被录用为重要经营管理岗位者，实行底薪和利益挂钩相结合的分配办法，年收入5万元~10万元或10万元以上不等。

根据上海市财政局、税务局、劳动局发布的红头文件，1994年全市国有企业职工年平均工资为7822元，比1993年增长29%。瞿建国在《上海证券报》广告中许诺的年收入5万元，是国有企业职工年平均工资的6倍多，这是对人才个人价值的肯定，也是对劳动的尊重。这则广告，让很多人动心了。

曾任中共徐汇区委宣传部副部长的王建，应聘加入申华公司，瞿建国委以副总经理的要职。曾先后担任过铁路上海站副站长、龙门宾馆总经理的董云雄，历任川沙县工业局副局长、物资局局长和浦东新区物产总公司总经理的马俊，原在上海沪东造船厂财务科任副科长的莫全富，原在静安区税务局第三税务所任副所长的奚鸿根，原在上海公交二汽公司任办公室主任的华菊耀，原在梅山钢铁公司法律顾问室工作的陈永敏等人，也陆续加入了申华公司。

《中国股市疑案：申华事变》记录了瞿建国对莫全富的面试。瞿建国问："离开沪东造船厂这家大型国有企业，到我们申华公司来，你有什么要求？"莫全富说："我愿意到一个充满希望的公司来工作，我久闻你瞿总的大名，我就是冲着申华的机制、冲着你瞿总来的。"然后，他轻声提出："我没有什么其他的要求，为了说服家里人，我只是要求月薪最好不低于3000元。"瞿建国表示同意："行，我破例答应你，对你实行特殊的报酬待遇，你来后月薪3000元。"莫全富很高兴，他此前打听过工资行情，他即将就任的岗位是副总会计师兼计财部经理，薪水在申华公司处于中等水平，此前没有3000元的先例，而作为董事长兼总经理的瞿建国月收入

8 专访·广告 上海證券報

股价跌一角 损失一年总收入

□本报记者 贺宛男

申华董事长瞿建国在想些什么

在沪上的上市公司中，有两位董事长持有大量股份：一为爱建董事长、91岁高龄的刘靖基先生，持股314.57万股，占总股本1.5亿元的2.1%；一为申华董事长，刚满40岁的瞿建国先生，持股18.56万股，占总股本2700万元的0.69%。刘老持股300余万有多种历史原因；瞿氏以一介乡民，按当时市值，不下500余万，申华又向为绩优股，在当前低迷市道下一样经受严峻考验，其个人财产随股价涨跌起伏不定。瞿建国斯人，又在想些什么呢？下面是记者与瞿先生一番开诚布公的对话。

一家好的上市公司不但要善于产业经营，更要擅长资本经营

▲中华是家高速发展的成长股，然而，公司年报显示，1993年同1991年相比，营业收入从1503万元增至1.21亿元，增长7.4倍；税后利润从168万元增至1616万元，增长9.6倍；股东权益从1158万元增至1.6亿元，增长13.9倍。投资人择股，一般主要看利润增长，可您似乎特别注重净资产的增长，请问基于何种考虑？

□我本人是个大股东，又是一个以长期投资为主的股东，我考虑问题较多地从投资增值出发。一家利润增长快的公司有利于股价的提升，当然也可以多分红利，但对真正的投资者而言，我认为最有益的还是资本的不断增值，在物价上涨利率高企、股价下跌的市道下尤其如此。

资产增值包括帐面资产和潜在资产。例如三年前投资1800万元建造的申华大酒店，现在利润并不高，但若资产重估，不下5000万元。又如花3000多万元买下来的即将建造的申华金融大厦（位于宁波路江西路口），人称"钻石地块"，这一物业的潜在增值难以估量。当然，一家上市公司既要有资产含金量高的大项目，也要有投资不多获利颇丰的短平快项目，我们的申华客运就是如此。

▲有一种投资理论认为，资产含金量高的股票只有在两种情况下有意义：①公司破产时股东可分得较多的剩余资产；②资产重估时大量升值可大面积送股。因此资产股较适合稳健型投资者而不大适合激进型投资者。

□在产权不进入市场时这种理论也许是对的。可是，产权一交易，出售一家企业的资本利得就远不是那么一回事了。一家好的上市公司不但要善于产业经营，而且要擅长资本经营。在国外，在人家不注意的时候把不起眼的企业买下来，包装一下后再选择有利时机出售，获取丰厚利润，这从来是大财团干的大买卖。前一阵，我们把属下一个长途客运公司以1950万元价格卖给了浦东大众，同时拿出其中1000万元买下位于川沙县城的一家毛巾厂，仅花一个月时间改建成集停车、餐饮、旅馆、商业于一体的申华川沙汽车站。因为我们获悉，浦东新机场即将兴建，现在的汽车站离新机场仅6公里。

产权要进入市场，得具备两个条件：①房屋地皮全是企业自己的，如中百一店、华联商厦等公司，市口特好，可土地尚未作价，企业无权动它；②经营者有权经营这份资产。一些国家股占大头的公司，由于政企尚未分开，经营者很难按经济规律从事资产经营。我们申华这两条都具备。

银行利率只要低于通胀率就是负利率，买股票却能随资产增值而增值

▲净资产高速增长的另一面是净资产收益率的逐年下降，贵公司这一指标1991年、1992年、1993年分别为15.8%、12.6%、9.5%。我统计了已公布年报的100多家在沪上市公司，有四成净资产收益率低于一年期存款利率（10.98%），不少股民反映买股票不如存银行，瞿总对此作何评价？

□净资产收益率当然是越高越好，高，说明净资产效益发挥得好。但是，任何一家企业都有投资周期。我认为股份公司总体上尚处于投入期，发行股票吸收的资金不能一下子产生效益。当然，周期长短因行业而异，贸易周期短，房地产相对长，物业更长。我们申华股东给的钱已产生效益的约占40%，还有60%投资于物业，其效益无法通过帐面反映出来（尚未交易）。

拿股份公司的净资产收益率同银行利率作比较时，不要忘了另一个重要指标——通货膨胀率，银行利率只要低于通胀率就是负利率，买股票是买股份公司拥有的那份资产，一般来说，资产随着物价的上涨而增值。当然还要看资产构成，是物业，是产品（畅销品或滞销品）还是应收帐款，要具体分析，区别对待。

5000万元只是最低规模而非最佳规模，小盘股必须健康扩张，否则就要被人吃掉

▲净资产增长快的公司中有相当一批为小盘股，为了达到5000万元上市规模，实行大剂量送股配股。随着资本的急剧扩张，资金一时找不到好项目，每股收益等盈利指标迅速摊薄，不少人担心一批绩优股正在成为垃圾股，您同意这种看法吗？

□一个成熟的上市公司应同时具备三个条件：规模经营、规范操作和国际性的经营实体。5000万元仅是规模经营的最低限度而并非最理想规模。在市场经济下，个体户肯定竞争不过中百一店等大商业，一个酒店没有100多间套房难以立足，几百辆车的出租公司也终将淘汰。从这个意义上说，小盘股只有迅速壮大，不然就要被人家吃掉。但是，我们要的是健康扩张，就是资金确有需要，最好是钱未到手项目已开工了，这就需要经营者有战略眼光。在这里，股东权益比率是衡量健康扩张的一项重要指标，我觉得50%—70%较合适。权益比率过高，说明扩张太快，钱放在一边用不了；权益比率过低，自有资产一半都不到，企业发展靠贷款，风险太大。

▲国家有关部门已作出配股不得超过总股本30%的规定，这是不是对大量配股的一种限制？

□股份制企业的一个重要机制就是企业可以到资本市场筹资，资本可以在一夜之间呈几何级数增长，我个人认为对所有上

1994年5月11日，《上海证券报》刊登《申华董事长瞿建国在想些什么》一文

也只有2000多元。莫全富提出“不低于3000元”有试探的味道，求贤若渴的瞿建国答应3000元，完全是出于企业的需要和对人才价值的尊重。

通过对新入职人才的综合评定，以及一段时间的培养和考察，瞿建国心中有了数，在几个重要岗位上，提前完成了人才梯队的更新换代。这些重要岗位中的重中之重，是瞿建国自申华公司创业以来一直就担任着的总经理。

1995年1月初，申华公司在申华大酒店召开第三届董事会临时会议。瞿建国主动提出不再兼任公司总经理，并提议董云雄任总经理。根据董事会临时会议的决定，聘任董云雄任总经理，聘任马俊为常务副总经理，聘任奚鸿根为副总经理。瞿建国骄傲地对外宣布：“公开向社会招聘集团公司及专业公司总经理在内的高级管理人才，我们是上海上市公司中的第一家。”

上市公司董事长毅然辞去连续担任了8年的总经理职务，另聘他人委以要职，这迅速在社会上引起震动。《新闻报》记者刘玉兰、《上海证券报》记者杨宇东当即采访瞿建国：为什么要辞去总经理一职？

瞿建国说：“作出此项决定，我想了很久，主要是出于建立现代企业制度的需要。作为公众公司，企业要发展，内部管理结构一定要完善。申华这几年来为此作出了许多尝试。董事长与经理班子职责不一，如果一肩挑，可能会影响到企业的长远发展。这次人事变动是公司按照现代企业制度要求，为理顺法人治理结构，更好地发挥和强化董事会作用，为建立一个强有力的经理班子而作出的重大举措。”

杨宇东问：“1993年7月，申华公司就开始向社会公开招聘总经理等高级经营人才，为什么时隔一年半之久，公司才决定总经理人选？”

瞿建国说：“培养高层次经理班子的过程很难，一方面涉及应聘者的能力和品德，另一方面又需要他们能够适应公司，其中需要一个‘磨合期’，这个磨合期一般不能少于两三年。经过近两年的努力，公司在去年底完成了这项工作，公司高级管理层组合完成。在此背景下，我提出辞去总经理一职的要求。需要强调的是，虽然申华在我担任总经理期间经济效益增长很快，但我认为，对于公司而言，这一高级管理层的形成同公司业绩增长一样重要，过去的8年可以说是申华打基础的阶段，接下来的8年将是申华继续大发展的时期。”

“现在我可以有更多的精力，在更高的层次上参与公司决策。照我的理解，股东是老板，把资本集中交给董事会经营，董事会实际上是经营资本，同时也是经营人才资本，把资金交给经理层去经营某些具体项目。我今后的主要任务是用好股东的资本。”

1995年2月25日，申华公司召开第三届董事会第二次会议，按照公司章程的规定，通过第5号、第6号两项决议，增补马俊、莫全富为公司董事。8月12日，申华公司召开董事会第三次会议，通过第7号决议，增补李伟荣为公司董事，并增选其为常务副董事长。

至此，申华公司通过市场化手段，使招聘来的李伟荣、董云雄、马俊、莫全富、陈永敏、华菊耀、奚鸿根全部进入了公司的最高决策机构，并先后由华菊耀替代顾天禄出任客运公司总经理，由陈永敏取代朱文忠出任房地产公司总经理；董云雄不仅是总经理，还主抓金融大厦，王凤娣的总会计师一职交给了莫全富。瞿建国用实际行动践行了自己的改革初衷：“目前，我们集团公司包括专业公司的中高级经营管理人员，绝大部分系社会公开招聘录用的。”

据《中国股市疑案：申华事变》记载，创业阶段的老兄弟，诸如副董事长张忠军、吴荣生，董事池培德、刘光荣、杨文龙、顾伟雄，相继离开了公司。瞿建国尊重他们的选择，也为一部分让出了岗位但愿意继续留在申华的老兄弟提供了平台。瞿建国筹划创办起上海申华工贸发展总公司，又称“小申华”，老兄弟虽然对新业务力不从心，但还是有能力的，让他们在小申华发挥余热，他们也很高兴。

重金诚聘人才，总经理宝座易主，管理层换血，申华公司的一些大动作引起了社会各界的高度关注。申华改革的发起者瞿建国应双月刊《上海企业家》编辑的邀请，在《上海企业家》1994年第6期杂志上，回顾了申华的改革，提出了股份公司人才机制公开性、竞争性、适用性的三大基本特征。

在论述人才机制公开性时，瞿建国提出：“股份公司就其本质而言，不应有上级主管部门，因此，它的中高级经营管理人才不应是上级部门委派、任命，而理所当然应来自社会，向社会公开招聘，这正是股份公司在用人制度方面的优势所在。我们申华作为公众型的、一开始就具备了无行政主管特征的股份上市公司，近年来在实行人才制度的公开性方面先走了一步。”

在市场上公开招聘企业所急需的高级人才，现在已是习以为常之事，并诞生出了一个配套的行业——猎头，但在当时，人才队伍的流转并没有市场化、公开化，论资排辈、内部提拔、干部空降等现象比比皆是，瞿建国能肯定“社会公开招聘”的优越性，并坚持这么做，视野是前瞻的，勇气也是值得称道的。

社会公开招聘的人才和创业元老，该如何平衡？瞿建国认为，谁合适就用谁，这是市场法则，优胜劣汰。在刊登于《上海企业家》的上述文章中，瞿建国这样写道：“坚持不断地向社会公开招聘中高级经营管理人才，不仅仅是发展业务的需要，也并非一定是公司缺乏现有中高级管理人员，其另一个重要目的在于，使每一个重要职岗形成人才竞争，打破‘铁饭碗’，抑制既有经营者、管理者的惰性，淘汰无所作为或不能胜任者。唯如此，才足以不断提高既有人才素质，最大限度地发挥每个人的作用和潜能，使居于公司高级现职岗位的，始终是生气勃勃，具有开拓、创新风格和出色能力业绩的优秀人才。这几年，申华公司正是坚持这样做的，并已成为高级管理层的共识。它体现了公司高级管理层自我挑战、自我加压、自我提高的胆略和胸怀。同时也向社会表明，申华的任何一个职岗都不存在‘铁饭碗’，社会上优秀的人才都有资格担任申华的中高级职位，申华公司在任何时候都欢迎最优秀的人才来竞争公司的任何一个岗位。正因为这种竞争才显示了公司在职人才的优秀，才得以使他们的人生价值得到充分体现。”

有些不了解实际情况的川沙乡亲，认为瞿建国在申华进城（指业务从浦东发展到浦西）后，就把老兄弟们抛弃了，其实，瞿建国把自己都抛弃了，当时很多人都听瞿建国这么说过：“董云雄做总经理，就比我做得好。”

竞争可以保证中高级管理岗位始终是一池“活水”，但这种竞争又不是无序的。在瞿建国看来，人才在岗位上的适用性和岗位竞争同样重要。在刊登于《上海企业家》的上述文章中，瞿建国这样写道：“对一个具体的公司而言，其招聘和使用人才，并非学历、职称、专业能力越高越好，这里还有一个适用性的问题。一个公司对人才种类、素养、专业结构和层次的选择，是由公司每一个发展阶段、发展时期的不同特点、不同需求决定的，而且每个公司又都有一个由其历史、行业、环境、经营结构等诸多因素构成的特殊性。因此，招聘人才不能拘泥于年龄、学历、职称，要重在相对本公司的真才实学，以及对公司所具有的特性能否适应方面。鉴于这样一种认识，我们公司不仅对现职人员常以适用性作为职岗安排、调整的重要依据，而且对新进人员不急于定位，给予一段时间的适用性考察，并根据适用原则，给予一定范围、不受职位高低局限的岗位选择，在以适用为目的的人才流动中实现人尽其才和人才资源的合理配置，包括允许达不到适用性要求的人才往外流动，从而初步形成了公司吸纳吞吐人才的良性循环机制。”

君子爱财，取之以道。瞿建国不止一次地说：“有些大型企业的厂长、经理工资并不那么高，加起来年薪只有三五万元，但实际上他们的开销并不少。出门坐公车，进门住公房，吃饭花公款，这些加起来，数字也蛮大的。”既然这样，瞿建国决定给招聘来的中高级管理人才开一个价，“把钱都放在明处，让他自己支配，可以堵住浪费、挥霍、花公家钱如流水的恶习”。

瞿建国是这样说的，也是这样做的。申华公司对职工按职务发放津贴，所有的移动电话、BP机都由个人买，用车的汽油费自已出。职工进公司先填张表，要求分配住房的，以后公司有了住房，再按贡献大小分配；不要分房的，每个人可领取相当于购房款银行储蓄利息的住房津贴。“这么做，培养了职工的节俭意识，企业的开支减少了，国家的资源节省了，个人的收入增加了，对国家、企业、个人都有利。我看，这也是一种利用价格来调整供需，限制铺张浪费，制止挥霍，提倡节约，符合市场经济的做法吧。”瞿建国说。

1995年1月12日，《新闻报》上一篇题为"'申华'董事长瞿建国说：我的身价：200万"的文章引起了极大的社会反响。就连妻子奚秀芳也用这个标题，对在报纸上"说大话"的丈夫揶揄了一番。瞿建国笑着对妻子说："我没说大话，不是身价200万，是年薪200万，我的身价怎么会只有200万？"

这篇文章引发了社会对于企业家身价（年薪）的大讨论。瞿建国的观点是："在组织企业开发生产、销售商品的过程当中，企业家付出了智慧和劳动，而劳动力是商品，商品就该有个价。因此我看企业家就该有身价。"

在瞿建国看来，企业家不同的能力、不同的精力、不同的胆识、不同的魄力，致使决策与管理水平不同，企业家的身价也因此就有高低之分。瞿建国也很自信："作为申华公司的创始人，连任了8年的董事长、总经理，我自信我有能力管理好国内任何一家大中型企业。如果应聘到其他企业，我一定会去拿年薪200万的高工资。"

拿200万的年薪也许是瞿建国的一句玩笑，第一，他不可能跳槽到其他企业，申华是他的心血；第二，他是申华的创始人，他不能自说自话地在申华拿200万年薪（实际上，瞿建国当时在申华公司每个月的工资和津贴加起来只有2000多元）。

拿200万的年薪又确实表明了一种价值认同，这种认同，在20世纪90年代中期仍属"石破天惊"，几年后越来越多的企业和个人开始尊重市场规律。2008年，时任盛大网络公司总裁的唐骏以"10亿"身价转会新华都集团出任总裁兼CEO，虽然有炒作嫌疑，但也将企业对企业家的价值认同推向了一个新的高度。

第三节　从三新收购到君安入主

1996年10月23日，广州三新公司举牌收购申华，在瞿建国离开上海赴加拿大仅13天时间里，公司居然出现了两个董事会、两个董事长。这场争斗风云激荡，也引发了瞿建国对《公司法》的反思和研究。最后，在监管部门的干预下，纠纷才得以解决。戏剧性的是，过去反对万科收购申华的君安证券，这次却举牌成为申华新的第一大股东。

移民加拿大引发争议

梁启超所作《李鸿章传》的绪论开篇写道："天下惟庸人无咎无誉。"又写道："谤满天下，未必不为伟人。"

1995年之前的瞿建国，履历完美：他是川沙县的创业之星，又是上海农村第一家上市公司的董事长、总经理，他打破了"铁饭碗"，用较高的薪金报酬肯定了中高级管理人才的个人价值。

当然，瞿建国一路走来，沟沟壑壑，也有曲折。在孙小桥乡辞职创业时，受到了一些不公平的待遇；在大舞台面对3000股民，台下竟有那么多人戳着他的鼻子叫嚷。

不过，整体而言，对瞿建国的社会评价还是正面的，瞿建国对申华公司的控制也是强有力的、卓有成效的。然而，这一切，在1995年6月8日之后，发生了变化。

1995年6月8日，瞿建国一家四口（妻子奚秀芳、儿子亚明、女儿亚亚）登上了东方航空的班机，途经东京，前往加拿大温哥华，后来又到了加拿大阿尔伯塔省的省府埃德蒙顿。一家四口并不是去埃德蒙顿旅游的，而是要在那里安家落户。

一时间，流言蜚语扑面而来。有人疑心瞿建国出事了，要出国避风头。有这样的联想，是因为当年爆发的"327国债期货事件"，在上海地区涉及的面太广，牵连的人也众多。有人猜测瞿建国的身体出了状况。更多的人认为，拥有大量申华公司股票的瞿建国在二级市场上赚了钱，功成身退，出国享福去了。

瞿建国一直都是申华公司的主心骨，在绝大多数普通职工看来，就像是“神”一样的存在，在很多中高层眼里，他就是一个“伯乐”，但他就这么去了加拿大，不管背后真实的原因是什么，难免人心涣散。由于很长时间看不到瞿建国当面做决策，公司里有了这样的流言：“这件事，我看没有必要让瞿总知道了，他移民加拿大，还能顾到多少公司的事？”

时任申华公司常务副董事长的李伟荣曾半真半假地抱怨：“有人讲，你们瞿总现在已经移民加拿大了，我们还有什么必要来支持你们申华公司呢？这件事你们为什么这么积极，让你们瞿老板自己来。这样一来，瞿总移民加拿大以后，使我们这些留在公司里的人，工作起来很被动。”

李伟荣所说的“工作被动”，也非全无道理。在瞿建国定居埃德蒙顿的1995年，申华公司的单股利润出现大幅下降。这是瞿建国去加拿大的蝴蝶效应，还是其他原因造成的，并不好说。资深股评家金学伟认为和瞿建国无关：“这种下降仅仅意味着申华发展的一个高峰潮已经过去，正在进入一个巩固阶段。从高潮到巩固，再到高潮，是一般优秀企业发展的普通模式。”

瞿建国在去加拿大前，对申华公司的人事安排进行了梳理，他将公司的全部产业划分成金融大厦、客运出租、房地产和酒店旅游四大块，相互分隔、相互竞争、相互促进、相互制约，分别交由董云雄、华菊耀、陈永敏、奚鸿根负责，并由李伟荣负责董事会的日常工作。

申华金融大厦是申华公司最大的项目，瞿建国又指派申华公司常务副总经理马俊担任金融大厦项目公司——上海申华黄浦物业发展公司的董事长，协助董云雄，监督并参与工程建设的管理。

这样的人事安排，好处在于“分权”。分权对于企业和管理者而言具有重要意义，一个管理者只有懂得分权才能让自己站在企业全局去思考问题。瞿建国知道自己远在加拿大，受限于通信条件，很多事情来不及处理，也没有必要亲力亲为，他采用分权的方法，让他的总经理、副总经理们各管一块，通过业绩，良性竞争。

事情的演变，证明瞿建国的美好愿望着实是一厢情愿。据《中国股市疑案：申华事变》记载，在金融大厦工地，项目负责人董云雄和负责监管项目的马俊互相抱怨，认为他们虽然是公司的总经理和常务副总经理，但在公司总部实际上抓不到多少实权，觉得瞿建国对谁都不信任。而马俊又在另外一个场合认为，瞿总重用李伟荣的速度太快了。

李伟荣通过应聘进入申华公司，一开始是公司的投资处处长，后来接替在“大舞台事件”中和瞿建国并肩战斗的杨焕凤，成为申华公司的董事会秘书，再后来升任公司的常务副董事长。瞿建国去加拿大前写下《授权委托书》：“我不在国内期间，全权委托李伟荣先生行使法律给予董事长的一切职权，他的签名同我的签名一样同等有效。”

瞿建国相信，即便自己不在身边，李伟荣也能锻炼出来。李伟荣却不这么想。据《中国股市疑案：申华事变》记载，李伟荣曾经说：“（瞿建国一家）现在有这么好的条件，而我们这些仍留在公司里做事的人却还一无所有，和我们相比，瞿总应该满意，急流勇退了。”

公司里的一位董事曾经当面顶撞瞿建国：“也许正是没有公司股票的人，才是真正对公司负责的人。因为，我们要靠工资吃饭，而有些人持有公司许多股票，他倒是对公司可以不负责。”这名董事所说的“他”，当然就是特指瞿建国。

后来，在公司写给中国证监会上市公司部的一份《情况报告》中，明确表示：“基于对瞿建国去加拿大后，公司出现的许多严重、微妙状况的担忧，认为必须做出选择，尽快从根本上改变这种状况，保证公司的稳定与发展。”

从结果看起因，瞿建国去加拿大并不是一步妙棋。那么，他又为什么非要去加拿大呢？

瞿建国去加拿大的念头，并不是突然就有的，而是经过了缜密的思考。

身体原因是一方面的考虑。这十多年来，历练了体制内外的各种绞尽脑汁，商场股海的各种角力搏杀，瞿建国真的累了。始于1988年的恶性肿瘤危机，已经亮过一次红灯，虽然平安度过，但警报一直没有解除，瞿建国毕竟是得过晚期血吸虫病，连脾脏都切除了的“病人”，奚秀芳多次劝丈夫，不要这么拼命了。

有朋友说起加拿大的空气好、水质好，对调养身体有帮助，瞿建国和奚秀芳都动心了。事实证明，埃德蒙顿确实是一个颐养的好地方。

缓慢的生活节奏让日子变得很悠闲。很多年以后，瞿建国甚至拾起了木匠活。2014年7月25日，瞿建国在加拿大温哥华发了一条微博：“昨天的木匠活完成了，但花匠活看来得更花体力。……在这里只能自己干了。这些活一定会很累，但你把它作为创造价值的劳动，享受它，那今天的你，累也是快乐的！”

其实，瞿建国是闲不住的。去加拿大还有一个考虑，和申华公司有关，申华公司也是他血脉相连的“家人”。申华公司发展到1995年，已经形成了客运出租、房地产和酒店旅游并举的经营格局，投资巨大的金融大厦也正在建造中，瞿建国一直在思索下一步该如何发展，加拿大之行，也许是一个机会。中国企业赴境外成立海外公司，始于改革开放初期，至20世纪90年代中期，这类投资呈高速发展的态势，一部分走向海外的中国企业家，在融入世界大市场的同时，也展示了改革开放后中国企业家的新形象。瞿建国觉得这是一个机会，申华的加拿大公司可以帮助申华拓展国际业务，这样的话，离开上海也不耽误工作，反过来还能促进工作。

上海到埃德蒙顿，9206公里，隔着一个太平洋，在通信并不发达的20世纪90年代中期，就是两个世界。很多人认为瞿建国去加拿大是打算“退休”了。然而，1995年的瞿建国才41岁，四十而不惑，对于很多事情，他知道自己还是放不下。每次去加拿大，短则几周，长则一个月，他是一定要回中国的。这个脾性一直到60岁了也没有改，2014年为了筹备创立原能公司，瞿建国甚至一年多没去加拿大的家。

瞿建国觉得自己很敬业，但这种敬业却使他和被他委以重任的李伟荣、董云雄有了分歧，渐行渐远，原本铁板一块的申华公司也从内部开始有了第一道裂纹。

从长远看，瞿建国在这期间思考了“环境和人”的关系，对日后的第三次创业（创立开能环保）和第四次创业（创立原能公司），有所裨益。然而，在当时的情况下，瞿建国的加拿大之行又似乎有一些草率。

太阳海让申华走了条弯路

1995年，对于中国的资本市场而言，是喧闹的一年。

2月，“327国债期货事件”爆发了。2月23日这一天，受新债发行及保值贴息因素的刺激，在部分交易大户蓄意违规、操纵市场、严重扰乱市场秩序的情况下，上海国债期货市场多空双方展开“殊死搏杀”，国债市场出现异常的剧烈震荡。“327国债期货事件”后，万国证券破产，中国证券市场三大“教父”之一管金生因经济犯罪问题锒铛入狱，上海证券交易所总经理尉文渊因监管失察请辞。

5月17日，证监会宣布关闭国债期货市场，一直到18年后的2013年9月6日才重新开放。在“327国债期货事件”之前，沪深股市持续萎靡，国债期货市场却火爆异常，国债期货被封杀后，投机资金纷纷涌入股市，刺激股市出现井喷，各种题材股被轮番操作。仅5月18日一天，沪市的全天涨幅30.99%。

8月，爆发了四川长虹转配股违规上市的丑闻，市场一片哗然。事后，违规的中国经济开发信托投资公司仅被没收2000多万的违规收入，但成千上万长虹股东损失了巨大的合法收益。

8月26日，中国证券市场首次出现经营亏损案例。辽源得亨、西安黄河1995年中期亏损分别达607.5万元和2744万元。

这让瞿建国愈发觉得拥有一个靠谱又有实力的大股东，对于像申华这样全流通的小盘股上市公司而言，是多么重要的一件事。拥有稳定的大股东，就等于拥有稳定的公司决策机构董事会，对于公司开展经营活动以及维护股东利益，都有百利而无一害。

然而，自从万科公司减持申华股票并退出董事会后，坐在申华公司第一大股东位子上的是有“小申华”之称的上海申华工贸发展总公司，但该公司的经营情况并不好。大股东随时可能易帜的风险，让身在加拿大的瞿建国密切留意着国内的动向。瞿建国的如意算盘是继续引入有实力的法人大股东，改善和稳定公司的股本结构，促进公司主业稳固、长远发展，摆脱时时都有可能被人恶意收购的困局。

1995年秋天，瞿建国将加拿大公司刚刚开始有起色的业务委托给妻子奚秀芳，只身回到上海。有一件大事等他拍板。

当时南方证券上海分公司国际业务部经理赵怡向瞿建国推荐了上海太阳海传播设备有限公司。赵怡表示，太阳海公司有社会背景，在海外也有密切的联系，听说在中国有十几个亿的投资，此外，他们的金融（集团）投资公司在香港地区注册，开业时举行新闻发布会，出席嘉宾中包括中国人民银行的一位副行长。

瞿建国有一点动心。如果赵怡说的是实情，那么太阳海公司应该是一家有实力的大公司，完全符合他心中大股东的条件。此外，瞿建国心中还有一个计较：申华公司可以借助太阳海公司的雄厚资金，推动申华金融大厦项目。金融大厦作为申华公司最吸引眼球的项目，已经消耗了大量的现金流，大厦的项目公司不得不通过自行筹集的方式，以房产预售款、银行贷款等滚动开发。在这种情况下，太阳海公司的入股意愿，实在是来得太及时了。

瞿建国希望太阳海公司做一个稳定的大股东，同时为金融大厦提供必要的现金流，那么太阳海公司通过赵怡来试探瞿建国，又是图什么？

据赵怡说，太阳海公司希望在浦东开发中分一杯羹，在上海干一番事业，同时他们正在筹划一个鳗鱼项目，想通过上市公司募集资金，搞一个鳗鱼市场，垄断对日本的鳗鱼出口。在赵怡的引荐下，瞿建国和太阳海方面的代表薛秋阳进行了几次会面。薛秋阳表达了太阳海的合作诚意，同时也强调，鳗鱼项目是上海市政府规划的副食品十大出口项目之一。瞿建国提了三条：一是太阳海要拥有5%以上的申华股份；二是要对公司发展注入大量资金，融资5000万元；三是要做出承诺，投资要对全体股东有利。

资本市场，尔虞我诈。每一句话都可能是一个机会，每一句话也都可能是一个陷阱。瞿建国惦记着太阳海在成为大股东后的投资，太阳海也有自己的如意算盘。薛秋阳说，太阳海公司短期内无法筹措到大笔资金，希望申华公司提供担保，由太阳海去银行贷款，用这笔贷款进行投资。

我为你贷款提供担保，你再用这笔贷款来收购我？薛秋阳的这个如意算盘实在太精明，瞿建国听了有些发愣：太阳海接洽申华的真实目的到底是什么？双方还有没有继续合作的可能？

思前想后，瞿建国还是不想放弃和太阳海的合作，也许合作可以通过另一种形式进行。

瞿建国对薛秋阳说："我们还有一家上海申华工贸发展总公司，我们称它为'小申华'，拥有申华公司3.2%的股份，目前是申华公司最大的股东。你要是注入一笔资金，把小申华收购过去，若是做成了，实际上也就是申华公司最大的股东了，可以通过申华工贸来控制申华公司。"

瞿建国又说："小申华由于经营不善，效益不好，股东正要求退股，我看不会遇到阻力，你可以比较顺利地拥有小申华。另外，退一万步来说，这个小申华也注册在浦东，你既然想在浦东发展，有了这家小申华，也完全可以搞起来。"

瞿建国的B方案，既真诚，也狡猾。真诚在于，如果太阳海是真的想合作，而且也有实力，那么这个方案可以帮助他们用最小的代价，间接获得第一大股东的位子。狡猾在于，就像他所说，申华工贸的经营状况不佳，希望太阳海来接盘。

瞿建国舍不得放弃太阳海，薛秋阳也舍不得放弃申华。经过一次又一次的接触，薛秋阳最终接受了瞿建国的这个B方案，以每股1.5元的价格收购小申华1000万股，从而取得小申华75%的股份。瞿建国在促成这笔收购时做了让步，太阳海实际只拿出了1100万元，其余部分，200万元是向申华公司下属的投资公司借来的，另外200万元也未到账。

小申华从来就不是太阳海的目标，薛秋阳自始至终还惦记着申华公司的董事会。在完成收购后，薛秋阳第一时间提出要委派董事进入申华公司的董事会。瞿建国打起了太极拳，说："你们先把小申华搞好，将那笔借我们投资公司的200万元还掉，把还未支付给小申华的200万元收购资金划进来，搞好了，进申华公司董事会没问题。"

下了这么大的决心，花了这么大的精力，投入了这么多的资金，只收购了一个计划外的小申华，这显然在太阳海内部也无法交代，薛秋阳想来想去，又搬出了“担保”方案，这一次他的方案是“以小申华来出面贷款，申华公司要为我担保”。为了打消瞿建国的顾虑，薛秋阳甚至提出可以用小申华持有的申华公司股票来做反担保。

这一次的担保贷款是900万元，按照薛秋阳的说法，钱到账后，先还上向申华投资公司借的200万元，再还上欠小申华公司的200万元欠款，这个方案对申华公司是有利的。瞿建国总觉得有哪些地方不妥，但当时他已经预订了回加拿大的机票，也来不及更深入地调查和更全面地思考。

据《中国股市疑案：申华事变》记载，瞿建国一直拖到前往加拿大的那一刻，才签字同意担保，而且到了加拿大温哥华后，他又第一时间发回指令，要求撤销这份担保书。然而，为时已晚，薛秋阳还是从银行顺利划走了900万元。

担保贷款，毕竟是心里一个疙瘩。一个月后，瞿建国从加拿大回到上海，正如他所担心的，不管是小申华还是申华投资公司，都没有收到薛秋阳分别承诺的200万元。经交涉，薛秋阳送来一张200万元支票，但解入银行，被退了回来，这是一张空头支票。

自知理亏的薛秋阳对瞿建国说：“瞿总，对不起，我们现在资金太紧了，在广东那里我们有一个很大的项目，太缺钱了，需要大量资金，现在我们每天500万、500万地把钱打过去，要先应付那里，过些时间，手里松快一些，我马上把400万拿出来。”

话已说到这个份上，已经不是担保的问题了，而是“江湖救急”的道义。瞿建国一直不主张把债务人逼得太紧，更何况这一次的债务人太阳海还是小申华的实际控制人，仍存在着进入申华董事会的可能。深思之后，瞿建国决定再等一等，让对方喘口气，也让自己喘口气。一等再等，就等到了借款到期日，由于小申华无力偿还900万元巨款，银行在几次催讨无果的情况下，从担保方申华公司的账上划走了900万元。

申华公司的利益受到了伤害，瞿建国坐不住了。非常时期，必须要用雷霆手段，更何况瞿建国手中还捏着薛秋阳主动送过来的底牌：小申华持有的3.2%的申华公司股票。先下手为强的瞿建国通过上海证券交易所卖出了这部分股票，得款800多万元，但相比自家账上被划走的900万元，仍亏损

90多万元。

本来是双赢的局势，走到这一步，已经是两败俱伤。小申华在卖出申华公司3.2%的股票后，失去了成为申华公司第一大股东的资格，太阳海希望借助控制小申华继而进入申华公司董事会的路彻底断了。申华公司失去了小申华的实际控制权，又因为担保、反担保，以及太阳海方面的借款和欠款，损失总数近500万元，而更大的损失在于，3.2%的申华股票从小申华流向市场，造成股票持有者更加分散，这是瞿建国最不愿面对的。万科以后，过渡性质的大股东小申华已经退场，但新的大股东仍未到来，申华公司已完全暴露在资本市场的血盆大口之下。

不甘失败的薛秋阳并未放过最后一个翻盘的机会，他希望瞿建国能够心软："你们申华公司再给我担保一次，我已同银行谈妥了，担保1个亿，最多3个月，我一定给你解决问题，几笔款全部还给你。"

1996年2月17日，申华公司召开董事会讨论是否继续为太阳海担保。为了表示自己的诚意，薛秋阳在这一天，把200万元的银行汇票送到瞿建国手里。对于这200万元，双方事后发生了分歧，瞿建国认为是薛秋阳归还申华投资公司200万元的借款，薛秋阳认为这是自己为1亿元担保提供的凭信。

在申华公司董事会否决了继续担保的议案后，薛秋阳想要讨回这200万元，但遭到了瞿建国的拒绝。

后来人们讨论太阳海事件，有的站在瞿建国的角度，说薛秋阳不怀好意；有的站在薛秋阳的角度，说瞿建国不仗义。各有各的理由，也各有各的利益。双方都认为被对方伤害了，但毕竟这种伤害也不是你死我活，这件事就这么过去了。

可以肯定的是，太阳海事件，前前后后持续了半年左右，瞿建国在基于对薛秋阳信任的前提下，不知不觉地带着申华走了一条弯路。虽然瞿建国认为在这条弯路上并没有走太远，相反吸取到了宝贵的经验，然而，正是因为走过这条弯路，哪怕只是瞿建国所说的一小段，让更多人看到，奔波于加拿大和上海之间的瞿建国，对于局势的掌控和判断，并不像以前那样得心应手。

申华事变，董事会乱成一锅粥

1996年10月7日，申华公司召开了36人出席的公司高级管理人员会议。瞿建国这次从加拿大回国已经有一段时间了，他冷静思考了太阳海事件中的得失，想出了一条新思路。

在会议上，瞿建国说："公司要发展，需要大股东，我们一直在寻找、引进大股东。但是，现在看来历经风风雨雨，还一时很难办到。通过万科和太阳海两家公司，我明白了，这不是由我们想象，凭我们一家意愿就能做到的。而且，大股东选择不当，我们自己的活力就会受到限制，多年形成的优势就会逐步丧失。"

会场上鸦雀无声，另外35人显然明白自己所处的位置，在瞿建国亮出完整的观点前，他们宁愿在沉默中等待。

"我们是民营企业，公司的发展更在于靠自己的力量。"瞿建国说，"我们有没有想过，自己也可以做大股东。现在我以董事长的身份，呼吁公司每一位员工购买公司的股票。也许这可能会超过一部分员工的经济承受力，公司可以拿出方案来，把员工持股和公司的员工报酬奖金制度结合起来，支持员工购入自己公司的股票。关于这一点，人事部和办公室可以搞个方案给大家探讨。"

瞿建国的这个方案和上海市政府发布的新政有一定联系。一个多月前的8月20日，经上海市政府同意，上海100家本地上市公司全部列入上海市现代企业制度试点范围，上海将对这些公司在财税、融资、投资项目、资产重组并购等方面给予支持。9月28日，上海市政府细化了扶持措施，承诺会将一些优质资产注入绩优上市公司，同时把上市公司的资产重组、购并等问题列入今后突破的重点。在瞿建国看来，这是一个大利好，如果职工成为股东，甚至是大股东，那么将直接受益于这个利好。

会场上依然是一片沉默，只有瞿建国越来越兴奋："如果我们把这件事做成了，超过5%的申华股票就捏在了我们员工自己手中。一方面可以防止外人收购公司股份，另一方面能够将改善员工生活待遇的长远利益同公司的发展和繁荣紧紧地结合在一起，从而使员工不但从他付出的智慧和劳动中得到公司给予的报酬，同时还从他对公司的投资中，也就是持有公司的股票中，得到充分的利益，使得每一位员工既是公司的劳动者，又是申华的持有者。这样，对员工有利，对公司的稳定也有好处……”

讲话后3天，瞿建国再一次坐上了飞往加拿大的航班。让员工自主成为公司的大股东，是一个重大决策。瞿建国并没有要求公司其他35名高级管理人员立即表态，他也不愿大家认为这是一个必须要去贯彻执行的“长官意志”，他给大家留下了足够的时间和相对独立的空间，他希望重回上海的时候，会收获更优化的方案。

然而，瞿建国过高看待了自己在高级管理人员中的权威。在太阳海事件中，瞿建国对局面的把控并不成功，谈判的过程也不精明，而且在几次关键时刻，他竟然离开“前线”，去了加拿大。在高级管理人员中，对瞿建国的不满情绪逐渐放大。

加拿大当地时间10月23日晚上9点多，瞿建国收到一份发自上海的传真，才知道申华公司要变天了。一家名为“广州三新实业总公司”的企业已经公告，持有申华公司5%的股份，在传真纸的最后，留给他的建议只有两个字：“速回”。

这唱的是哪一出戏？三新公司又是哪一路神仙？

瞿建国觉得事情似乎已经超出了自己的掌控。“宝延风波”发生后，上市公司互相参股的情况也逐渐多了起来，但整体而言，是谨慎的、有秩序的，在参股前必然有一个沟通的过程。之前万科举牌申华，王石、郁亮多次上门沟通，之后太阳海打起收购战，不但拜托了南方证券公司的熟人牵线搭桥，还委托国泰证券公司筹划、制定收购方案，充分体现了对游戏规则的尊重。现在，这家广州三新实业总公司不声不响地就通过二级市场收购了申华公司5%的股票，瞿建国作为董事长，却是最后一个知道的人。自然，他心情跌宕，就如同“宝延风波”初起时延中实业董事长周鑫荣。这一刻，他也能深深体会到万科董事长王石拿到《改革倡议》时的发蒙，以及内心极大的惊骇。

就在13天前的上海，或者16天前的申华公司高级管理人员会议上，主动权还完全掌握在自己手里，难道是内部出了问题？

一定是内部出了问题。

约摸计算一下股数，5%举牌，意味着广州三新实业总公司通过二级市场一下子吃进了900万股左右的申华股票，按照市价计算，投入超过亿元，这么大手笔的收购，肯定是经过了精心的研究和策划。瞿建国忽然想起这次去加拿大前，上海证券交易所总裁杨祥海曾对他说："听说广东有家公司要大量收购你们申华股票，你知道吗？"市场里每天都有几十甚至几百条这样的收购传闻，真真假假，但真正值得上海证券交易所总裁向上市公司董事长询问的，并不多。瞿建国当时不以为意，现在想起来，所有的一切都是有脉络、有征兆的。

那么，一直运转正常的公司管理团队为何没有提前向身在加拿大的瞿建国发出预警？

瞿建国联系了常务副董事长李伟荣。李伟荣告诉他，曾和广州三新实业总公司联系过，总经理董云雄也去广州调查过三新公司的背景，得出的结论是："三新公司实力很强。他们很诚心，也很有诚意做申华公司的大股东，他们要跟我们合作，借助申华在上海发展。"看来，他们是知道这件事的。

李伟荣又说："我们几个董事，经过研究，觉得应该欢迎大股东三新公司进入我们申华公司。"

瞿建国不表态，决定再从其他渠道了解一下情况。

瞿建国拨通了申华公司下属的投资服务分公司经理金凤的电话，了解到李伟荣曾向金凤下达指令，让她把投资服务公司账上历年积压下的43万股公司股票，"要尽快卖出去，全部清仓"。李伟荣的理由是："我们作为上市公司，在二级市场上回购和持有本公司的股票，是不符合证券投资法规的。"金凤觉得当时的股价只有每股7.2元，太低了，想等等再出手。最后，在李伟荣的要求下，还是抛出了这些股票。金凤对瞿建国说，李总的行为有点反常。

瞿建国越听心越凉，他要回来看看。

加拿大当地时间10月24日上午11时，瞿建国搭乘飞机从埃德蒙顿到温哥华，再从温哥华转机东京回上海，前后22个小时，精疲力竭。大家都希望听瞿建国说些什么，一直关注此事的《上海证券报》主动联系瞿建国，但10月26日《上海证券报》仅报道了他的回国消息，以及“他个人目前尚未对此事有明确表示”。

1997年5月12日，瞿建国董事长与投资者在上海宾馆

回到上海的这几天，瞿建国通过各种渠道对三新公司的背景进行了一番调查：“广州三新实业总公司是广东华侨信托投资公司属下的股份制企业，成立于1989年，前身是一间从事科技产品贸易经营的公司。经过这几年的发展，目前已成为一家以经营房地产为主的大型综合性企业集团，投资规模40亿元人民币。公司估计，至1996年8月，公司总资产近16亿元人民币……”

不过，瞿建国进一步得知，三新公司待建地块、待售楼盘、在建工地很多，但真正完成的大项目一个都没有。那么，董事会以李伟荣为首，总经理董云雄、常务总经理马俊等人欢迎三新公司的依据又是什么？

瞿建国了解到，浦东新区相关部门在三新公司举牌前，听取了三新公司的汇报。三新公司董事长、总经理张明园在汇报时说：“我们收购申华股票，实际上也是看好浦东。我们看到，今天的浦东，不久将会超过香港，发展潜力很大。我们到浦东，将投资房地产项目，规模将在30个亿上下，大大推动申华公司的发展。”

在没有搞清楚情况的前提下，瞿建国当然要谨言慎行。在回上海后，瞿建国其实接到不少电话，加拿大华人朱丽思说他手上有4亿资金可以帮瞿建国进行反收购，上海大众出租汽车股份有限公司董事长杨国平、上海延中实业股份有限公司董事长何彬等也直言，不管发生了什么事情，都会支持瞿建国。

瞿建国觉得，他现在所掌握的情况，都是李伟荣想要告诉他的，媒体想要告诉他的，或者申华内部李伟荣的反对者们想要告诉他的，兼听则明，偏信则暗，他希望得到一些更客观的证据。他决定去广州走一趟，会一会三新公司的高层领导。

11月1日，瞿建国带着董秘办副主任杨焕凤搭乘航班，飞抵广州。三新公司董事长、总经理张明园热情接待了瞿建国，并带他去考察了公司的房地产项目。由于未能看到三新公司近三年的财务报告（三新公司称将会尽快准备），瞿建国只能提前结束了这次带着试探性质的接触。

11月2日，瞿建国来到深圳。瞿建国先后拜访了深圳万科实业股份有限公司副总经理郁亮，以及深圳君安证券有限公司副总经理杨骏。申华、万科、君安，上一次风云聚会，还是在君安发布《改革倡议》，觊觎万科董事会的时候，时移世易，留下颇多感慨。

杨骏对瞿建国说：“对申华实业，我们一直很关心，这次三新公司收购申华，我们也一直密切注视着事态的变化和发展。听说你从加拿大回来了，对三新公司持股迟迟没有表态，我们正想与你见面谈谈，交换交换意见，看看能不能寻找出一个君安和申华合作的共同点来。”

广州之行，算是心里有了底，下一步怎么做，仍然不能轻易下结论。11月4日，回到上海后不久的瞿建国，收到一份由李伟荣、董云雄、马俊、朱文忠、华菊耀、陈永敏、莫全富7位董事签名，写给董事长瞿建国先生并董事会秘书的《关于要求召开董事会临时会议的公函》：“基于广州三新实业总公司业已成为本公司第一大股东，并于近日正式向本公司提出有关进入董事会、参与董事会经营管理的协议文本，现根据本公司董事会议事规则第九条之规定，要求于即日内召开董事会临时会议，对上述事项进行审议表决。”

瞿建国当场予以拒绝，理由有三个：第一，还未看到三新公司近三年的财务报表；第二，仍有其他董事并不清楚实际情况；第三，越是关键时刻，越不能草率行事。一向好脾气的瞿建国有些气恼，甩出了一句：“在这种时候，你们提出的那个董事会临时会议，我肯定不会召集，不会组织，更谈不上参加。”

《公函》是李伟荣发出的，他并不理睬瞿建国的意见，又发了一份《通知》给瞿建国：“定于1996年11月5日上午九时正，在张杨路1254号四楼405室，召开公司第三届董事会临时会议。”会议主要议题：审议《关于广州三新实业总公司进入本公司董事会、参与本公司经营管理的协议书的议案》，审议《关于邀请广州三新实业总公司委派四名代表出任本公司董事会董事的议案》。

瞿建国勃然大怒道：“你们这么做，是违法的，你们无权召开董事会会议。”瞿建国所说的“违法”，是因为《公司法》明确规定，董事会会议只能由董事长召集、主持。不过，事已至此，始作俑者李伟荣箭在弦上，已经顾不得这些了。

董事会内部分成了两派。董事王凤娣、顾天禄、奚鸿根均表示会站在董事长瞿建国这一边。在以李伟荣为首的7名董事中，瞿建国认为，可以争取到朱文忠和华菊耀的支持。朱文忠表示，参加还是不参加，到时候再决定。华菊耀则明确拒绝了瞿建国的提议，表示尊重并同意多数董事的选择，还劝说瞿建国也到会参加。杨焕凤不愿放弃，给私交不错的董事陈永敏打电话，陈永敏说“大局已定，上午董事会临时会议，决议一公告，就没有瞿建国他什么事了”，反过来还劝杨焕凤“不要陷得太深”。

王凤娣对董事会的分裂十分愤怒：“他们眼里还有没有董事长，有没有我们这些创建申华公司的人？”

在11名董事中，瞿建国只争取到3票支持，加上他自己的1票和朱文忠犹犹豫豫的半票，也只有4.5票。瞿建国又查询了11月4日当天申华公司的持股情况，三新公司仍在继续买入申华股票，持股比例已经从10月23日的5.028%上升到了7.038%，股数也从900万股扩大到了1260万股。三新公司也因而再一次举牌公告，对进入董事会势在必得。

对于李伟荣等7名董事发起的董事会临时会议，中国证监会的意见是：他们不能阻止一家上市公司召开董事会临时会议，但建议申华公司的董事们先坐下来认真学习《公司法》，搞懂弄通了后，再慎重作出决定，不要急于开会。不出所料，证监会的建议遭到拒绝。

受瞿建国委派连夜到达北京的杨焕凤也向瞿建国传递了一个坏消息：中国证监会上市公司部主任范福春，只能在11月5日下午才有时间和她见面听取汇报，在此以前，不可能获得证监会的任何支持或建议，但11月5日上午9时，董事会临时会议就要召开了。杨焕凤急得都要哭了，11月5日凌晨4时，她给瞿建国打电话："瞿总，我实在帮不上什么了……"

形势明显不利于瞿建国。瞿建国对身边人说："他们要把我这个唯一剩下的有影响的申华公司创始人排除掉，然后他们再随心所欲地来做他们想要做的事情。"瞿建国还有一件更担心的事，无论自己去不去，董事会临时会议都会如期召开，并发布公告，这势必将公司内部的严重分歧公之于众，使矛盾激化，后果不堪设想。思前想后，瞿建国决定还是去现场，做最后的努力。

11月5日上午8时许，接到列席会议的通知，公司监事会负责人石月德提前进了会议室，他问李伟荣："今天这个会，你请瞿总了没有？"石月德在申华公司初创时，是申华公司的党支部书记，也算是创业老兄弟之一。

李伟荣说："我们通知他了，他反对，他不愿开董事会会议，不是我们不请他。"又说："难道瞿总他一个人不愿意开，我们多数董事提议就不能开董事会会议了吗？"几句话就把石月德说得哑口无言。

8时45分，"不愿意开会"的瞿建国竟然走进了会议室。李伟荣把主持人席位让给了瞿建国。11名董事中除了王凤娣、顾天禄，另9人都已到场，石月德等4名监事也全到场，负责会议记录的是办公室主任吴志海。

瞿建国尽量平复心情，说："大家都来了，趁现在董事会还没有召开，我先说说我的看法。"看了看会议桌边这些曾经的左膀右臂，瞿建国又说："我们一定要对公司负责，对8万股东负责，向中国股份制公司的改革有个好的交代。我根本不需要那个什么名誉不名誉的董事长，我根本不会在公司里要个人的利益，也根本不会去要求三新公司答应给我什么职务。只要对公司负责，对公司有利，我可以全退，什么职务都不要，只做一名申华公司普普通通的股东。”

瞿建国说：“明天就是6号，应该是三新公司应诺的给我们财务资料的最后一天。拿到报表，人手一份，我们分析一下，就会心中有数，做出判断。所以，今天你们无论如何不要开会，我们还不具备开这样一个会议的条件，时机还不成熟。”

现场鸦雀无声。石月德抱着和事佬的心态，劝道：“瞿总，你应该参加会议，在会议上加以解释，不是更好吗？而且你是申华公司的创始人，到会的董事听了你的讲述，知道了三新公司的具体情况，观点也可能改变。”

瞿建国拒绝了，留下一份《声明》，在会议正式开始前离开了会议室。《声明》的最后部分再次强调：“任何未按本董事长决定的通知方式和时限召开的董事会临时会议及形成的任何议案都属违反《中华人民共和国公司法》和本公司章程，因而无效。”

9时正，董事会临时会议在李伟荣的主持下开始了。会议如李伟荣所愿，通过了三个决议：决议一，认为会议的召开是合法的；决议二，批准广州三新实业总公司提交的有关进入申华公司董事会，参与经营管理的协议书；决议三，邀请三新公司委派四名代表出任申华公司董事会董事。

不过，由李伟荣起草的、根据上述三个决议形成的《上海申华实业股份有限公司董事会公告》，却迟迟得不到中国证监会的审核、批准，无法公开地向社会做出披露。

中国证监会虽然表态“不能对申华公司召开一次董事会临时会议的召集方式来做出不合法或合法的裁定”，但出于“信息披露的程序要规范，内容要合法”的要求，在瞿建国和李伟荣和解前，把这份《公告》压了下来。

李伟荣等人撰写并向中国证监会上市公司部上报了《关于本公司11月5日董事会临时会议的情况报告》，指出“大多数董事认为，董事对重大决策应该参与全过程，而不能像过去那样只是对董事长决策好的事项举手”，又表示“出于对瞿在有关这方面事情上一贯一人操作并且留下许多危害公司利益的后遗症做法的反感，决心通过集体决策防止这种情况再发生”。

君安驰援，有朋自南方来

11月8日，申华公司的11名董事、4名监事再次接到召开临时会议的通知：定于1996年11月30日上午9时正，在张杨路1254号公司405室，召开第三届董事会临时会议，列入会议议题的有李伟荣等7名董事提出的《关于广州三新实业总公司进入本公司董事会、参与本公司经营的协议书的提案》《关于邀请广州三新实业总公司委派四名代表出任本公司董事会董事的议案》。

这一次，发出通知的是董事长瞿建国。

11月11日，《上海证券报》在头版以“申华欢迎运作规范的大股东”为题，刊发记者专访：“瞿建国首先表示，对于大股东希望参与公司的经营管理，他向来持欢迎的态度。但他同时指出，三新公司至今未向申华公司提供足以证明其公司背景、经营情况、资产状况的材料，令双方今后的合作比较为难。从保护公司中小股东利益的角度出发，大股东若想参与一家上市公司的经营管理，有责任向公司提供有关的证明材料。”

会议通知和记者专访，都表明了瞿建国的态度：进入董事会和参与经营，并非不能谈，但前提是三新公司要提供相关材料。三新公司迅速捕捉到了瞿建国的善意，经接洽，三新公司主动提出将持有的7.038%的申华股票锁定6个月，以证明这次投资是一个长期行为，是一次善意收购。11月11日当天，在律师见证下，瞿建国和三新公司副总经理安超签署了相关的《协议书》。

原本以为这次事件有了峰回路转的可能，但瞿建国万万没有想到，11月11日晚上，他就收到一份传真件：“基于广州三新公司再次致函本董事会，并已于11月11日与本公司签订了有关锁定其所持股份的协议书，表明三新公司成为本公司第一大股东和愿意长期投资的决心。现根据本公司董事会议事规则第9条之规定，要求就接受三新公司四名董事进入本公司董事会一事于1996年11月13日在本公司本部召开董事会临时会议，进行审议表决。”传真件是李伟荣发送的，上面有李伟荣等7名董事的签名。

瞿建国心里“咯噔”了一声，后来才知道11月11日当天，就在自己和三新公司副总经理安超签署《协议书》的同时，董云雄代表公司，和三新公司董事长、总经理张明园签署了另一份《协议书》。在后一份《协议书》中，既有三新公司“三年内申华公司净资产收益率不低于10%”的保证，也有关于申华公司业务新布局的表述：“建立以房产、物业为主导产业，带动相关客运、酒店、商贸业发展。”让瞿建国反感的是，这份由董云雄签字的《协议书》中，提到同意选举三新公司方面的董事为申华公司董事长，同意瞿建国担任名誉董事长。

两个董事会开会时间（11月13日和11月30日），两份同时签署的《协议书》，瞿建国和李伟荣各执一词，已经分裂为两派的董事会，彼此误会更深。11月13日，瞿建国再次出现在他认为“非法”的董事会临时会议上。对于董事会内斗感到筋疲力尽的他，这一次没有发表长篇大论，只留下一个《通知》和一个《声明》就离开了。

《通知》的内容是：“原定于1996年11月30日上午9时正，在张杨路1254号405室召开的本公司第三届董事会临时会议，现变更为1996年11月19日上午9时正在川沙镇申华大酒店二号楼会议室召开。”

《声明》的内容是：“李伟荣为达到个人之目的，多次冒用董事会名义，擅自召开董事会会议，这是严重违反《中华人民共和国公司法》和本公司章程的错误行为。为此本董事长再一次声明，任何人未按《中华人民共和国公司法》和本公司章程的规定召开的董事会任何会议，均属违法而无效的。”

不过，瞿建国的这份《声明》依然没有发挥作用，尽管在这次会议上，王凤娣、顾天禄、奚鸿根等董事为瞿建国大声疾呼，仍然无法阻止李伟荣以董事会的名义再发《决议》：“本次会议审议了《接受广州三新实业总公司委派四名代表进入董事会的议案》，出席会议的十名董事对广州三新实业总公司推荐的张明园、安超、黄梅彝、任伟四先生的资格进行了审议，各自发表了自己的意见，最后表决结果为七名董事赞成，三名董事反对，无人弃权。根据公司章程，《接受广州三新实业总公司委派四名代表进入董事会的议案》予以通过。”

11月15日上午9时正，浦东新区张杨路1254号申华公司405室内，在此召开董事会临时会议。董事长瞿建国照例缺席，董事王凤娣也未到场，但书面委托了顾天禄代为出席会议，其他所有董事、监事，以及申华公司的法律顾问都到场了。在11月13日会议上新增补的四名董事也出席了会议。奚鸿根和顾天禄心情沉重，他们知道这次会议的主要内容，就是对免去瞿建国的董事长职务，以及选举三新公司的一名董事为董事长，进行表决。

奚鸿根在发言时表示：“今天，在这样的场合下，与三新公司的几位先生见面，我感到很遗憾。但是，我对你们想进入申华公司董事会的心情，还是能够理解的。今后，我们还会见面，还要合作，可是今天只能这样了。”接着，奚鸿根拿出已经签上他、顾天禄、王凤娣名字的《致瞿建国董事长并各董事的声明》，大致内容为“今天的会议是非法的，由此而造成的严重后果，李伟荣先生应负全部责任”。

李伟荣事先已知道有这份《声明》，但让他错愕的是，“申华事变”发生后一直和自己保持一致的朱文忠，竟然问奚鸿根要过《声明》，签上了名字。接着，朱文忠跟随顾天禄和奚鸿根一起退出了会场。

朱文忠的“倒戈”，令李伟荣有点措手不及，但也在情理之中。朱文忠此前一直在李伟荣和瞿建国之间摇摆不定，追随李伟荣是因为李伟荣在董事会中已经攒到了6票，无论他是否支持，都无关大局，就只能赞同了；现在又倒向瞿建国，归根到底，还是一起出来创业的兄弟情重新绽放，为了瞿建国，他要和李伟荣争一争。

就像李伟荣对朱文忠说过的，他已经有了6票，而且董事会又增补了4名新董事，在所有15名董事中，李伟荣占了10票，局面可控。监事长、另一个创业老兄弟石月德看不下去，说：“今天的会议是选举董事长，无论如何得让瞿总出席，让瞿建国签到。他是董事，而且现在还是董事长。”但石月德的发言改变不了局势，会议按照预定的走向进行着。

这次会议形成的决议显示：“根据总经理董云雄先生的提议：鉴于瞿建国先生近期在对待三新公司与本公司合作问题上的一系列严重损害公司利益和广大股东利益的行为及其他原因，其已不再适宜担任董事长职务。经出席本次董事会10位董事的表决，同意总经理的提议，决定免去瞿建国先生原担任的上海申华实业股份有限公司董事长职务。”

会议选举产生的上海申华实业股份有限公司的新董事长，是大股东三新公司董事长、总经理张明园。张明园表示不可能长时间在上海处理申华公司的事宜，就授权委托总经理董云雄、常务副总经理马俊、常务副董事长李伟荣、董事安超、董事任伟组成过渡时期临时决策班子，负责这一时期公司的重大决策。

瞿建国立刻予以反击，他签发了一份《紧急通知》，表示公司已经进入了一个“极为危险”的境地，为保护公司利益、维护全体股东利益，决定未经董事长的批准或授权，“公司任何人不得以公司的名义从事各种活动”，“任何人不得擅用公司公章”，“财务部不得向外支付任何款项(包括暂借款与报销)”，“公司高级管理人员及本部职员不得出差外地”。

同时，瞿建国还向上海市人民政府呈报了一份《关于申华公司紧急事态的报告》，讲述了这次“申华事变”的来龙去脉。在这份报告中，瞿建国表明：“从目前李伟荣等人的行为看，本人所采用的规范措施，尚不能阻止他们的非法行为。”

其实，这几天瞿建国一直在思考，还有什么更激烈的措施能够阻止李伟荣。想来想去，他想到了“外援”。

瞿建国找出了深圳君安证券公司副总经理杨骏的名片。三新公司的入主，是因为申华公司的大股东位子空缺已久，而造成这个空缺的原因是君安公司1994年发出的一份《改革倡议》。1994年前后，万科是申华的第一大股东，《改革倡议》发出后，万科主动放弃了申华。

在这“申华事变”发生之初，瞿建国和杨骏曾在深圳有过交流，当时杨骏表示“看看能不能寻找出一个君安和申华合作的共同点来”。瞿建国如今独木难支，杨骏和他背后强大的君安证券自然是一个不错的选择。

瞿建国在电话里说：“我和我们几位董事研究过了，决定来深圳与你们谈一下，如果你们确实看好申华公司的话，希望在我们困难的时候，支持我们公司。也欢迎你们长期入主申华公司。”

杨骏1992年加入深圳君安证券有限公司，深得君安“教父”张国庆的倚重，被认为是“为证券市场而生的人”。他早就密切关注着申华公司和三新公司、瞿建国和李伟荣的纷争，而且据时任深圳君安证券有限公司上海分公司副总经理谢荣兴回忆，杨骏在1996年2月至3月间，曾经来上海考察，当时申华金融大厦已经建到七层楼，而那段时间，瞿建国正忙于处理和太阳海公司之间的纠葛。杨骏考察后，申华股份一度连续交易创天量、股价创新高，但此后市场又恢复平静，并且是长时间的平静。市场有很多传言，都未经证实，谢荣兴后来说：“作为局外人的我并不知道其中原因。”

对于瞿建国的“求援”，杨骏很爽快地答应了：“瞿总，我们很了解目前申华公司的情况，而且我们更看好申华公司的发展和未来，只要你瞿总提出来需要我们加入，今后我们将好的优质项目引入申华，保证能使申华成为中国最好的上市公司。”

对于瞿建国而言，君安是合纵连横的最佳拍档；对杨骏而言，申华是君安将触角伸向产业投资的最佳选择。双方一拍即合，在深圳签署了《备忘录》，确定了参股合作的大体走向和合作细节。陪同瞿建国去深圳的还有董事顾天禄、奚鸿根、朱文忠，以及申华公司曾经的董事会秘书杨焕凤。

“时间就是金钱，效率就是生命。”作为深圳速度的践行者，君安方面在签署《备忘录》后，第一时间资金到位、人员到位、方案到位。瞿建国感慨：要是事先完全没有准备，反应速度也跟不上的话，那么，和这种级别的资本大鳄打“闪电战”，体无完肤。

11月20日，深圳君安证券有限公司旗下的深圳市君安投资发展有限公司发布举牌公告：“至1996年11月20日交易结束时止，深圳市君安投资发展有限公司通过上海证券交易所系统买入并持有上海申华实业股份有限公司发行在外普通股票9032215股，占该公司总股本的5.045%。”6天后，君安投资发展有限公司再次举牌公告，持有申华股票的比例上升至7.063%，超过了三新公司的7.038%，成为第一大股东。11月28日，君安投资发展有限公司第三次举牌公告，持股16276934股，持股比例9.0928%。

来自深圳的“友军”，只用了8天时间，就帮瞿建国在二级市场上扫清了障碍。持股7.038%的三新公司，似乎并没有在二级市场上迎战的欲望。面对君安的强势，三新公司董事长、总经理张明园告知李伟荣，将要退出申华董事会。

君安的插手，让瞿建国和李伟荣的较量趋向白热化，双方也各自使出了撒手锏。

瞿建国签署了《关于董事长行使特别裁决权和处置权的决定》，责令李伟荣停职检查，暂停董云雄公司总经理的职务，同时被免去职务的还有陈永敏和莫全富。为了避免免职对正常工作造成冲击，瞿建国同时任命奚鸿根为董事长特别助理，协助董事长处理公司事务；任命杨焕凤为董事长助理，代理公司董事会秘书之职。陈永敏在房地产公司的工作，以及莫全福总会计师、计划财务部主任的工作，被责令即日起移交给朱文忠和王凤娣。

在瞿建国看来，“申华事变”中始终和自己保持一致的老兄弟，是当前最可依靠的力量。通过这些人事任命，瞿建国还希望向外界传递这样一个信息：“目前，唯一能够依法代表申华公司的人，就是我瞿建国。”

不仅如此，瞿建国还委托律师起诉李伟荣、董云雄擅自召集、主持董事会临时会议，通过多项《决议》，占据公章及法人代表章等，致使正常的经营活动受到了严重干扰。瞿建国请求法院判令李伟荣、董云雄停止侵害，交还公章、董事会章、法定代表人章等各类印章。

瞿建国的组合拳中，还有着更致命的一击，就是股东对李伟荣、马俊、莫全富三人董事身份的质疑。马俊、莫全富是在1995年2月25日的董事会第二次会议上，李伟荣是在1995年8月14日的董事会第三次会议上，先后被增补为董事的，事后未经下一届股东大会按法定程序追加批准。这一操作，违反了《公司法》的相关条款，李伟荣等3人也因而不具有申华公司董事的资格。

1990年代，股市是新生事物，法律不完备，上市公司的管理更不完善。时任中国证监会上市公司部主任的范福春也坦言：“像李伟荣、马俊、莫全富这种未经股东大会选举或追认的董事，在很多上市公司中都存在。”

李伟荣他们在董事岗位上工作了一年多，却没有一个合法的身份，这是对他们极大的不尊重，作为董事长，瞿建国自然是失职的。因为一时疏忽，主观上也不重视，造成的“违法行为”，现在却成为可以给予致命一击的利器。瞿建国也不知道是该欢喜，还是悲哀。

顾天禄提出：“我是公司的董事，也是公司的股东，我来打这个官司。”股东起诉上市公司，请求法院判定未经股东大会选举，仅由董事会会议增补的董事身份无效，这在中国的诉讼史上还是第一次。股东张鸿、姜彭年闻讯，也各自向法院起诉。浦东新区法院将这三起诉讼合并受理。由于诉讼牵涉面较广，直到1998年5月25日才凭借上海市第一中级人民法院“莫全富与姜彭年、上海申华实业股份有限公司公司决议侵害股东权纠纷案”的终审判决，给了社会一个交代：

> 本院认为，我国《公司法》明确规定了股份有限公司股东大会、董事会的性质与职权，股东大会是公司的权力机构，选举和更换董事的职权由股东大会行使；董事会对股东大会负责，执行股东大会的决议，为公司的执行和经营决策机构。申华公司第三届第二、三次董事会作出增补董事及常务副董事长决议的行为，是发生在我国《公司法》颁布实施之后，因此是违法的。申华公司章程第18条内容为“股东大会闭会期间，董事人选有必要变动时，由董事会决定，但所增补的董事人数不得超过董事总数的三分之一”的规定不仅违反了《公司法》，而且与我国《公司法》颁布前股份有限公司设立以来的有关政策、法规亦是相悖的。因此，该公司章程规定不具有法律效力。国家对原有股份有限公司主要内容依照《公司法》进行限期规范，但这并不允许在规范期限内继续可作出违反《公司法》的行为。申华公司第三届董事会作出增补董事的决议，超越了我国股份有限公司董事会的权限，违反法律，侵害了股东的权益。

上述文字摘自民事判决书（1998）沪一中民终字第171号。这次终审判决让“申华事变”画上了一个句号。在君安的斡旋下，达成了“瞿建国是董事长，由他召集、主持1996年12月7日的董事会临时会议”的共识。三新公司方面表态，退出申华董事会。

“申华事变”发生以来，召开过多次董事会临时会议，不是瞿建国一方的5名董事缺席，就是李伟荣一方的6名董事缺席。12月7日的董事会临时会议，是“申华事变”后，第一次11人全部参加的会议。虽然谈不上相逢一笑泯恩仇，但同桌而坐，至少也表明了一种和解的愿望。

根据12月7日董事会临时会议达成的共识，申华公司发布公告称：根据董事长工作需要，选举董云雄先生为公司副董事长，协助董事长工作；根据公司管理需要，聘任康晓阳先生为公司总经理，董云雄先生不再担任公司总经理职务；根据董事会工作需要，聘任杨焕凤女士为董事会秘书，李伟荣先生不再担任董事会秘书职务。

1997年1月7日，李伟荣向董事长瞿建国、总经理康晓阳递交辞呈：“尽管在本人的主观意愿中早已将申华视作欲为之奋斗一生的最佳舞台，并与之建立了一种难以割舍的特殊情感，尽管本人对自去年四季度以来围绕大股东入主申华而引发的公司高层之事的介入，其出发点完完全全是为了公司利益，然而时至今日，面对难以回避的现实，尤其是基于对维护公司大局利益的考虑，我不得不非常遗憾地做出选择——为尊重董事长瞿建国先生的意愿，本人同意离开申华公司。”

1997年4月，上海申华实业股份有限公司董事会发布《上海申华实业股份有限公司1996年年度报告》，在“持股5%以上股东变动情况”中，写明：

君安投资发展有限公司分别于1996年11月20日，11月21日，11月25日，12月11日六次增持本公司股份，现已持有本公司股票计27191934股，占公司股份总额的15.91%。

广州三新实业总公司分别于1996年10月23日和11月4日二次增持本公司股份，现已持有本公司股票计12600000股，占公司股份总额的7.038%。

根据这份年度报告，君安在“申华事变”后期局势已定的情况下，仍在大举买入申华股票，显示了对申华公司未来发展的期待。无意与君安相争的三新公司，在进入1997年后，开始逐步减持申华股票，至1997年12月31日，已从7.038%减持到了0.50%，在十大流通股股东中排名第三。值得一提的是，排在三新公司之前的，是持股0.69%的瞿建国。

至此，轰动证券江湖的“申华事变”告一段落。君安赢得了申华公司的控制权，三新公司赢得了资金，那瞿建国呢？

据《中国股市疑案：申华事变》记载，有人问瞿建国：“你觉得，走出了‘申华事变’，公司的损失是多少？”瞿建国久久不语，长思之后，沉重地回答：“损失了一年多。”

第四节　君安变故华晨入主

君安入主申华后，瞿建国摆脱了一线日常管理，专心从事董事会决策工作，公司治理结构渐渐向瞿建国理想中的现代企业制度靠近，但不久君安张国庆身陷囹圄，出现重大变故，迫使瞿建国重新从二线走向一线。申华董事会一致同意以9.2亿元人民币收购华晨在美国纽约股市上市的51%股权。瞿建国等董事集体辞职。

一个"优质偶像"的垮塌

1997年5月13日，申华公司举行股东大会暨1996年度会议，选举产生了第四届董事会董事：瞿建国、杨骏、康晓阳、华菊耀、奚鸿根、陈耿、李静、朱文忠、董云雄。四名新董事杨骏、康晓阳、陈耿、李静，全部来自君安，康晓阳同时还担任申华公司总经理。

1997年6月14日，申华公司董事会召开四届一次会议，选举瞿建国为公司董事长，选举康晓阳、李静为公司副董事长。

1998年1月6日，董云雄辞去董事职务，出自君安的石波于1998年2月8日经股东大会临时会议，被选举为董事。

毫无疑问，君安公司是1996年末"申华事变"的最大赢家。但他们并不仅仅满足于"赢"。

1996年，君安将视野锁定上海市场。"申华事变"是一个绝佳的机会，杨骏主导的"闪电战"在上海市场一战成名，一时间无人不知君安。

据财经记者仇晓慧所著的《私募江湖》（中信出版社，2010年版）：张国庆与杨骏勾勒了君安金融帝国的蓝图。在他们看来，君安的投行业务，目标直指美林证券；设立资产管理公司，目标直指高盛；设立风险投资，直指KKR集团（老牌的杠杆收购天王，金融史上最成功的产业投资机构之一）；设立研究所，直指野村证券。投资入主申华，也是这张蓝图中的一块拼图，其目的是缔造中国版的伯克希尔·哈撒韦（世界著名的保险和多元化投资集团）。

当年，王石的万科参股申华，买到5%就收手了；三新公司雄心勃勃地要派代表来上海当申华的董事长，但买到7.038%也收手了。只有君安在买到7.063%成为第一大股东后，仍然不收手，一路买到了15.91%。截至1997年12月31日，申华十大流通股股东的后9家，持股比例相加只有2.89%，造成持股15.91%的君安一家独大。这样的操作风格带有明显的君安色彩，既然认准了，就用绝对实力，彻底击溃所有潜在对手。

行事彪悍，在市场上惯用“闪电战”击溃对手的君安，是20世纪90年代市场上的一个“优质偶像”。1993年至1998年间，君安共为100多家企业承担A股、B股上市及配股业务，筹资总额近300亿人民币。1996年至1997年，君安投资的四川长虹和深发展，分别成为沪市和深市最牛的股票。至1997年底，君安的总资产达175亿元，利润7.1亿元，名列全国第一。

“眼见他起高楼，眼见他宴宾客，眼见他楼塌了”，这是孔尚任《桃花扇》里的盛极而衰，君安也是如此。

1998 年，有关君安正在悄悄进行 MBO 的举报，引起了监管部门的注意。

MBO是“Management Buy-Outs”的缩写，译为“管理层收购”，是公司的经理层利用借贷所融资本或股权交易收购本公司，从而引起公司所有权、控制权、剩余索取权、资产等发生变化，以改变公司所有制结构，通过收购使企业的经营者变成企业的所有者。

当时MBO是一种国际同行的股权改造方式，但在国内很少有人实践。一种较为普遍的看法是，国企实行MBO，若监管不力，会使国有资产流失。事业已臻巅峰的张国庆并没有这种顾虑，他想要的，是最终实现对君安证券的控制权。

根据后来曝光的材料，在张国庆的操控下，君安职工持股会变成君安证券的实际控股股东，持股比例达77%，其余的国营股东中，最大的一家股权也被降低到7%左右。而君安职工持股会的两大股东“新长英”和“泰东”，幕后操控人都是张国庆的团队。张国庆只用了一年半的时间，就把中国最大的证券公司改造成了一家由私人占大股的证券公司，国有公司仍在君安拥有股份并分得红利，但其权益被大大稀释。

1998年7月，审计结果查明，张国庆等人“账外违法经营隐瞒转移收入”的总额在12.3亿元左右，张先后动用5.2亿元，获得君安约77%的权益。有关部门认定，张国庆涉嫌“侵吞国有资产，将国有资产变相转入私人名下”。1998年9月，他以“虚假注资”和“非法逃汇”等罪名获刑4年。

随着张国庆的锒铛入狱，杨骏也淡出投资界，君安这个券商界的“优质偶像”轰然垮塌。1998年，上海的国泰证券公司接管了君安证券。1999年，君安证券与国泰证券公司合并为国泰君安，合并后的注册资本达37.3亿元，总资产300亿元，成为当时国内最大的证券公司。

和年轻的君安说再见

1996年，杨骏倾君安所有，重仓买入深发展。经此一役，君安自营资金规模从数亿元飞涨至数十亿元。杨骏曾对采访他的《财经》杂志记者表示：“原因无他，只是发现深发展1997年每股利润1元，股价最低时低至6元，PE不到10倍，更了解到它高速成长，隐藏了很多利润。”

1996年12月11日，第六次举牌后，君安拥有了申华公司15.91%的股票。此前，杨骏在君安最得力的助手康晓阳已出任申华公司总经理。杨骏希望申华公司成为另一个深发展，他也说过要使申华成为“中国最好的上市公司”。

回顾申华公司1996年至1998年的三份年度报告，大致可以厘清君安参股申华后，对申华公司进行的一系列改造。有的改造，如手术刀般的精准，有的改造并没有设想中那么完美。

1996年的申华公司年度报表，是君安成为申华第一大股东后发布的第一份年报。虽然年报中提出“公司拟对现有业务进行全面重整，在重塑新的公司目标和发展战略的基础上，定出长期生存的公司政策”，但整体而言，还是萧规曹随，朝着瞿建国既定的“形成以金融大厦为基地、以客运出租为纽带、以能源电力为动力的公共事业产业群体”这个大方向，稳步前进。前任总经理董云雄曾是铁路上海站副站长、龙门宾馆总经理，有着丰富的社会资源，由他继续掌舵申华公司最大的项目——申华金融大厦。

经过一段时间的磨合，1997年的申华公司年度报告显示公司正式进入“君安时代”。君安系的杨骏、康晓阳、陈耿、李静成为董事，康晓阳、李静被选举为副董事长。申华公司的创业元老中，顾天禄、王凤娣不再担任董事，顾天禄被选举为监事。杨骏等4名君安系的董事平均年龄只有31岁，让出董事位子的顾天禄45岁，王凤娣58岁。

1998年1月6日，申华公司召开第四届董事会第二次会议，同意董云雄辞去公司董事职务，并责成其配合新任领导班子处理有关金融大厦建设中存在的遗留问题；聘任石波为公司常务副总经理，聘任丁伟、肖华为公司副总经理，协助总经理工作。石波和肖华当时分别只有29岁和31岁，是君安培养出来的“少壮派”，40岁的丁伟长期在君安系最活跃的海南、广东工作。

1997年5月12日，申华在上海宾馆召开股东大会（左起：康晓阳、瞿建国、杨骏）

1998年3月8日，申华公司第四届董事会第三次会议在君安的大本营深圳召开。会议接受申华公司另一名元老奚鸿根辞去公司董事、副总经理职务的请求。退下来以后的奚鸿根，和顾天禄一样，被选为申华公司监事。

一系列的人事变动，让人眼花缭乱，君安系人才战队的强势加盟，让申华公司董事会的董事们平均年龄一降再降。1997年的一次会议上，43岁的董事长瞿建国看着身边32岁的杨骏、31岁的康晓阳，感慨万分：“君安，这家中国证券市场最富创新能力和最具实力的证券公司派出一批年轻、高学历的人才，踌躇满志地接手申华的经营和管理。我作为董事长，可以离开管理第一线，专心从事董事会的决策工作了。”

1997年9月24日，申华公司出资3000万元在上海黄浦区成立上海华安投资有限公司，该公司经营范围为股权投资、投资策划、参股控股、收购兼并企业。这笔投资，被认为具有明显的君安风格。

1998年3月8日，申华公司第四届董事会第三次会议审议并通过了一项决议，内容为“提请股东大会授权董事会行使金额不超过最近一次经审计的公司净资产10%的资金、资产运作及重大合同的审批权”。由君安系控制的董事会将获得更大的权力。

不得不说申华公司这些年轻的君安系高管们眼光是独到的，一旦看准了，运作起来绝不拖泥带水。1997年和1998年，申华公司分别出资2560万元和2470万元，受让安徽国祯能源股份有限公司1600万股法人股份和四川绵阳湖山电子股份有限公司法人股1300万股。这两笔投资，对于丰富申华公司的产业结构，大有裨益。就连退居二线的瞿建国也认为，这两笔收购在投资成熟的高科技项目方面取得了可喜成果，有助于公司控股的产业结构逐步调整。

自1997年开始，申华公司对各子公司按行业相近的原则，进行重组、合并。申华公司最重要的项目——申华金融大厦的建设，在完成结构封顶，进入设备安装和装修阶段后，因为某些原因，一度出现停顿。而始于1988年、申华公司曾经的核心业务——客运，也被放入“买方市场”。

1998年6月26日，申华公司召开第四届董事会临时会议（通信表决），决定以协议转让方式向上海市浦东汽车运输总公司出让申华公司全资所有的申华客运公司，转让总价为7200万元。

一旦转让成功，手握7200万元资金的申华公司，很可能还会有更大的动作。但所有的一切，都终止于1998年7月。君安高层出事的消息传到了上海，传言很快得到了证实。瞿建国获知，董事长兼总经理张国庆等人因“账外违法经营隐瞒转移收入”，已被有关部门控制。

1998年7月23日，国泰证券和君安证券发布了依法合并的联合公告。1998年8月11日，申华公司在上海召开第四届董事会第四次会议，聘任余紫秋为总经理，康晓阳不再担任公司总经理职务。余紫秋同样出自君安，是申华公司第一大股东君安投资发展有限公司的法定代表人，在“申华事变”后期，曾经协助杨骏，修补瞿建国和李伟荣等人之间的关系。1999年8月18日，国泰证券与君安证券正式合并成国泰君安，时任证监会期货部主任的姚刚担任合并后的国泰君安总裁，而张国庆、杨骏、康晓阳均不在合并后的国泰君安高管之列。申华的未来再一次面临了巨大的不确定性。

1998年8月28日，申华公司监事会召开扩大会议，针对公司在近期经营管理中存在的一些问题，以及如何规范公司运作，进行了专题讨论。瞿建国说：“在公司当时经理层的一直要求下，我开始接受公司的经营管理工作。我深知肩上的担子十分沉重。”1998年11月10日，申华公司在上海召开第四届董事会临时会议，正式聘任董事长瞿建国接替过渡性质的余紫秋，兼任申华公司总经理。

瞿建国深知，资本市场是残酷的，君安这棵大树倒下了，覆巢之下安有完卵，君安在申华15.91%的持股，将成为资本哄抢的目标。瞿建国绝对不允许这种情况发生：“这些资本都有短期逐利的本性，不会更多考虑企业的长期发展。而且，我不能接受的是，今天你买了我的股票，就希望我改变，明天另一个人买了我的股票，又要求我改变，那怎么行啊!”

寻找新的大股东，需要慢工出细活，让停滞的经理班子恢复运转才是火烧眉毛。瞿建国以总经理的身份出山后，着手做的第一件事情，就是让申华客运公司的转让事宜重回谈判桌。瞿建国赞同董事会做出的“出让公司的出租、客运业务，回收现金”的决定，但因为种种原因，交易方不再是上海市浦东汽车运输总公司，而变成了上海强生出租汽车股份有限公司。

在与上海市浦东汽车运输总公司协议解除了《产权转让合同》后，申华公司将拥有的上海申华客运公司100%的股权、上海浦华出租汽车公司100%的股权，打包转让给上海强生出租汽车股份有限公司，转让价格分别是7200万元人民币和6680万元人民币。

也许瞿建国的精力、学历都不如君安系的那些年轻人，但他身上有着那些年轻人所不具备或者很少具备的品质：愈是逆境，愈是顽强。有段时间，瞿建国经常把“少年时人家吃花生米，自己吃花生壳”的经历挂在嘴边，苦不苦，想想当年的花生壳。每一次逆风而行，瞿建国都会觉得自己将变得更强大，事实也确实如此。

在11月10日的第四届董事会临时会议上，申华公司董事会达成共识，决定尽快采取措施，引入成熟、高科技的项目，以完善公司的业务结构，保证公司持续、稳健地发展。在7天后的又一次董事会临时会议上，审议通过了两项决议，决定收购上海中路实业有限公司51%以上的股权，决定收购江西科环电子技术有限公司60%以上的股权。特别是后者，瞿建国认为科环不仅仅是一个概念，如果注入资金，使之成为优秀的高科技企业不会是一句空话。

中华与强生出租汽车签约仪式

时间临近2000年，千禧年来临带来的种种担忧和挑战，让信息化数字化的前景和未来成为人们关注的话题，这让一向喜欢创新、热爱新生事物的瞿建国意识到，未来信息科技产业将成为上市公司竞相发展的目标。他之所以看中江西科环电子技术有限公司，不仅仅是因为他们拥有一个在当时观念超前的校园网教育软件项目，而且科环公司还可以分拆为独立的、富有发展前景和想象空间的项目，其中包括当时在业内已经小有名气的

“江西之窗”网站、教育软件开发公司、系统集成公司、测控技术公司和三维动画制作中心等。

瞿建国的动作很快，这一刻，他想到的是“申华事变”后期，杨骏主导的“闪电战”：兵贵神速、当机立断，集中最优势的资源，最大限度地为自己赢得主动，避免因夜长梦多而把自己陷入困局。杨骏这个年轻人，真的很优秀，在太多方面，值得学习。

由于（国泰）君安已经不再把申华作为未来发展的重点项目，杨骏、康晓阳为申华制定的“中国的伯克希尔·哈撒韦”战略自然也不会去落实。杨骏、康晓阳这两个年轻人因为和张国庆有着千丝万缕的联系，被迫淡出君安。1998年12月，申华股东大会免去了杨骏、康晓阳申华公司董事的资格，根据大股东（国泰）君安的提议，（国泰）君安证券有限责任公司董事、风险控制委员会主席谢荣兴，（国泰）君安证券有限责任公司上海总部总经理张伏波被推荐为董事候选人。

谢荣兴曾经是万国证券公司黄浦营业部的第一任总经理，瞿建国曾在他的请求下购买了1000张认购证，后来谢荣兴转投君安证券上海分公司任副总经理，和瞿建国私人关系不错。

不过，因为种种原因，关于选举谢荣兴、张伏波出任申华公司董事的议案，在股东大会上因未获得足够的选票而未获通过。

1999年1月15日，君安派出的石波和肖华被免去申华公司副总经理的职务。

1999年4月19日，申华公司中最后3名君安派出董事石波、肖华、李静的辞职申请，获得股东大会的批准。

君安，自此成为申华公司最熟悉的陌生人。康晓阳、石波、肖华这些人，在沉寂了一段时间后，在私募界重出江湖，后来都成为赫赫有名的私募大佬。

和年轻的君安说再见，不是一件容易的事。但，这就是成长的代价。

2001年，“君安事件”平息后，杨骏重出江湖，成立晓扬投资管理公司，主要投资于香港股市。2009年6月23日，杨骏因肝癌去世，终年44 岁。“错愕！惊叹！悲伤！”作为杨骏旧部，著名的私募大佬但斌在其博客上写下沉痛悼文，感叹一个时代结束了。

和年轻的杨骏说再见，不是一件容易的事。但，这就是人生的无常。

这已经不是第一个年轻的企业家朋友因肝癌离世，瞿建国的震惊和心痛，也为他今后从事细胞科技产业埋下了种子。

华晨团队，申华最后的机会

1999年3月12日，《人民日报》刊发了一则新闻，题为《上海法院受理深圳君安状告上海申华案》。大股东（国泰）君安和董事长瞿建国的矛盾，因为媒体的介入，公开化了。

报道称："深圳市君安投资发展有限公司对上市公司、上海申华实业股份有限公司股东大会决议和公司投资不满，诉之法院，要求判决股东大会决议无效，追究公司法人的法律责任，追回非法投资人民币6000万元。日前，上海市高级人民法院受理了这起我国首例大股东状告上市公司的经济案件。"

其实，这份诉状的递交日期是1999年1月14日，上海市高级人民法院于1999年1月27日正式受理。大股东深圳市君安投资发展有限公司在2月9日对案件受理进行了公告。3月2日，申华发布公告称：已收到上海市高级人民法院邮寄送达的（1999）沪高经初字第2号《应诉通知书》及起诉状副本，将正式聘请律师参与诉讼，并提交正式答辩状。

1999年4月19日，华晨在上海体育馆召开股东大会

大股东（国泰）君安将上海申华实业股份有限公司和瞿建国，分别列为第一被告和第二被告。在大股东（国泰）君安递交诉状的第二天（1月15日），君安系的石波、肖华被免去申华公司副总经理职务，申华公司的公告称，此举系“根据公司工作需要，经总经理瞿建国先生提议”。

时间点上的巧合，媒体报道的突袭，难免让人联想到这会不会又是一次“申华事变”。

回溯这起诉讼，种下因果的，是1998年12月19日举行的申华公司股东大会。在这次股东大会上，君安派出的杨骏、康晓阳因为众所周知的原因，被免去申华公司董事之职，而获得大股东（国泰）君安推荐的谢荣兴、张伏波的董事任命被否决，造成申华公司的董事从9人减少至7人，其中，来自君安的5人减少至3人。

接下来发生的事，让大股东（国泰）君安觉得无法接受。在1998年12月21 日召开的第四届董事会临时会议上，以通信表决方式以4票同意，通过了出资6000万元收购江西科环电子技术有限公司30%股权的议案。由于（国泰）君安一直反对这个方案，这很容易让人联想到瞿建国在之前的股东大会上是不是做手脚，让（国泰）君安在申华董事会代表的人数从投票优势（拥有9票中的5票）变成了劣势（拥有7票中的3 票）。

瞿建国则认为，当时的局面是，申华的客运业务已经出让，科技项目因故无法进来，大股东（国泰）君安新掌门人已经不再把申华作为其战略发展的重要伙伴，无人为申华公司负责。根据此前股东大会的决议，董事会可行使不超过最近一次经审计的净资产10%的资金（即6000万元）、资产运作及重大合同的审批权。所以，即便大股东（国泰）君安的个别人一直在反对收购江西科环电子技术有限公司的股权，这次收购在程序上也是合法的。

不过，这次被《人民日报》“点名”的诉讼，虽然在事后成为多本《公司法》辅导教材的案例题，但实际上并没有酿成第二次“申华事变”。后经多方势力的介入、斡旋和平衡，这起诉讼最终以较为平和的方式，得到了解决。

值得一提的是，诉讼平息前后，原告（国泰）君安已经正式更名为国泰君安。经过长达一年的调整和重组，1999年8月18日，我国注册资金最大的证券公司——国泰君安宣布成立。而第二被告瞿建国也完成了人生中的一次重大抉择。

瞿建国所要做的这件最重要的事情，和中国第一家在美国纽约交易所上市的国有企业概念股华晨汽车（NYSE.CBA）有关。

在最短的时间内，瞿建国和华晨谈妥了合作。瞿建国出面，走访了浦东新区、黄浦区以及上海市政府的领导，表示申华和华晨的合作，可以为上海促成一个拥有自主知识产权的汽车项目。

1999年3月17日，申华公司第四届董事会第六次会议于在北京召开，会议审议并一致通过了向珠海华晨控股有限公司，收购其所持有的华晨汽车（NYSE.CBA）51%股权的方案。这部分股权合计887万股，作价9.4623亿元。

为了取得大股东国泰君安的支持，瞿建国表示，目前申华董事会中所有7名董事，包括他在内，全部辞职，同时由董事会推举8名主要来自华晨公司的新董事候选人。

华晨公司的入主，交换条件是瞿建国辞去董事长职位，退出申华董事会。瞿建国在《“600653”在购并中前行》（收录于《回眸中国股市 1984—2000年》）一文中表示：“也许这个动作太大了，也许这个弯子转得太急了，也许华晨公司在国内太不为人知晓，也许……总之，申华的收购计划并不被人理解。”

当时有位股东责问瞿建国：申华是否值得用这么多的钱，去收购华晨公司的股票？

瞿建国的回答是：如果这笔交易被世界上其他汽车强人知道，那么成交价格就不会是9亿元人民币，而可能是9亿美元。

然而，因为种种原因，这笔收购最后并未成功。华晨启动了B方案，从被收购方转为收购方，并立刻付诸行动。

申华公司于1999年4月11日发布董事会公告：“根据本公司大股东君安投资发展有限公司的通知：该公司的股东：国泰君安证券责任有限公司和深圳君安财务顾问有限公司已于1999年4月11日与珠海华晨控股有限责

任公司、上海华晨实业公司签订了股权转让合同。该转让完成后，珠海华晨控股有限责任公司和上海华晨实业公司将持有君安投资发展有限公司100%的股权，间接持有本公司15.19%的股权，特此公告。”

从申华收购华晨，变成了华晨收购申华，瞿建国对结果感到遗憾：“如果那位责问我的股东碰巧打开电脑，在互联网上看到华晨公司的股票复权价格已经近50美元的话，不妨再想一想如果申华收购华晨成功了，结果会怎样。”

董事长“裸辞”，申华告别瞿时代

1999年3月8日，申华公司发布了一则公告，连标题带数字，一共104个字。对于绝大多数人来说，这则公告是走过场，然而对于瞿建国而言，这则公告，他已等了很久很久。

这是一则迁址公告，104个字中的最核心部分是“本公司自1999年3月8日起正式迁入上海市宁波路1号申华金融大厦14楼办公”。

1999年3月26日，瞿建国邀申华新任总裁苏强在“申华大厦”会见媒体

瞿建国对申华金融大厦的情愫，在20岁不到的时候，就已经种下。当时，瞿建国就在想，以后能在南京路、北京路上有一个自己的门面就好了，这是他的一个小愿望，对谁也没有说过。后来申华公司有钱了，就在位于宁波路、四川南路、江西中路、天津路之间的钻石地块，造起了申华金融大厦。

1994年12月29日，申华金融大厦破土动工的时候，瞿建国说，这幢大厦以后要做世界500强的总部。他把当时申华公司经理班子的第一把手总经理董云雄和第二把手常务副总经理马俊，都派到了工地上。

1996年1月8日，申华金融大厦顺利完成大底板浇捣。然而就在这个月，瞿建国和太阳海之间激战正酣，上海申华工贸发展总公司（小申华）失去了申华公司第一大股东的位子。

1996年11月29日，申华金融大厦完成结构封顶。此前一天的11月28日，君安投资发展有限公司第三次举牌，坐稳申华第一大股东的位子后，“申华事变”基本告一段落。

1999年3月8日，申华公司总部迁入申华金融大厦。这个月最重要的事情是瞿建国宣布辞职，不仅辞去总经理的职务，连带董事、董事长的职务也一并辞去。

很多人把瞿建国的辞职决定，归结于一次利益交换。瞿建国也可以不走，他曾经赢过一次“申华事变”，他用实际行动证明过，没有人能逼迫瞿建国辞职。

瞿建国曾经饱含热情地说：“申华已经融入了我的血脉。”王石也曾说瞿建国是一个农民，守着申华董事长的位子，就像是守着自己的一亩三分地。申华是瞿建国一手创立的，王石说瞿建国守着一亩三分地，王石自己又何尝不是如此？创业者把所创立的企业当成是自己的孩子，董事长的位子就是家长的位子，岂有随随便便把家长位子拱手让给他人的道理？

但这种观点，又有悖于“以完善的企业法人制度为基础，以有限责任制度为保证，以公司企业为主要形式，以产权清晰、权责明确、政企分开、管理科学为条件”的现代企业制度。

“申华事变”前，瞿建国曾经非常倚重的王建也说过：“一个企业不能只有一个思想，发出一种声音，企业只能有一个决策，但这个决策来自于各种思想的融合。”王建曾担任中共徐汇区委政策研究室副主任、宣传部副部长，瞿建国一直认为他看问题的角度很新颖，但那一次他没有接受王建的批评，而是同意了王建辞去申华公司董事、常务副总经理的请求。

当时，王建辞职，是为了警醒瞿建国。现在，瞿建国完完全全地醒了，在事关申华前途命运的十字路口，他终于做出了决定。“申华只能有一个董事长，而这个董事长就是瞿建国”，这句豪迈的话语曾经出自瞿建国之口，现在又被他亲手抛进了历史的故纸堆。

瞿建国想通了，放手并不代表热爱已经冷却，相反，正因为仍是热烈如火，才最终这样做了。

在3月17日的申华公司第四届董事会第六次会议上，瞿建国说：“我的追求是让我创办的企业在企业制度改革和某个产业领域中成为一个有意义的角色，申华不仅仅是一个公司制度模范的执行者，还有可能成为一个民族工业崛起的载体。”

1998年，申华实业被《亚洲周刊》评选为中国大陆100大上市企业第五名

这次会议通过了10项决议。其中第8项是“决定聘任苏强先生为公司总经理，瞿建国先生不再担任公司总经理职务”。第10项是“决定于1999年4月19日召开公司股东大会1998年度会议”，股东大会的审议内容之一，就是“审议关于公司董事会现任7名董事集体辞职的报告并选举新的董事会成员”。

会议提请股东大会批准董事会7名现任董事的集体辞职请求，并选举潘洪萱、曹雪涛等人为公司董事。

值得一提的是，时年35岁的曹雪涛教授后来成为我国著名的免疫学家、院士、中国医学科学院院长，为瞿建国创建原能细胞科技集团埋下了伏笔。

瞿建国是“裸辞”，法定代表人、董事长、总经理、董事的位子都不要了，甚至“名誉董事长”的位子他也没有考虑过。

1999年4月7日，瞿建国赴沈阳参观金杯生产线

对于瞿建国而言，这样的“裸辞”并不是第一次。上一次“裸辞”是在1986年12月，他辞去了孙小桥乡管理委员会副主任、乡工业公司经理的职务，当时他在辞职信中这样写道：“通过我的这一行为，将申华公司保存下来，并使之发展、壮大、腾飞。”

现在，瞿建国的“裸辞”，同样是希望达到“将申华公司保全下来，并使之发展、壮大、腾飞”的目的。作为利益交换，瞿建国知道，这样做可以让一直对他耿耿于怀的大股东国泰君安心安，可以放心地去和华晨谈合作，这对申华是最有利的。

1999年4月19日，申华公司召开股东大会，审议通过了包括瞿建国在内的现任7名董事集体辞职的报告。其中，同意有55746125股，占出席会议股份总额的89.8%；反对344433股；弃权5983442股。瞿建国正式结束了他在申华长达13年的董事长任职。

瞿建国从汉口路340号上海市黄浦体育馆的申华公司股东大会现场慢慢踱出来。

正午的阳光，刺灼着他的瞳孔。在一片金黄的迷蒙中，瞿建国并没有坐上他的专车。

从汉口路340号到宁波路1号申华金融大厦，步行只要10分钟。瞿建国想一个人走走。

这个时节，川沙镇古城公园的桃花应该开了，加拿大埃德蒙顿的冰雪也差不多融化了。儿子正在加拿大阿尔伯塔大学读书，知道父亲这次要在加拿大住很长一段时间，他很高兴。

春光静美，万物复苏。

明天，又将是一个新的开始。

3

第三次创业

2001—2014

创办人生第二家上市公司：开能环保

1999年，一个偶然的机会，瞿建国发现了全屋净水设备这一环保产品，并将其引进中国，为国人提供健康的饮用水设备，开始打造自己的环保产品版图。2011年，瞿建国创办的开能环保设备股份有限公司（300272）在创业板上市，这是他创办的第二家上市公司。开能系列产品先后出现在北京奥运会、上海世博会、上海世界游泳锦标赛等国际性舞台。2018年，瞿建国引进战略合作团队，公司改名为“开能健康”，朝着整合全球全屋净水设备市场，做全球行业翘楚的目标进发。他自己再次华丽转身，开始人生第四次创业，逐鹿细胞生命科学领域。

第一节　买别墅发现的巨大商机

医生曾经断言，瞿建国只能活到45岁。1999年，瞿建国45岁。这一年，他离开了一手创办的申华股份，来到加拿大温哥华开始退休生活。他买下了温哥华西区54街的一栋漂亮的别墅。想不到，这栋别墅居然蕴含着一个巨大的商机，就此打破瞿建国平静的生活，“创业老兵”再次折腾，开始了又一段精彩的人生。

迎接老朋友来温哥华

1999年岁末，人类又一个新千年即将来临。加拿大的温哥华到处是一派喜庆的景象。这座全加拿大第三大的城市，背靠冰川覆盖的海岸山脉，面向风景秀丽的乔治亚海峡，被誉为绿色住宅城市。

1994年，瞿建国来到阿尔伯特省的埃德蒙顿市，后来发现温哥华的气候很好，风景宜人，便又在温哥华买下了一套三居室的房子。

离开了自己一手创办的申华股份，瞿建国的心里有着莫名的惆怅，也有些许轻松的宽慰。从17岁创办社队企业开始，瞿建国一直忙忙碌碌停不下来。他的身体也一直不大好。2015年5月24日，瞿建国在他的微博里这样写道：“熟人都知道瞿建国10多岁得血吸虫病，19岁患晚期肝硬化、肝腹水导致脾脏切除，五脏不全，免疫力低下，身体长期不好，医生预言其寿难过45岁。且38岁那年又确诊纵隔肿瘤，这场恶病又将其折磨得死去活来。”

1999年，瞿建国45岁，到了医生预言的一个大限。这一年，华晨团队接盘申华股份，瞿建国退出江湖。他终于可以放心，剩下的时间就交给家人，过上几年以前不敢奢望的退休生活。他把一切都安排在了温哥华，甚至买下一辆奔驰汽车，准备带着太太和孩子一起在加拿大广袤的原野上尽情旅行。也许，这也是自己对家人的一种补偿吧。

瞿建国用过的工作车辆可谓千奇百怪，他甚至开过拖拉机和消防车。

有很长一段时间，他开的是一辆安徽生产的奇瑞牌汽车，这是一辆普通得不能再普通的汽车。而他用过的最好的汽车，也不过是美国的林肯、日本的丰田皇冠。中国有些上市公司的董事长，喜欢低调行事。湖南大湖股份的董事长罗祖良，也常年开一辆价值十几万元的神农富康。瞿建国的儿子瞿亚明说，父亲一直反对买豪华进口汽车，后来创办开能环保，等混合动力的汽车一上市，就要求公司的用车要买混合动力的汽车，一是环保，二是便宜。杨焕凤说，瞿建国不是买不起豪华汽车，而是舍不得买。但买起公司设备来，瞿总花钱可大方呢。

瞿建国是这样解释自己购买奔驰汽车的理由："第一，这是用我自己的钱买车，不是花上市公司的钱买车；第二，中国人在加拿大不能太寒酸，该要的面子还是要的。"

华晨团队接盘申华股份是瞿建国的一个战略性决策。为了让新的团队更好地开展工作，瞿建国提出了原来申华股份的董事会成员全部退下来，包括他自己，一退到底。既然大家退下来，做出了牺牲，瞿建国就千方百计地为这些多年来和自己一起打拼江山的老兄弟们安排好退路。愿意去加拿大的，由他来办手续。不愿意去加拿大的，瞿建国也一一尊重他们的意愿，妥善做出安排。

申华大酒店的总经理孙忠鸣因为长期经营宾馆，认识了一些朋友。当时，上海的房地产市场开始热了起来，一位朋友介绍号称"浦东古北"的联洋社区中的一块住宅用地给孙忠鸣，就是后来证大集团开发的水清木华项目。孙忠鸣希望转行做房地产，但自己又没有启动资金，就找瞿建国商量。

瞿建国明确表示反对。他在2014年8月10日的微博中这样写道："模式有两种。赌商模式：这是投机、赌博、竞争厮杀的地方。诱惑性短命产业，成功实属偶然。这里的成功者像天上的月亮遥不可及，学业白学。儒商模式：为他人提供必需的价值，这里是勤奋努力、劳累坚持的地方。道德性百年产业，成功实属必然。这里的成功者似人间的蜡烛，实是榜样！"

华为董事长任正非也是坚决反对企业投资房地产的。据说，2000年以后，有部下建议华为随便要点地盖盖房子，"就能赚100个亿"。任正非的观点是:“做房地产,赚了大钱就不愿回来赚小钱了!”

瞿建国对孙忠鸣说,你原来在酒店里开了个啤酒屋,生意很好,川沙人也很喜欢,是不是可以再搞一个?孙忠鸣经过考察,发现当时的陆家嘴美食一条街生意很红火。他说:“瞿总,我就不去加拿大了,你帮我在陆家嘴开个啤酒屋,我就做个饭店小老板。”瞿建国二话不说,出资数百万元,帮孙忠鸣在陆家嘴美食一条街开了一个2000多平方米的啤酒屋。

孙忠鸣是1965年生人,他父母在江西支内,自己的户口也在江西,在上海借读到初中毕业,考入江西一所技校,毕业后进入江西的一家企业工作。后来考虑到在江西发展没有前途,便辞职回到上海。当时,孙忠鸣的同学顾伟雄在申华实业当总经理,在顾伟雄的关照下,孙忠鸣到申华实业当销售电缆的业务员。1989年的时候,瞿建国要求顾伟雄写一份总经理工作报告。顾伟雄想到孙忠鸣已经取得业余大学的毕业文凭,当时申华实业的大学生非常少,业余大学毕业生也属凤毛麟角,就把这个工作交给了他。想不到,孙忠鸣写的那份总经理工作报告,瞿建国评价很高,安排他当了自己的秘书。后来,申华大酒店成立,瞿建国又任命孙忠鸣为总经理。瞿建国对于他赞赏的年轻人,总是不遗余力地提拔帮助。

华晨团队还没有入主申华股份前,顾天禄负责的上海申华客运公司100%的股权、上海浦华出租汽车公司100%的股权,已经打包转让给上海强生出租汽车股份有限公司。

据顾天禄讲,强生出租方面其实当时是有意请他继续管理车队的,但一直没有正式伸出橄榄枝。顾天禄个性倔强,也不去表态。1999年5月,赋闲的顾天禄到申华大酒店当总经理。100多天后,朱文忠接任申华大酒店总经理,顾天禄再次赋闲,遂决定举家前往加拿大。

瞿建国要比顾天禄更早一些抵达温哥华。首先要解决的是房子问题。再早一些时间,金凤也来到了加拿大,借住在瞿建国埃德蒙顿的家里。瞿建国的儿子瞿亚明在埃德蒙顿的一所大学读书。顾天禄不愿意麻烦瞿建国,他希望瞿建国帮他借一套房子,不要太贵,能一家四口人居住就行。

温哥华市中心的房租较高,但周边地区的房租就相对便宜。瞿建国通过中介,在温哥华的本拿比市为顾天禄租下了一套二居室的房子,月租金是750元加币，折合人民币5000元，顾天禄感到很满意。

为了让刚到温哥华的顾天禄实现拎包入住，瞿建国破天荒地当起了采购员，他和太太奚秀芳一起进出超市，为顾天禄一家购买了所有的生活用品，这让顾天禄非常感动。瞿建国的弟弟瞿建新后来说，顾天禄年龄比瞿建国大，还做过瞿建国的领导，当初对想法奇特的瞿建国很是看不习惯，但瞿建国就是敢用他，相信他，尊重他，这是瞿建国让人佩服的地方。

加拿大时间1999年12月30日，顾天禄全家抵达温哥华国际机场。瞿建国到温哥华的汽车租赁公司租借了一辆面包车，带着太太和儿子、女儿一起到机场来迎接顾天禄一家的到来。

瞿建国知道，属于自己的退休生活已经正式开启。但是，隐隐约约间，他还有些不甘，毕竟自己只有45岁。退休应该是一件遥远的事情，却实实在在摆在了自己的眼前。

想回国找点事情做做

2000年元旦过后，金凤也从埃德蒙顿搬到温哥华来了。老友相聚，瞿建国平静的生活变得热闹起来。他经常开着自己的奔驰，带着顾天禄和金凤在温哥华市里到处游览。

瞿建国后来说："顾天禄和金凤刚到温哥华，人生地不熟。顾天禄的性格又比较内向，一个人闷在家里不行，我就是要让他们开心，适应温哥华的生活。"

瞿建国在2014年8月28日的微博里这样写道："当你尽力给他人幸福时，自己一定最幸福；当你尽力为他人谋利益时，自己一定更能获益；当你尽力助他人健康时，自己一定是健康；当你尽力帮他人做事业时，自己一定成事业；当你尽心去感恩他人时，自己一定很满足。"

随着顾天禄和金凤的到来，瞿建国想把自己在温哥华的居住条件改善一下。他的那套三居室的公寓房，除了他们夫妻两人的房间，儿子女儿各一间，有时候朋友到加拿大，瞿建国还要招待住几天，房间就不够用。

温哥华的西区环境优美，别墅成群。瞿建国和妻子奚秀芳商量，因为已经决定在温哥华长期居住，就在西区买一套像样的别墅，这样，孩子大了，朋友来了，也可以住得舒服一些。

通过报纸广告，瞿建国找到一位房地产经纪人，在经纪人的帮助下，瞿建国看中了54街的一套别墅。这是一套一层的别墅，包括地下室有500多平方米，院子也很大，关键是门牌号非常好——1196，瞿建国是1954年生人，生日是1月19日，后来他和顾天禄打趣说："还因为我有一个朋友叫顾天禄（上海话'禄'和'6'同音）。"

瞿建国感觉自己和这套房子很有缘分，毫不犹豫地买下了。他又委托经纪人帮顾天禄和金凤也找到了房子。因为一到温哥华就住在本拿比市，那边的房价也相对便宜，顾天禄在本拿比市买了一套二居室的房子。金凤则在温哥华的市中心购买了一套公寓房。

随着朋友们生活渐渐安顿，瞿建国的日子又恢复了平静，空闲下来，他想找点事情做做，充实自己无聊的日子。那时候，瞿建国的英语水平非常"菜鸟"，为了尽快融入温哥华的生活，他决定去补习英语。

加拿大开办了许多英语补习班，这种英语补习班叫 linc，可以根据每个人的英语水平，分班学习，读到毕业就基本可以进行一般的口语交流了。教学的内容无非是一些日常生活用语。瞿建国去报了个名，准备花3个月的时间，能够学会简单的生活英语，这样，他就可以独立出门，不用出门还要带人帮忙翻译了。

参加linc学习的大多是中国人。瞿建国在班里和一位来自北京的牙科医生和一位来自成都的老板成了朋友。老师在上面上课，他们在下面开小会，讨论天下新闻、国际大事，更多的是关于中国经济的未来发展。

瞿建国后来创办开能环保并在中国创业板上市，北京的牙科医生成为一个身家数亿元的国际贸易商人，而成都的那个老板也通过整合资源，成为亿万富翁俱乐部的一员。

瞿建国的这种学习态度，当然很难学进东西。有一次，老师在课堂上教购买面包的对话。这是他感兴趣的学习内容，他曾苦于语言不通，很难和面包店的营业员沟通。他饶有兴趣地听完了整堂课程，离开教室后，兴冲冲直奔面包店，准备来了个现学现卖。

面包店的营业员看着呱啦呱啦说个不停的瞿建国，两眼一瞪，不知所措。瞿建国突然感到受到了很大的伤害："自己的英语学得有这么差吗？"

他终于知道，无所不能的瞿董事长，也有短板。“连语言也学不好，那怎么在温哥华混下去？”

后来，在2014年东方卫视录制的《小善大爱》大型节目里，瞿建国谈到了当时的感受：“我在温哥华买了房子，买了车子，以为这就是我要过的日子，但总感觉自己心里空落落的，就像一棵树那样，没有长根啊。”瞿建国认为，生你养你的家乡对你认可了，那才是真正的成功。

瞿建国萌生了回国的念头。

“金雅丽”和神秘的关先生

瞿建国买下54街别墅不久，收到一封来信，信中称其家中的净水器滤材到期需要更换了。说实话，家里那个净水器安装在什么地方，瞿建国也不是很清楚。这种商业信函在国内也很多，几乎属于广告性质，瞿建国把来信随手一放，就把这件事情忘记了。

又过了一段时间，瞿建国在家里接到了一个电话。电话是一个姓关的先生打来的，他称自己不久前发了一封信给1196号的业主，提醒家里的净水器的滤材要更换了。这台净水器，就是关先生卖给1196号业主的。

瞿建国在地下室的设备间里找到了那个净水器，东西很笨拙，装在进水的总管道上，这样，全家使用的水都可以得到净水器的处理。这种净水处理装置，瞿建国还是第一次见到。那时候，瞿建国在英语补习班和朋友聊天时，已经把自己未来创业的目标锁定在环保产业、生物医药和养老产业上。

2000年前后，中国人对饮水健康问题已经十分关注。1995年，作为沪市“老八股”之一的延中实业，开始生产“碧纯”牌蒸馏水。据时任延中实业副董事长的孙岳麟介绍，当时企业为了寻找新的增长点，罗列了瓶装饮用水、汉堡包、魔方等多款产品。最后决定与一家港资企业一起合作开办延中饮料有限公司。孙岳麟说，那家港资公司为我们引进了境外的生产设备和技术，当时，境内只有药厂具备生产蒸馏水的能力。这也是大陆第一个瓶装饮用水产品。

1995年，正广和饮用水有限公司正式成立。除了桶装水，正广和也推出了瓶装饮用水。继正广和桶装水之后，中国各地出现大量的桶装水厂，几乎每一个办公室里都要安装一台饮水机，这不仅是健康饮水的需要，更体现了领导和老板对员工的关心。当时召开的各项会议，一瓶瓶装水和一杯茶，是为每一位与会者准备的标配。

在延中实业和正广和之后，法国的依云矿泉水作为奢侈品进入中国市场。邀请朋友在五星级的宾馆咖吧喝一瓶依云矿泉水成为一种时尚。

1996年，农夫山泉在浙江千岛湖问世，提倡在水源地建厂灌装，以“大自然的搬运工”的身份，为国人提供了一种全新的饮水文化。到了2000年前后，中国的饮用水市场规模发展到上百亿元人民币。

瞿建国决定亲自上门去拜访关先生，了解一下这个净水器产品。从瞿建国所在的54街驱车前往关先生的商店，大约需要20分钟的时间。这是一个前店后作坊的工场，前面是一个展示厅，陈列着各种型号的净水器设备；后面是一间工场，包括关先生在内有三四名工人在安装生产净水器。

关先生祖籍中国香港，说一口港式的普通话，经营的那家净水器商店起了个非常中国化的名字：金雅丽。关先生店里的净水器被称为全屋净水设备，只要把净水器安装在进户水的总管道上，通过特别滤料KDF过滤和高效椰壳净水活性炭的多层过滤，就能从源头阻止悬浮物、铁锈、沙土等进入家庭，能有效去除来自自来水中的余氯、重金属、有机物、颗粒杂质等，除保证全家饮用水健康外，超大的过滤流量可同时供应多个水龙头，让家庭的每个角落都能用上安全清洁的净水。

瞿建国眼睛一亮，这可是一个在中国有着广阔市场前景的产品。当年，瞿建国在孙桥乡任主管经济的副乡长时，就曾经为上海最早的净水器产品——轻工机械厂的水晶牌净水器做过产品配套。后来，孙忠鸣管理的申华大酒店引进德国鲜啤设备，设备安装完毕后，做出来的啤酒口味达不到标准，请德国专家来检查。德国专家提出自来水水质有问题，如果用自来水直接加工鲜啤，会严重影响鲜啤的口感和质量。建议申华大酒店到美国进口一台净水设备，用过滤后的自来水加工鲜啤，才能达到德国鲜啤的质量要求。根据外国工程师的建议，瞿建国联系了美国一家水处理公司，并送去了申华大酒店的水样。这家美国公司根据水质监测报告为申华大酒店定制了一套水质处理设备，申华大酒店花了700多美元的外汇指标，进口了一台美国产的净水设备，彻底解决了鲜啤的口感和质量问题。这件事情，瞿建国印象深刻，记忆犹新。

他问关先生：“你有没有兴趣去中国发展业务？中国的饮用水质量很成问题，你这个产品，是可以有很大的市场的。”

关先生关心的是瞿建国54街房子里那套净水设备的滤材更换问题。他长期生活在温哥华，对于中国大陆市场，实在没有什么具体的概念，便婉言谢绝了瞿建国的建议，但表示瞿总如果想做，他可以帮忙。

许多年以后，瞿建国已经把生产净水器的开能环保做成了中国创业板的上市公司，回想那次关先生对自己建议的婉拒，他笑着说了句意味深长的话：“我们姓‘开’，他姓‘关’，命中如此，没有办法！”

回到家里后，瞿建国莫名兴奋，他开始研究起那台净水设备。后来，他又跑到关先生的店里，采购了一套新的净水设备组装件，自己回家动手安装起来。新装的净水设备，净化后的水质似乎比原来的设备又有了提高。

瞿建国决定通过这种全屋净水设备再次创业。几十年的商场历练，使他拥有了非比寻常的嗅觉。他把顾天禄、金凤还有几个居住在温哥华的朋友召集在一起，描绘起环保产业市场的未来前景。他坚信全屋净水设备在未来10年、20年的中国，必将拥有巨大的市场。

顾天禄后来回忆说，瞿老板当初要干这件事情，我是持怀疑态度的。我们原来办申华股份，做商贸、开出租、搞房地产，就是没有做过专业的机加工，没有做过品牌产品的销售，可以说是零基础。但这些年来，只要瞿老板坚持的事情，我总是毫无保留地支持，因为他总是能够成功。而且，当时我也赋闲在家，准备在加拿大找一份工作，所以马上就加入进来。金凤当时已经在温哥华读财务管理，本身也要完成加拿大的“移民监”。她对环保产业并没有像瞿建国一样有着深刻的认识，但出于对瞿建国的相信，无条件地支持瞿建国的这一创业设想。

这次在瞿建国温哥华家里的客厅聚会最重要的成果是两项：一是决定公司化运作净水设备生产和销售；二是为未来的净水设备起了个英文品牌名Canature。瞿建国英语并不好，但他认为品牌一定要体现自然的特点。

这个品牌名可以分解为"can"和"nature",取义"能自然"。瞿建国后来为这个品牌起了个响亮的中文名字:开能。金凤的诠释是:一打开水龙头就能喝。瞿建国的诠释是:水是生命之源,是自然之能。

2001年,瞿建国创办开能环保(现更名为:开能健康)

通过关先生,瞿建国很快找到了水处理部件供应商。这是一家开设在阿尔伯塔省卡尔加里的净水设备销售商,距离温哥华有1000多公里。卡尔加里是加拿大第四大城市,经济引擎是石油和天然气,包括中石油和中石化等在内的世界级石油公司都在这里设有常驻机构。

经过10多个小时的汽车长途奔波,瞿建国终于在卡尔加里112街东南3967号找到了那家名为Good Water Warehouse Co., LTD的企业。这是一家在美国加州成立的公司,在美国和加拿大分设两家办事机构。公司在一个框架结构的仓储区里营业,在它的对面,还有几栋别墅,那里有饭店和加油站。公司外表虽然简单,里面却有着近10米的层高,大约300平方米大小,到处是林立的货架。接待瞿建国的是销售副总Ken,加拿大人,1980年起就在这家企业工作,对水处理技术、产品和行业非常熟悉。后来瞿建国邀请Ken加盟开能环保出任副总一职,他谨慎地表示了拒绝。长期负责开能北美公司业务的金凤后来回忆说,当开能产品在全球行业内风生水起的时候,Ken追悔莫及,说错过了他一生最大的机遇。

和兄弟瞿建新打了个赌

有了好的产品,市场前景究竟如何?瞿建国决定回国一趟,做个实地调研。

当时，上海已经有一款比较著名的家用净水处理设备，是上海复旦申花净化技术股份有限公司出品的“水管家”系列产品。这家公司成立于1998年，依托复旦大学、申花集团、上海创业投资公司的科技、资金、市场优势，很快取得了消费者的认可。但是，复旦申花生产的“水管家”，体积小、流量小，只能满足家庭饮水的需求，与全屋净水的概念相差甚远。瞿建国从中既看到了竞争，也看到了机会。他决定邀请几个老朋友见个面，向他们请教一下市场的前景。

1997年，时任外高桥集团总经理的杨小明调任金桥集团总经理。很多开设在金桥的外企外籍老总对他抱怨，金桥生活不方便，没有合适的住宅和学校。杨小明看准时机，提出了建设碧云国际社区的方案。不久，108栋国际一流居住标准的别墅全部建成，被外国专家一租而空。搬进新家的外国人，很快向杨小明反映了碧云社区的水质问题。杨小明对此一筹莫展。

面对老朋友瞿建国的来访，杨小明喜出望外。他说：“建国，如果全屋净水设备真的像你说的那样好，我们碧云社区108栋别墅全部装上。这不是我帮你忙，是你在帮我忙啊！”

杨小明的表态，使瞿建国心里有了底。他曾经和Ken商量过，发一个集装箱的全屋净水设备，大约在180件左右。现在，有了杨小明的108栋别墅托底，只需要再找到80个左右的买家，就基本能够实现销售。他又调研了川沙工读学校和中福会宋庆龄幼儿园等几所学校，发现学生的饮用水基本还是靠保温桶等提供，市场几乎是个空白，就更有了信心。瞿建国大胆地提出了“一所学校、一个社区、100个家庭”的销售目标。

得知瞿建国回国后，一些老朋友来看他。听说瞿建国要做全屋净水设备，纷纷问他：“瞿总，你怎么去做制造业？真的没有钱了吗？”

瞿建国说：“你看我像没有钱的人吗？”

朋友又说：“瞿总，现在什么世道？买一块地，搞个房地产，那钱来得多快！怎么你还去玩制造业？”

瞿建国笑笑：“你们做房地产，我为你们做配套服务！”

其实，当年在申华控股，瞿建国也搞过房地产，申华金融大厦、申华公寓都是当年申华控股开发的项目。房地产项目受国家政策影响大，风险难以控制，销售困难的时候一窝就是几年，销售好的时候几乎就是暴利，而瞿建国办企业的宗旨就是不赚暴利钱，要赚道德的钱。

回到上海后，瞿建国召集了他的两个兄弟瞿建安和瞿建新谈话，称自己要投资环保产品，做全屋净水设备，开始第三次创业，希望两个兄弟全力支持自己。

当时，瞿建安和瞿建新也在商量搞一个桶装水厂。瞿建新说："大哥，现在社会上流行桶装水。你那个全屋净水设备要一万多元人民币一套，上海市中心的房价才50万元人民币一套，在川沙买一套房只要十几万元，能有多少人买啊？桶装水需求量大，价格便宜，利润也高，肯定比你那个全屋净水设备好卖。不如你投资我们两个兄弟，开一家桶装水厂？"

瞿建国说："桶装水技术含量低，产品同质化严重，存在二次污染风险，而且有的塑料桶含有塑化剂，安全隐患大，现在大家一哄而上，将来未必看好。"

"老大，你提出的全屋净水理念确实新颖，但市场第一人被大家认知的可能性低，需要大量的营销推广投入，还未必有效果。桶装水市场已经成熟，只要大哥你振臂一呼，利用你创办申华控股的影响力，很快就能打开市场！"

兄弟之间，谁也不能说服谁。最后，瞿建国说："建新，这样，我们两个人打个赌。在一个星期里，我卖掉一套全屋净水设备，你跟我干；你卖掉一个桶装水，我给你投资一个桶装水厂。你敢不敢赌？"

赌约开始后，瞿建国很快找到了目标。当时，川沙工商局局长刁新权一家居住在川沙，他太太曾经是川沙医院的护士，很重视健康卫生。瞿建国利用邻居串门的机会，向刁新权的太太介绍了全屋净水设备。

"瞿总，我们现在的饮用水质量一塌糊涂，漂白粉味道很浓，洗过的衣服经常出现黄色的渍迹，你搞全屋净水设备，真是功德无量的好事啊。我相信你，预订一台！"

瞿建国至今仍清楚地记得，这是开能产品的第一个个人用户。后来，刁新权的太太又买了一台全屋净水设备。她当时办了个建筑公司，本来想买桶装水，为工地上的工人提供健康饮水，后来就用瞿建国生产的全屋净水设备，直接为工地工人制造饮用水。

通过访谈、调研、打赌、亲自销售，瞿建国对国内的饮用水市场有了切实的认识，他决定返回加拿大，落实第一批订单。

第二节 第一个集装箱一炮打响

瞿建国向Good Water Warehouse Co.，LTD公司订购了184台全屋净水设备。他把杨焕凤等老部下召集起来，信心满满地提出进军环保产业，10年后把企业做到上市。除碧云社区预订108台全屋净水设备外，闵行区的君临天下别墅小区也一下子订购了90台全屋净水设备。上海最著名的汤臣高尔夫别墅和翠湖天地等豪宅也纷纷订购开能环保的净水设备。瞿建国租下张江蔡伦路6000平方米的厂房，正式开始第三次创业。

召之即来的加枫团队

2000年下半年，原来在申华控股工作的方芳和他的丈夫李文刚一起移民来到了温哥华。李文刚是武汉人，在清华大学美术学院读工业设计专业，毕业后到上海交通大学任教。后来，方芳在瞿建国的帮助下移民加拿大，李文刚也辞职一起过来。

当时，瞿建国刚买下54街的别墅，空的房间很多，就邀请方芳和李文刚住在家里。那时候，瞿建国正在与Good Water Warehouse Co.，LTD公司频繁接触。有时候，他会和李文刚一起商量怎么创业，做好全屋净水设备。他感到李文刚在一些问题上很有见地，值得信赖。

从上海回到温哥华后，瞿建国找李文刚谈了次话，希望李文刚加盟自己的团队。瞿建国用人有他的原则，一是用一起打拼创业的老兄弟，二是用有高学历的社会精英。李文刚无疑是两者的结合，他既是老部下方芳的丈夫，知根知底，又有清华大学和上海交通大学的履历，而且现在又移民加拿大，也方便来回两头跑。

李文刚初到温哥华，也急于找工作解决生计问题，一听瞿建国的邀请，当即答应回国一起创业。这样，算上原来同意的顾天禄、金凤，瞿建国已经有了三个帮手。

瞿建国离开申华控股后，他在上海还在运转的机构只有建国基金会了。当时，建国基金会租下了浦东南路上金穗大厦18楼的一套办公室，由杨焕凤具体负责基金会的日常运作。

1999年初，华晨团队入驻申华控股后，杨焕凤留了下来，担任公司副总和董事会秘书。1999年3月17日，申华控股第四届董事会第六次会议在北京举行，杨焕凤被免去董事会秘书职务，改任公司副总经理。

2000年2月28日，在申华控股第五届董事会第一次会议上，杨焕凤正式辞去了副总经理职务，她以彻底离开的方式，翻过了自己在申华控股的人生篇章。杨焕凤除了到建国基金会工作外，还报考了中欧国际工商学院的 EMBA课程，准备进一步深造自己。

2001年春节刚过，瞿建国订购的加拿大全屋净水设备集装箱已经到港。他知道光有加拿大方面的几个人是远远不够的，便拨通了杨焕凤的手机："你那个中欧国际工商学院的书不要读了，出来帮我一起做净水器！"杨焕凤有些为难："我好不容易考上了，也付了一大笔学费，放弃太可惜啦。要不我就一边读书，一边和您创业吧。"

陈卫国是瞿建国的司机，离开申华控股后，他一直在建国基金会工作。瞿建国到上海，他就帮瞿建国开车。初创阶段人手奇缺，陈卫国义不容辞。还有瞿建国的老部下瞿佩君的先生应立中，也参与到初创团队里来。

瞿建新则是为了履行和瞿建国的赌约，成为初创团队的一员。他原来在申华控股的汽修厂工作，修车技术出神入化："我可以一听见发动机的响声，就知道汽车的毛病！"这种技术，是当年汽修工里的绝活。离开申华控股后，瞿建新除了想开一家桶装水厂，也想在汽修方面有所建树，应该说，瞿建新在某些方面已经学到了瞿建国的一些本领。未来十几年里，中国的汽车工业也有了巨大的发展，汽修和汽车销售融合成一种叫4S店的营销模式，风靡整个中国。但是，他最终还是选择和瞿建国一起开创全屋净水设备的事业："真正打动我的，还是大哥的观点。"瞿建国告诉瞿建新，我们全屋净水设备产出的净水，保留了水中的矿物质和微量元素，是活水。而许多桶装水在加工过程中，把所有的矿物质和微量元素都过滤掉了，这样的水，对人的健康是无益的。瞿建国的观点是，企业一定要赚道德的钱，不能赚暴利。

瞿建安因为健康原因，和开能环保的创业失之交臂。

黎伟民原来是江南造船厂的工人，后来支内去了广西柳州，在当地的西江船厂工作。他在西江船厂认识了跟随父母一起支内到柳州的瞿建国的表妹李玉华，然后恋爱结婚。

1993年，黎伟民和李玉华回到上海。瞿建国安排黎伟民到申华大酒店负责水电工程，安排李玉华到上海申华客运公司工作。瞿建国离开申华控股后，黎伟民到孙忠鸣的啤酒屋工作。要组装全屋净水设备，需要熟练的技术人员。在设备安装方面，黎伟民无疑是一把好手。面对瞿建国的邀请，黎伟民拍马而来。

2001年2月27日，上海加枫净水设备有限公司正式成立，杨焕凤任董事长，瞿建国任总经理。公司之所以取名为加枫，是因为瞿建国认为，公司经营的全屋净水设备是从加拿大引进的，而加拿大最著名的自然景色莫过于枫叶。这个名字，既洋气大方又清新自然，非常有特色。

诞生在100平方米仓库里的上市公司

2001年春节刚过，瞿建国跑到浦西古羊路上的万特园别墅小区，找到开发商周老板。原来，他预订的集装箱马上要到上海了，可组装的车间还没有着落。听说周老板有一个闲置的仓库，瞿建国马上来看个究竟。

顾天禄后来回忆说，所谓的仓库，也就100多平方米，好像闲置了很久，里面全是灰尘，大家光是打扫就花了两天时间。

也许世界上伟大的创业都是从简陋的仓库开始的。1901年，21岁的威廉·哈雷和20岁的亚瑟·戴维森在自家车库里改装自行车并安装动力装置，1903年，第一款哈雷·戴维森摩托车问世；1909年，雪佛兰第一辆汽车从租来的车库里诞生；1939年，斯坦福大学的毕业生威廉·休利特和戴维·帕卡德在一个30多平方米的木制车库里创办了惠普公司，后来被誉为“硅谷诞生地”，成为全世界创客朝圣之地；1975年，19岁的比尔·盖茨退学后，与高中退学的保罗·伦一起在车库里创办了微软公司的前身；1976年4月，21岁的乔布斯与好友沃兹尼亚克在自家的车库里创办了苹果电脑公司；1998年，斯坦福大学的研究生拉里·佩奇与谢尔盖·布林在租来的车库里创办了谷歌公司。2011年，开能环保通过创业板上市。有谁会想到，这家上市公司当年是诞生在一个100多平方米的仓库里的。2018年接任开能环保CEO的王铁说，他要把开能环保做成一家世界500强企业。如果真有这样一天，万特园别墅的那个仓库就具有了真正的历史价值。

在今天川大路518号开能环保产业园一号楼的二楼展示厅里，还可以看到一些万特园初创时期的照片。顾天禄会指着照片中一个露出后脑勺的人说，那个就是我。

开能最早的组装仓库

万特园仓库的组装工作持续了两天两夜，184台全屋净水设备全部组装成功。指导大家组装工作的是Good Water Warehouse Co., LTD的公司的销售副总Ken。瞿建国专程把他从卡尔加里请到上海，确保了组装产品的质量要求。

“人累到虚脱。我从来没有这么辛苦过。现在回忆起来，不知道自己哪里来的这么大的干劲。”瞿建新比瞿建国小12岁，2001年的时候，他35岁，正是年富力强的时候。有一件事让瞿建新终生难忘：“一次装配时，滤芯里的一粒钢铝合金材料弹出来，我的眼睛差点瞎掉。”

对于瞿建国的这次创业，瞿建新是十分看好的。在他的记忆里，自己的这位大哥，是一位坚忍不拔、勇于承担责任的领导者：“大概是20世纪80年代初的时候，我们桥弄大队木器厂进了一船木头，不料船进水沉到了河中。为了把这船木头捞起来，我大哥自告奋勇，赤膊下水。那是初冬时节，河水很凉，当时在河里捞木头的没有几个人，在河边围观的倒有上百个人。我大哥是心疼那些木头来得不容易，浸水时间长，木头捞上来不好使用。”一直到晚上，瞿建国带着人才把这些木头全部打捞上来，人已经冻得不行。许多老百姓主动送上了白酒、姜茶和棉被，为他们驱寒。后来出任桥弄村最后一任党支部书记、1994年合并后包括桥弄村在内的环东中心村第一任党支部书记顾培华也记得这件事。可以说在很年轻的时候，瞿建国就以自己的人格魅力赢得了乡亲们的尊敬。

瞿建新记得北京玫瑰园后来有一位业主购买了一套全屋净水设备，是知名的电影明星刘晓庆。

根据与碧云社区物业达成的协议，从2001年4月份开始，组装后的全屋净水设备分四期进入现场安装。瞿建国对安装工作提出了自己的要求：“将来的净水设备市场，服务很重要，因为客户对产品是不了解的，我们的服务能够直接影响客户对我们的态度，所以，我们在安装工作中，一定要让客户满意，使客户对我们的产品喜欢、忠诚。”开能环保独创的DSR客户服务，就是从那个时候开始形成的。

顾天禄回忆当年的艰苦创业非常感慨：“我年纪大一些，所以在安装过程中做了一些协调工作。其实我们所有人都没有全屋净水设备的安装经验。开工之前，瞿总为我们请来了万特园的工程部负责人，为我们做培训。我们这些人中，黎伟民原来在申华大酒店工程部负责过水电维修，算是有经验的。”

经过一天的紧张培训，顾天禄他们开始独立操作，到碧云社区上岗服务。

“开始的时候，由于我们缺乏经验，发生了一些事故。”顾天禄清晰地记得，有一家业主因为排污管没有安装好，导致其摆放在车库里的物品遭到了污水的浸泡。物业保安发现后，半夜12点向公司做了通报。早上5点，瞿建国就指挥安装人员到现场开会，解决问题。经过现场分析，发现是排污软管没有固定好，导致了事故的发生。还有一次，一户业主把排污软管压住了，导致污水无法排出，产生强大的压力，使软管脱落污水渗漏。

瞿建国面对在安装过程中发生的一系列问题，立即组织人员分析总结，提出了排污管应采用硬管，线路要横平竖直，管路头尾要用钢钉或者抱箍固定的操作规范。这些安装经验后来整理成文件，成为开能环保的操作规范和维修服务指南，并经过不断完善，形成开能环保的《操作手册》，成为上海水家电行业客户服务的范本。

为了帮助业主认识安装全屋净水设备前后的差异，顾天禄还总结出两个办法，供业主比较鉴别。一是安装前取一杯样水，安装后再取一杯样水，这样，可以看出原来的样水是微黄色的，而安装全屋净水设备后的样水是透明无色的。还有就是用滴剂进行比对，检测水中的余氯。安装前的样水没有除氯，加了滴剂就是有色的，安装后的样水进行了除氯处理，加了滴剂也是透明无色的。

瞿建新也在安装中总结出一套经验：冷水清，热水混，那是因为管道里有积水，要排掉积水才能正常使用。

许多业主在使用全屋净水设备后，高兴地告诉顾天禄，现在的水就像童年时喝的水，清洁自然，口感好，真的很不错。

2001年6月12日，上海加枫净水设备有限公司更名为上海开能环保设备有限公司。瞿建国对于公司更名的理由是，为了塑造一个伟大的世界级公司，公司名和品牌名必须一致，这样更加有利于市场推广和营销。

瞿建国在2014年9月23日的微博中这样写道："无论是空气污染，还是食物污染，最终还是归类到水体污染。水是生命之源，水是健康之本。这一切，既是水处理行业的机会，更是水处理行业的责任，这就是马云所指的大健康产业！"

对瞿建国来说，更名开能环保后，一个属于他的新创业时代已经到来。

拿下君临天下90套订单

碧云社区的成功销售，给开能环保的全体员工带来了极大的信心。瞿建国开始招兵买马，组建营销队伍，加快营销步伐。

张元镇是2001年6月入职的老员工，当时和她一起入职的还有司徒海文等近10人，这是开能环保最初始的一支营销团队。

2001年的上海，房地产业开始复苏，一些高档豪宅频频出现在《新民晚报》的广告上，这给开能环保全屋净水设备的销售带来了机遇。

张元镇是这样叙述他们开拓市场的经历的："我们每天翻报纸的房地产广告，或者出门走访正在开发的高档楼盘，按照售楼热线，写信寄资料给工程的高级管理人员，这样慢慢打开了市场。"

当时在闵行区银都路有一家叫君临颐和的别墅，创始人叫金银华，他在报纸上投放广告，宣传自己的楼盘是环保、健康、节能的楼盘。这个广告吸引了杨焕凤的目光，她就写了一份信寄给了金董事长。想不到金董事长很快就联系了他们，表示对全屋净水设备产生了浓厚的兴趣，希望能够具体细谈项目合作。

杨焕凤带上司徒海文，开着瞿建国的一辆老凌志车，赶到了闵行银都路的项目工地。接待杨焕凤的金总表示，对开能环保的全屋净水设备很感兴趣，也愿意在未来的别墅产品上使用，就是价格上是否能给一些优惠。从未谈过生意的杨焕凤老老实实地拿出一张纸，上面打印了价格：500套75折，200套85折，100套9折。金银华爽朗地大笑起来："看你们的样子就是书生创业，你们是国外留学回来创业吧，我也算支持你们一下，你们说购买500套以上的可以享七五折优惠，如果我们购买90套，能不能享受这个折扣？"

杨焕凤感到很意外，她没有想到事情竟然可以这样谈。还好没有写1000套什么价格。不过，如果是七五折，还是有毛利空间的，虽然还有售后安装服务的成本要包含在里面，但这毕竟是除了碧云社区以外最大的一笔合同，杨焕凤马上答应金总，给他争取这个最好的价格。她马上向瞿建国汇报后，半个小时后敲定了合同。

多年以后，杨焕凤还是念念不忘金银华的订单给销售团队带来的鼓舞和信心。受此鼓舞，团队迅速地在房地产领域取得了进展，上海滩上的知名楼盘纷纷签约，预装开能的全屋净水产品。

杨焕凤说，瞿总给开能环保制定的价格策略是以成本加适当毛利为原则，所以往往是一口价，不打折。瞿总认为讨价还价浪费时间，且会带来对客户的不公平。当然，君临颐和的成功销售，不仅仅是增加了企业的利润，它还是开能环保第一笔通过市场行为实现销售的订单。事实证明，全屋净水设备在中国有着极大的市场需求，前景是光明的。所以，这笔订单不能单纯用利润来衡量。

当时，瞿建国还住在龙东大道上的汤臣高尔夫别墅里。他敏锐地感觉到，自己的这些邻居将来会成为全屋净水设备最大的潜在消费者。每次社区搞活动，瞿建国就把笨重的全屋净水设备从公司里拿来展示。原来在汤臣高尔夫别墅，瞿建国不显山露水，因为全屋净水设备，他反而成了名人。

张元镇做了有心人，给全屋净水设备准备了书面材料，寄给了别墅的物业经理。看到资料，汤臣高尔夫别墅的开发商马上想起那个一直做展示的瞿老板，因为知根知底，先后在七期别墅项目和汤臣一品项目上使用了全屋净水设备。

由于开能环保初创阶段资金短缺，瞿建国后来卖掉了自己在汤臣高尔夫别墅的房子，把卖房得来的钱款全部投入到开能环保的创业中去。

2001年的时候，上海房地产的价格还没有起来，市场上也很少有全装修房。一般的商品房总价在50万元人民币左右，不大可能安装价格上万元的全屋净水设备，当时市场上少量的外销房和高档商品房就成为开能环保销售人员的目标客户。

“我们和外资的房地产公司谈全屋净水设备，沟通就比较顺利，因为他们理解健康用水的重要性。”张元镇有一次路过浦东的联洋社区，发现有一个叫金色维也纳的在建高档楼盘，她主动找上门去。工地上的最高负责人是一位土建工程师，他听了张元镇的介绍，很感兴趣。那时候，楼盘的同质化竞争激烈，需要找一些与众不同的卖点，才能出奇制胜赢得客户。那位工程师拍不了板，但他表示愿意向领导推荐。金色维也纳的项目经理曾经在新加坡就学，非常重视楼盘的环保品质。他请张元镇把总经理杨焕凤约来到工地详谈，最后当场拍板为所有业主全部安装开能的全屋净水设备。

瞿建新后来说，金色维也纳也不是联洋社区最大的一笔订单，水清木华后来订了1000多套，光安装就花了好几个月时间。

邵麟是2001年12月26日入职开能环保的。当时，他是上海一家钢铁厂的工人，工厂被南京一家企业兼并，他买断工龄后应聘到开能环保做销售。“开始的时候，我们都不会做销售，什么办法都尝试，包括扫楼、百度搜索，但效果很一般。”邵麟说的扫楼，就是满大街找楼盘，在建的已建的，看到就上门游说。“我们还会拨打开发商的总机电话，有时候总机不肯转相关负责人，我们还要研究分机号码，看哪个会是老板的，比如说88号分机，是老板的概率大一些。”

在这样艰难的环境下，瞿建国和杨焕凤一直扶持着这些销售员，和他们一起开会，分析客户，还把自己的朋友资源交给他们，帮助他们实现销售。邵麟的第一个客户，就是杨焕凤的朋友，当时在川沙妙境路上的苏先生海鲜的老板。因为海鲜馆要煲汤，对水质要求很高，听了杨焕凤的介绍，很快与邵麟签订了合同。

2000年以后，位于上海市中心太平桥地区的翠湖天地豪宅开始兴建。邵麟决定到那里去撞撞大运：“翠湖天地将来是上海顶级的富人区，对水质的要求肯定很高，我想一定会成功。”那时候，开能环保的印刷宣传品还没有做出来，邵麟便把产品的宣传资料打印好，送到工地。保安不让邵麟进去，邵麟只好拜托保安把资料送给相关负责人。

几个月时间过去了，翠湖天地那里一点儿动静也没有。邵麟等开能环保的印刷宣传品印出来后，又去跑了一次。幸运的是，这次邵麟遇到了一个项目工程师，他答应把材料送交给负责人。一个月后，翠湖天地的工程负责人请邵麟去洽谈。

因为是港资企业，翠湖天地对供水品质非常重视。在接触开能环保之前，翠湖天地已经与上海自来水公司达成了合作意向，上海自来水公司为翠湖天地建造一个净水池，供所有业主使用，总投资金额大约为50万元人民币。

“你们的产品理念很好，供水的品质也不错，但我们翠湖天地有273户业主，按照每户人民币一万元计算，总投资要接近300万元人民币，明显超出了我们的预算。”谈判的结果让邵麟感到沮丧。

想不到，事情后来峰回路转。在一次社交场合，翠湖天地老板罗康瑞麾下的高级财务经理陈永明认识了杨焕凤，在听到杨焕凤的介绍后，他马上回公司力荐开能环保的全屋净水设备。这是邵麟到开能环保后做下的第一笔大订单。

这些看似偶然的成功，蕴含着瞿建国对趋势的精准预测。聪明的老板根据事物发展的趋势赚钱，看似步步风险，其实一马平川。不动脑筋的老板跟着成功的人赚钱，看似一地钞票，其实到处都是陷阱。瞿建国后来也谈到，如果早几年，开能全屋净水设备这个产品也做不起来，一是环境问题还没到全民重视的高度，二是房地产市场还处在萌芽状态；晚几年做也很难，因为许多品牌都出来了，市场就这么大，再要分一杯羹，投入无法估计。

看到全屋净水设备在上海大受欢迎，瞿建国马上再次从加拿大组织进货。他感到万特园的仓库已经无法作为生产产品的车间，必须找到更合适的地方，企业才有更大的发展空间。不管是从管理成本还是从运输成本考量，瞿建国觉得浦东无疑是最佳的选择。他利用自身在浦东的资源优势，很快在浦东张江高科技园区的蔡伦路上，找到了嘉宝实业空置的6000平方米厂房。

2002年初，开能环保在张江高科技园区租用的厂房正式启用，开始批量生产全屋净水设备。

从万特园仓库到蔡伦路租用嘉宝实业的厂房建立生产车间，瞿建国用了不到一年的时间。在这一年时间里，他开拓市场，组建团队，打响品牌，建立生产系统，形成自己的服务特色。

瞿建国称自己做事“谨慎不保守”，开能环保的创业期间，充分体现出他的这种经营理念。谨慎，是一种睿智的体现，而不保守，更是一种开拓意识的闪光。瞿建国把自己20多年来在商场摸爬滚打的经验，沉淀后集中爆发，这一切表明，开能环保已经朝着一个正确的方向稳步前进了。

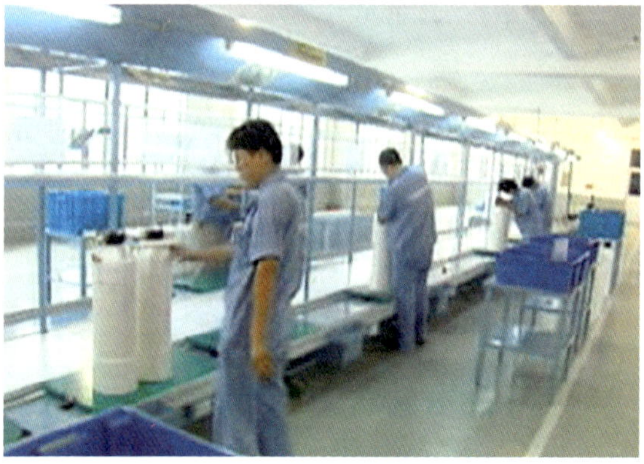

开能租用的蔡伦路厂房

第三节　成为净水器行业的“小巨人”

瞿建国在尝到全屋净水设备在中国市场的甜头后，决定走自主研发生产的道路，做大做强实体经济，使产品更加适应中国消费者的需求，同时进一步降低生产成本，为市场提供优质合理的环保产品。在瞿建国的领衔下，开能环保形成了自己从净水机到软水机的系列产品开发，攻克了滤材、阀门、压力桶的技术难关，屡获国家科技部、上海市等颁发的科技成果奖。

选中了不喜欢做销售的刘小童

聪明的人，往往从成功中看到危机。

销售团队不断传来的好消息，并没有使瞿建国安下心来，相反，他看到了很多不尽如人意的地方。加拿大进口的全屋净水设备，有许多技术不适合中国消费者。比如说滤材，因为加拿大和中国水质不同，加拿大的每5年替换一次，中国的要每年替换一次。加拿大的全屋净水设备，核心部件如阀门和压力桶等，也是从美国GE公司等采购来的，这样转手加价，成本相应就会提高，如果大规模生产，不是一笔小数目。瞿建国考虑一些标准件和通用件先用国产品替代进口品，然后整合技术资源优势，攻克阀门、压力桶的自主研发生产，寻找合适的滤芯替代品。

后来加盟开能环保的工程师范雷说，瞿总的思想很简单，就是除了标准件和原材料不做，其他的全部要实现自主生产。

2002年1月16日，在上海首届菜单式全装修住宅设计大赛上，开能环保的全屋净水设备、集团净水供应系统首次亮相，赢来参观者的关注。参展的全屋净水设备是根据加拿大Good Water Warehouse Co., LTD公司提供的基本型改进的新款，而集团净水供应系统则是瞿建国根据国内学校、机关饮用健康水困难的现状，带领团队独立研发出来的新品。

2002年1月28日，开能牌AC/KDF–1–150中央净水机第一次被认定为

“上海市高新技术成果转化项目”。

2002年4月1日，开能环保产品参加“2002·上海之春 住宅精品交易会”，受到参展宾客的热捧。

2002年5月18日，开能环保首次获得ISO9001：2000证书。

ISO9001品质体系认证对于企业内部来说，可按照经过严格审核的国际标准化的品质体系进行品质管理，真正达到法治化、科学化的要求，极大地提高了工作效率和产品合格率。

从一开始，瞿建国就要把开能环保建成一家国际化的企业。既然是国际化的企业，就要严格按照国际标准来管理。

搬到张江蔡伦路嘉宝实业的厂房里，瞿建国迫切需要组建自己的生产体系。他开始在报纸上刊登广告，迅速招兵买马。

2002年，刘小童在一家民营的通信公司管生产。这家公司主要做安防门禁系统，因为市场竞争激烈，销售不尽如人意，老板把踏实能干的刘小童安排去做销售总监。刘小童感到很累，每天的应酬让她身心俱疲，销售的指标也让她“压力山大”。

“有一次，我在一张招聘的报纸上，好像是《前程无忧》或者是《人才市场报》，看到开能环保在招生产副总，我还是想回到生产的岗位上去。说实话，那时候我已经干了两个月的销售，多次向老板提出自己不合适，要求回去管生产。可是老板坚持己见，我就萌生了走人的想法。”2002年9月初，刘小童给开能环保寄出了应聘信和自己的简历。

很快，刘小童到浦东南路上的金穗大厦开能环保办公室参加了面试。为了给对方留下一个良好的印象，刘小童精心打扮了一番，一头漂亮的长波浪，尤其是一双恨天高的高跟鞋，更是将她颀长的身材夸张到了极致。接待刘小童的是瞿佩君和唐佩英。瞿佩君是瞿建国的堂妹，1988年进入申华实业，开始做接线员，后来专门负责股东股票交割，再后来在申华实业负责财务。来到开能环保后，瞿佩君继续做财务，后来瞿建国招聘了一个上海进出口公司的财务经理，她就改做行政管理。唐佩英原来是川沙县工商局的一个文员。1992年，浦东开发开放，川沙县工商局并入浦东新区工商局，要搬到浦东大道德平路那里办公。唐佩英感觉太远了，离职后到申华股份上班。她先是帮瞿建国开车子，后来到申华大酒店做人事和行政管理。2001年，唐佩英离开申华大酒店，到川沙新东方假日酒店负责人事工作。瞿建国创办开能环保后，一个电话把唐佩英再次招到麾下。从2001年开始，一直到2018年春季，唐佩英负责了整个开能环保的人事管理工作。

那次面试，瞿佩君对刘小童的印象并不好。她的脾气有点直爽："我们企业招聘的是一个生产总监，要到车间里指挥生产的，你穿高跟鞋行不行？"

刘小童微微一笑："我穿高跟鞋如履平地。"

后来，人们把杨焕凤、金凤、瞿佩君、刘小童、唐佩英统称为开能环保的"五朵金花"。

一个星期后，瞿建国亲自打电话给刘小童："我是开能环保的董事长瞿建国，我希望能够和你见一面。"

这个电话让刘小童有点惊喜。她知道自己的履历引起了开能环保董事长的关注。刘小童是四川人，毕业于成都电讯工程学院电子系，读的是机械设计专业，毕业后曾在一家英资企业管理过生产，那是一家生产高压电器的工厂。

瞿建国问刘小童在哪里见面方便，刘小童说，自己住华东理工大学那里，见面的地点由瞿建国定。

"我住高安路。我们是否约在漕溪北路上的建国宾馆大堂见面？位置在我们中间，这样大家都比较方便。我叫瞿建国，建国宾馆的建国。这个宾馆和我有点缘分！"

这一下，刘小童记住了瞿建国的名字。

这次见面大约有两个多小时，瞿建国和刘小童的人生在此开始有了交集。纵然已经过去16年时间，刘小童还清晰地记得瞿建国告诉她的事业梦想：环保、生物医药、养老。

"未来20年，健康产业在中国具有广阔的市场。开能就是围绕健康产业来展开自己的产业版图。我们第一个切入点就是环保产品。"

刘小童迫切需要知道的是开能环保究竟是一家怎么样的企业，其次是自己在开能环保能干什么。第一个问题，瞿建国已经清晰地回答了她。

第二个问题，通过谈话，她也知道了底牌，就是组建开能环保的生产团队，实现全屋净水设备生产国产化。这是一次挑战，但刘小童却有非常大的兴趣。

“瞿总，我想了解一下开能公司的管理理念，或者说，我和你之间，按照一种什么样的规矩来做事？”最后，刘小童抛出了这个问题。企业文化的认同，有时候比企业愿景的描述更为重要。

“大概是这样，”瞿建国思考了一会儿，告诉刘小童，“如果一件事情，你提出来，我同意，出了问题，我负责；如果一件事情，你提出来，我没有表态，出了问题，各自负责一半；如果一件事情，你提出来，我反对，但你依然坚持去做，出了问题，你负责。”

瞿建国话音未落，刘小童和瞿建国不约而同笑了起来。刘小童已经明白了瞿建国的风格：充分授权，勇于担责。这种思路很前卫，会给管理者很大的想象空间。她决定正式加盟开能环保。

又是半个月时间过去了，加盟开能环保的事情好像搁置了下来。刘小童也不好打听。正在犹豫间，唐佩英又打电话来了，说是公司总裁杨焕凤要面试她。

刘小童又一次赶到浦东南路上的金穗大楼。她和杨焕凤都是那种干实事的人 ，两个人一见如故。杨焕凤仔细询问了刘小童关于生产的流程和工艺，中午还请刘小童吃了一顿饭。后来，刘小童还参加了开能公司的中秋派对，第一次融入了开能环保的大家庭中。

瞿建国后来说到为什么选择刘小童时，他的理由是，在数十名应聘者中，既有生产管理经验又有市场营销经验的应聘者只有刘小童一个人。刘小童做梦也没有想到，自己两个多月阴差阳错的销售总监经历，成为瞿建国最后选择她的理由。

2002年9月20日前后，刘小童正式入职开能公司，出任生产副总一职。她开始全面了解开能环保在生产管理方面的现状。那年夏天，开能环保在张江蔡伦路厂区的二楼车间添置的第一条“TUOYE牌”装配线正式投入运行。说是车间，就是4个工人，一个生产班组，每天组装各类全屋净水设备10台左右，可以说是真正的作坊式生产。

理想很丰满，现实很骨感。面对这样的局面，刘小童开始规划企业生产的未来。第一是要解决零部件的国产化配套问题。第二是要解决产品量产化的问题。如果靠每天组装10台全屋净水设备的量产，开能环保要成为世界级的净水设备制造企业的梦想，那将遥不可及。

既然来了，就把事情做好。刘小童开始搭建生产框架。她组建的第一个部门就是采购部，在国内寻找非核心部件的供应商。刘小童发现，公司的仓库只有一个保管员，全部靠人工台账管理，要通过账册找到一个零部件十分困难。刘小童开始到处寻找相关的电子管理软件，来替代仓库的手工记账。很快，刘小童寻找到了一款企业资源计划系统软件（ERP），实现了仓库的电子化管理。

解决采购部的组建和仓库的电子化管理问题，是刘小童构建开能生产系统的第一步。接下来，刘小童为全屋净水设备的所有零部件建立BOM清单，并把它们输入电脑系统。所谓BOM清单，就是物料清单（Bill of Material， BOM），是指产品所需零部件明细表及其结构。具体而言，物料清单是构成父项装配件的所有子装配件、零件和原材料的清单，也是制造一个装配件所需每种零部件的数量的清单。

瞿建国默默地看着刘小童工作。他对刘小童的要求是不要急，把基础工作做好，慢慢来。可以说，在2005年以前，刘小童的工作重心就是不断完善企业的生产系统，使之形成一个完整的链条，形成自己的生产能力。

在实现生产的电脑管理后，刘小童开始组建质量部，建立企业的生产标准，从原材料采购开始，加强质量检测。组装车间的人员也渐渐增加到了七八名之多，每天的生产能力也达到了四五十台。

刘小童还为产品的安装服务制定了相关标准，一切都朝着正规化的方向转变。开能环保成为一家名副其实的制造业企业。瞿建国在很多时候说，开能环保的强项是研发和服务，不是销售。他一直对员工讲，我们是农民出身，农民就是要把田种好。所以，开能环保从一开始就定位在制造业实体企业上。许多年以后，中国的许多实体企业面临着倒闭的风险，瞿建国的开能环保却全面进入了工业4.0时代。这和他当初的战略规划不无关系。

在理顺生产秩序的同时，瞿建国要求刘小童尽快解决滤材的替代问题。用在净水器里的滤材，一般分为KDF铜锌合金滤材和活性炭滤材两种，而活性炭滤材又分为椰壳、果壳、木壳和煤炭三种。其中，椰壳滤材是最好的，价格也是最贵的。用来做滤材的椰壳，不是平常食用的椰子，而是一种专门种植用来做滤材的椰子。开能环保最初合作的椰壳滤材供应商是由Ken先生介绍的，价格偏高，也达不到5年更换的要求。瞿建国决定先解决椰壳滤材的替代品问题。

对于供应商问题，后来负责过这方面工作的奚品彪称，瞿建国有一个观点：能川沙做的就用川沙做的；川沙做不了的，就用浦东做的；浦东做不了的，就用上海做的；上海做不了的，再用中国其他地方做的。

刘小童开始在国内寻找椰壳滤材的供应商。进口椰壳体积大，运费高，还要加上关税，刘小童发现，海南岛的椰壳材料也不错，这样，她到网上寻找到了一家生产椰壳滤材的供应商。刘小童为开能环保建立的椰壳滤材供应商一共有三家，一家是主供应商，在上海，还有两家是副供应商，一家在福建，一家是进口的。椰壳滤材的价格比原来加拿大代理的下降了30%。

2007年以后，国外许多椰壳滤材供应商找到开能环保，希望和他们合作。在椰壳滤材领域，也有一些大的公司垄断着市场。瞿建国的思路是，希望和大公司合作，一是有实力背书，二是价格上有竞争优势。这样，开能环保和美国的一家滤材公司签订了合作协议。

瞿建国对滤材要求的苛刻，使这家在全球滤材行业占据龙头地位的美国企业也无法满足，最后，他们在供货达不到开能环保的技术要求后，按照协议赔偿了60万元的违约金。

在2010年以前，开能环保已经彻底解决了椰壳滤材的供应商问题。美国的一家世界级滤材公司和福建的一家滤材公司成为其稳定的合作单位。“滤材质量直接关系到水质的安全性和可靠性，我们必须对开能的用户负责！”瞿建国非常欣慰，尽管走了弯路，付了学费，但开能环保在滤材的选择上终于走上了正轨。

瞿建国在2015年1月20日的微博里这样写道：“开能环保，将铸就最好的企业，聚集最好的员工，给予最好的待遇，制造最好的产品，核定最好的价格，吸引最好的客户，提供最好的服务。最好，就是企业之价值观。最好，就是为他人着想，并不断地使他人获利。最好，就是尽力服务他人的同时，不断地检讨、改进并完善自我。”这是他的肺腑之言。

2003年，瞿建国感到租来的工厂不够用了，是时候建立一个自己的工厂了，他的目光依然锁定在浦东。尽管外地一些政府给了他很好的条件，他还是在川沙经济园区选了一块地。他的心还在浦东，还在家乡。

2004年8月8日，开能环保园内10379平方米的研发、实验生产基地一期工程基建完成。

2004年10月1日，开能集团总部搬迁到位于川沙川大路518号的开能产业园。刘小童称，瞿建国规划的企业战略开始发力。这种发力的具体表现是，企业的销售额每年以30%~50%的速度递增，这是一种极为罕见的现象。后来出任生产部副总经理的乔火明回忆说，2007年他加盟开能环保的时候，企业年销售额只有3000多万元人民币，到了2017年，已经达到了近8亿元人民币。

与GE水处理公司专家合影（左一为刘小童）

这种发展模式，需要企业家具有良好的心态和远大的战略目标。李连杰在回忆马云和自己合作开公司的事情上，曾经说过这样一段话：“马云先生要求我们合作的公司，3年内不能盈利，5年内亏损不能超过一个范围。”企业的发展都有一个过程，超越这个过程，弯道超车就可能演变成弯道翻车。在这一点上，瞿建国和马云一样深谙此道。

在瞿建国强化生产能力的同时，王建信、陈小功、陶峰、乔火明、范雷等工程师陆续加入开能环保研发团队，开能水与火研发中心也建成投入运营。净水器产品、壁炉产品形成系统，核心部分阀门和压力桶的研发生产不断完善，智能化制造和机器人车间建设被提上议事日程。

2004年12月，开能环保获上海市浦东新区人民政府批准为“浦东新区企业技术开发机构”。

2005年2月，开能集团董事长瞿建国先生被上海市科委等部门、单位评为“2004年度科技创新领军人物”。

搬进了新厂房、新大楼，开能环保开始了新征程。刘小童说，瞿总就像一个高明的围棋手，随处下了几手闲着，慢慢到了中局，各个棋子的力量综合发挥了出来。可以说，开能环保有今天，和瞿总当年的布局谋篇密不可分。

2006年以后，刘小童更多地关注于供应商和产品质量成本控制方面的关系。她不断引进新的供应商，与老的供应商形成竞争，这样做的结果就是产品成本不断下降而质量不断提升。“我们有一个控制管，原来的不良率是百分之零点几，后来下降到万分之几，这就是强化供应商管理带来的好处。”

2014年，为企业生产系统的建立殚精竭虑的刘小童，完成了她在开能环保的历史使命，到原能细胞出任副总，跟随瞿建国又一次创业。

阀门研发，走过山路十八弯

在开能环保，瞿建国有两个身份，第一个是公司的创始人，第二个是公司的总工程师。

在中国，有几个比较著名的木匠出身的老板，一个是红星美凯龙的车建新，一个是月星环球港的丁佐宏，还有魅族科技的黄章和隆力奇科技的徐之伟。这些老板都有一个共性，就是对技术和品质的要求堪称苛刻。

在开能环保，没有一个人像瞿建国这样了解全屋净水设备的结构和性能。“我做过木匠，机械的原理是相通的。”有人质疑瞿建国做总工程师是否沽名钓誉，瞿建国的回答平静实在。

全屋净水设备最为关键和核心的部件是控制阀。开能环保使用的控制阀，开始是采购美国GE公司的阿祖图品牌，后来，开始采购美国Pentair

公司的Fleck品牌。

从企业规模来讲，美国GE公司在世界500强企业中名列前茅，而单纯从净水设备的阀门制造来说，Pentair公司绝对是全球老大。

瞿建国的思路是，越是核心的东西，越要自己来做。

陶峰是2002年底到开能环保工作的。他的加盟有点戏剧性。在大学，陶峰读的是机电一体化设计，毕业后到一家水处理设备工厂做技术。那是一家生产家用蒸馏水机的企业，产品基本销往国外。陶峰的朋友钱平本来介绍另外一位工程师去开能工作，后来不知道什么原因，那个人去不了，只好问陶峰愿不愿意去。那时候，他在欧圣家具公司做钢结构设计，这个活他特别不愿意干。

陶峰在张江蔡伦路嘉宝实业的厂房里找到瞿建国。那时候，开能环保百事待兴，特别需要各种人才。陶峰了解蒸馏水机，又是读机电一体化专业的，所以瞿建国把他留在了设计部工作。

“当时公司要参加一个展会，在会上要发介绍产品的折页，里面需要几幅手绘的产品结构图。我到开能环保干的第一个活就是手绘产品结构图。”陶峰画出的图纸后来出了差错，已经印上了折页，瞿建国发现后，马上叫市场部的人连夜画好，重新印刷折页。这件事对陶峰的影响很大，因为瞿建国自始至终没有批评过他一句话。在一些企业，容错和纠错是一件特别困难的事情。荣誉都让领导带走，责任都由员工来扛。瞿建国后来说，年轻人都会做错事，做错事不会死人。每个人都有长处，也都有短板，要允许年轻人犯错，也要宽容年轻人犯错。

陶峰把心留在了开能环保：“大概是2003年的时候，瞿总就提出来要研发生产控制阀。后来发生了一系列的事情，证明瞿总当时的决策是准确的。”陶峰口中的“后来发生了一系列事情”，其中一件事是当年开能环保向美国Pentair公司采购控制阀，一年超过了3000个，引起了当时中国区负责人阿尔伯特·宋的关注。宋派人到开能张江工厂了解情况，称帮助开能解决控制阀应用技术方面遇到的问题。美国供应商来访，开能技术人员毫无戒备地把详细的使用情况介绍给了他们。几个月以后，开能的销售人员在客户那里就遇到了麻烦。某地产商在采购净水设备时，问销售人员：“你们的产品是不是从Pentair买的呀？他们的销售人员来找我们，说他们是直接进口，还比你们的便宜。”

怎么回事？美国企业还兴这个？抄自己客户的后路？

震惊之余，瞿建国迅速启动了自主研发的计划。

瞿建国力主自行研发控制阀的另一个目的是，无论是GE公司生产的控制阀，还是Pentair公司生产的控制阀，都是用于工业水处理的，不适合家用，也不大适合中国的水质，而这两家公司也不可能为开能环保单独研发新的控制阀。

2002年，瞿建国带领团队开始自主研发控制阀。他的起点很高，那时候，他已经看见未来智能化在工业制造上的重要性。他提出：“我们研发的控制阀，要走智能化的道路。”

陶峰加盟开能环保后，很快参与到控制阀的研发工作中来。“瞿总买来许多阀门，我一一把它们拆开，仔细研究它们的结构和工作原理，慢慢了解了控制阀的技术特点。”之后开始设计自己的阀门结构。

一直到2006年，开能环保在控制阀的研发上才取得重大进展。“我们吸取了美国GE公司和美国Pentair公司控制阀的优点，在结构上加以改进。”陶峰所说的改进，主要是把原来控制阀220伏的电压改成了12伏，把原来的螺旋式接口改为卡式接口。改为卡式接口后，连接更加快速，密封性也更好。开能环保把这个控制阀命名为BNT-65，俗称“65阀”，这是开能环保研发的第一代控制阀。

在研发65阀的基础上，瞿建国带领团队又接连开发出75阀、85阀、95阀，这些控制阀在性能和质量上都有所提升，尤其是智能化的操作界面设计，给行业注入了一股清流。

其实，早在2005年的时候，瞿建国也想过委托国内一家企业研发生产控制阀。他打听到温州有一家叫润新的企业专门做控制阀，特意和杨焕凤一起到温州考察，发现无论是产品性能还是质量，都无法满足开能环保的配套需要。这样，瞿建国决定狠下心来，自己把控制阀做大做强。

“我们真正在控制阀研发上取得成绩，还是从研发软水机的控制阀开始的。”工程师陈小功回忆说。2008年的时候，开能环保开始搞软水机的控制阀。“那时候，我们对所有控制阀的结构都有了深刻的理解，对控制阀和工作环境的关系也有了深刻的把握。”

软水机是一款在欧美市场比较流行的水处理产品。欧美家庭里广泛使用涉水电器，咖啡机、热水炉、洗碗机、洗衣机、烘干机等，对水的软硬度要求很高，水质较硬的情况下，容易损伤电器造成故障，这催生了海外软水机巨大的市场需求。其中，控制阀在软水机里的作用十分关键，它要智能控制加工软水的盐分的分量。盐分能生成软化水质用的胶换树脂，树脂少了，就起不到软化的作用。这样，就必须再通过控制阀加入盐分，使软化水质的胶换树脂保持在正常的峰值。

陶峰说：“瞿总那时候几乎每天白天处理公司事务，晚上就来我们研发中心办公室坐坐，看我们操作电脑做设计，有问题我们都找他讨论。他经常会提出一些新思路，让我们设计或供我们参考。”自2004年10月1日搬到川大路518号新厂房后，瞿建国一直没有一间属于自己的办公室。后来负责过企业行政事务的奚品彪说，在一号楼的7楼给瞿总搞了张办公桌，他也从来没有去用过。瞿建国管理企业的理念是主管负责制，倡导“蚂蚁工厂，蜜蜂企业”。他认为像开能环保这样的中型规模企业，不能像大型国企一样，搞金字塔式的管理，管理必须扁平化。他提出的“蚂蚁工厂”的理念，就是要员工像蚂蚁一样，发现食物马上招呼大家一起帮忙，不要层层汇报贻误战机。而他自己就像勤劳的蜜蜂一样，穿梭在企业的各个角落，发现问题，帮助员工及时解决问题。

许多上市公司老总喜欢把自己的办公室搞得豪华气派，但是，在中国的上市公司老总中，像瞿建国这样没有办公室的董事长可谓独此一家。

“有一次，晚上我们加班，瞿总来到我们办公室，和我们一起讨论研发工作。因为场地比较小，大家就坐在地板上开会。突然间，我有点感动，我居然和一个身家数十亿元的老板，就这样一屁股坐在地板上研究工作。什么是创业精神，我想大概这就是吧。”在研发人员中间，陶峰是跟随瞿建国时间最长的一个，许多细节到现在他依然记得清清楚楚。

当时，阀门的制作材料已经从无铅黄铜换成了塑料，控制阀的材料成本和加工成本都大幅降低了。

在软水机的控制阀上，有一个叫射流器的组件十分关键，它在控制调节盐水功能中具有决定性作用。为了取得射流器的公差配合，瞿建国带领技术团队整整试验了4年时间，积累了无数的数据，终于攻克了这个技术难关。这个控制阀后来被命名为BNT–85HE，是开能环保生产的具有世界水平的控制阀。

2005年，陈小功来到上海。他原来在合肥工作，因为女朋友大学毕业到上海，他也马上辞掉工作，追随而来。

“2005年7月的时候，我到上海光大会展中心的人才招聘市场找工作，看见一个摊位上有一个外国人在招聘，就跑过去投了简历。”那个外国人是瞿建国的好朋友，知道他要去人才市场招聘，瞿建国就委托他代招几个外语好的。

和陈小功一起投送简历的，还有后来成为开能环保国际市场部经理的付敏。

在通过杨焕凤和瞿建国两轮面试后，陈小功很快入职，加入到阀门和产品研发的工作中去。

2008年的时候，瞿建国决定自行研发一套新的阀门。原来的以BNT–65为基础研发的控制阀，都是在软水机使用的控制阀基础上改进的。这些控制阀具有控制盐分的功能，要用到净水设备上，就必须改进其结构，但这样就增加了控制阀的生产成本，而且净水效率不高。瞿建国想做一款真正用于净水设备的控制阀，而这种控制阀，全球尚无一家公司研发生产。

“有一天，瞿总拿了一大摞他手绘的图纸，告诉我要尽快把净水设备用的控制阀搞出来。”陈小功是后来那组命名为BNT–63控制阀研发的第一个参与者。

瞿建国对于产品的研发和创新，永远是提供方向性的东西。他喜欢画一些草图，来向技术人员传递自己的思想。瞿建国画图时，从来不用直尺之类的工具，完全是手绘，线条笔直。每天早上4点，瞿建国就起床冥思，他的许多管理和技术上的创新，常常就这样诞生在黎明前的黑暗中。有了设计灵感，随手拿张纸，就画了起来，有的是星巴克餐巾纸，有的是飞机上撕开后的纸质垃圾袋，用过的纸张各式各样。杨焕凤说：“每次和瞿总去海外出差，10多小时的飞机上，瞿总会在他能找到的任何纸上画草图，往往是到了目的地，他的新产品构思草图也画好了。看到董事长如此勤奋，我们自己也不好意思不勤奋点。”

瞿建国关照陈小功：“关键是转轴和阀体，这些细节一定要搞清楚。”

2008年的时候，开能环保已经拥有了正版的3D设计软件，这款软件帮助陈小功很快完成初始设计。

“确实，在研发过程中，最大的难点是转轴。我们在这个上面吃尽了苦头。”陈小功有时候挺佩服瞿建国的，他对问题的考虑非常周全和超前。

在控制阀的设计中，转轴的材料十分关键。一开始，陈小功选择了聚苯醚（PPO）。PPO是20世纪60年代发展起来的一种高强度工程塑料，无毒、透明、相对密度小，具有优良的机械强度，尺寸稳定性好，但使用时间一长，有应力开裂的倾向，会发生轴颈断裂的现象。后来换成尼龙材料，但尼龙吸水性强，容易膨胀，会导致阀门胀死，无法工作。最后，陈小功选择了PPO与玻璃纤维混合的材料，才彻底达到了设计要求。与BNT–65系列控制阀相比，BNT–63控制阀最大的改变是将原来的平板结构改为鼠笼格栅结构。

后来研发的BNT–85HE控制阀，则已经具有了人工智能的能力，它将传统的数码管改成了彩屏控制管，具有界面漂亮、图表可视化、用户可自行编程、可远程传送数据的特点， 通过手机微信联网，用户可以在全球任何有通信信号的地方，远程操控这台净水设备。2017年开始，在开能环保的微信公众号上，通过小程序用户就可以实现远程操作。

2002年，瞿建国在控制阀的研发上提出了智能化的目标。这一步已经成为现实。瞿建国非常自信地认为，全球水处理控制阀市场已经处于三分天下的格局，除了美国的Clark Cooper公司、Pentair公司，还有就是中国的开能环保。

2009年4月，开能环保研发的BNT型中央水处理系统全自动多路控制阀获上海市重点新产品证书。

2010年5月，开能环保研发的BNT中央水处理系统全自动多路控制阀获得国家重点新产品证书。

2011年3月4日，开能牌BNT75系列多路控制阀获中国家电科技进步奖。

2012年1月，开能环保研发的自动多路控制阀获上海市专利新产品证书。

2012年2月7日，开能环保自主开发的多路控制阀通过瑞士通用公证行（SGS）验证。

2012年10月31日，开能环保自主研发的自动多路控制阀被上海市高新技术成果转化认定办公室认定为高转项目。

瞿建国与研发团队讨论产品的研发（左至右依次为陈小功、孙瑛、瞿建国、刘国华、王建信、袁永照、陶峰）

2014年7月10日，开能BNT系列控制阀获NSF低铅认证。2015年9月21日，开能环保自主研发的95阀获得欧盟CE认证。

创新的大幕在开能升起，却永不落幕。对于瞿建国和他的团队来说，创新，才是生存和发展的唯一之道。在自己的领域里，一定要瞄准世界最先进的目标，永不放弃，永不停步，才能成为行业里令人瞩目的“小巨人”。

“星光闪耀”的新品开发之路

2002年，开能环保租下张江蔡伦路上嘉宝实业的厂房时，瞿建国就决定改进从加拿大引进的全屋净水设备。

净水器压力桶里的滤材需要定期冲洗。如果用自来水冲洗，会对压力桶造成二次污染。瞿建国的改造工程就从这个“软肋”开始。

瞿建国的思路是，改单桶为双桶，一个桶先放自来水进来净化，然后用净化后的水冲洗另一个桶。反之，另一个桶也可以净化自来水，来冲洗第一个桶。这样做的好处是，净水设备的流量更大了，二次污染也避免了，缺点是净水设备的体积大了，比较占地方。这是一次颠覆性的革命，要对外国产品的结构做一个破坏性的改造，全球净水设备都没有这个先例。

“有一次，瞿总把美国GE公司生产的控制阀里的一根凸轮轴拿过来，要我打磨掉第一个凸轮。”陶峰是这次颠覆性革命的亲历者。那根凸轮轴上有好几个凸轮，通过凸轮的运行，带动控制阀工作。每个控制阀只能管一个桶，要把两个桶联动起来，产品上没有这样的结构。

美国GE公司对它生产的控制阀是提供保修服务的，但前提是必须维持它原来的设计，只要有一丝变动，GE公司就会拒绝提供免费保修服务。

陶峰忠实地执行了瞿建国的指令。令他感到不可思议的是，磨掉一个凸轮的控制阀，最终实现了两个桶的联动。

这是瞿建国神奇的地方。而王建信的出现，使这种神奇成为可能。

2005年，王建信还在美国ITT集团下面一家水处理公司做工程师。有一天，他接到了一个电话，对方说，自己是开能环保公司的HR主管唐佩英，收到了他投寄的个人信息，希望王建信到开能环保参加面试。

王建信是同济大学环境科学专业的博士，擅长城市水处理技术。2003年博士毕业时，他有机会留在同济大学做老师，但是他对按部就班的校园象牙塔生活毫无眷恋之心，希望到社会上去，这样会有更多的实践机会。

当时很多企业都在城市污水处理方面投入了大量的资金和人力。美国ITT集团下面那家水处理公司进入中国市场不久，为了生存到处承揽工程。王建信来到公司后，天天忙于绘制工程图纸。这种重复劳动，对于一个期望通过社会实践不断提升自己专业能力的高端技术人员来说，毫无成就感可言。有一次，王建信在网上看到了开能环保的招聘信息，便把自己的简历投送到开能环保的电子邮箱里。

王建信说，他当初的选择是对的。和美国ITT集团下面那家水处理公司同时起步的碧水源、万邦达等中国公司，因为在城市污水处理上的坚持不懈，后来都成为上市公司。

面试王建信的是瞿建国。在王建信以前，开能环保几乎没有招聘过一个真正水处理专业的技术人员。瞿建国对王建信很满意。在面试中，特别询问了王建信关于实验室的问题。那时候，开能环保已经建立了自己的实验室，来监控产品生产出来的净水质量，但距离真正意义上的水质监控，还缺乏很多世界级的技术和手段，这让瞿建国特别着急。恰巧，王建信在同济大学读博士的时候，参与了实验室的管理工作。面对瞿建国的发问，他对答如流，还提出不少建设性的建议。

王建信入职开能环保后做的第一件事情，就是建立完善水质实验室。瞿建国提出，对采购来的材料和加工后的产品，都要有检测手段来控制质量。原来的实验室使用的是瓶瓶罐罐的化学实验方式，检测手段落后，检测数据不可靠。王建信提出了一揽子的采购方案，要求购买世界上最新、最先进的检测仪器。瞿建国完全同意，并拨款数百万元。这样，开能环保的实验室不但成为同行业中最先进的实验室，后来还成为第三方委托的检测机构。

王建信入职开能环保后做的第二件事情，是在产品研发上提出了子母星的理念。当时，开能环保的双子星全屋净水设备，加工后的水质是完全一样的，没有分质供水的概念。王建信提出，在全屋净水系统中，有些水是饮用水，品质要求更高；有些水是家庭生活用水，品质可以差一点，不要造成不必要的浪费。可以根据家庭实际生活需要开发一款产品，它能同时处理两种水质，实现分质供水。其中一道是粗滤，提供除饮用水以外的其他用水，还有一道是精滤，专门生产饮用水。精滤过的饮用水，也能保留各种矿物质。它也是用两个筒，但有大有小，所以称作“子母星”。瞿建国觉得这个创意很好，马上组织技术人员攻关，做出了样品。

王建信的专业意见解被采纳，让他感到欣慰。原来的全屋净水设备使用的是两层滤材。一层是以椰壳作为活性滤芯，椰壳具有广谱性的特点，对去除有机物污染、去除氯气、脱色具有很好的功用。但椰壳滤芯也有一个天然的弱点，就是容易繁殖微生物，从而产生菌藻。而为了解决这个问题，就必须采用铜锌合金作为第二层滤芯。铜锌合金还能很好地去除水质中的重金属物质。为了在分质供水时为客户提供更好的饮用水，王建信提出了在饮用水一路再加上一层膜技术、陶瓷滤芯或者精密过滤滤芯，这样大大提高了饮用水的品质。开能的全屋净水设备就是采用了这种设计。

全屋净水设备虽然不是一个高科技的项目，但王建信感觉自己喜欢做科研的想法在开能环保得到了实现。因为在这里，有一个喜欢创新的BOSS，有一个愿意倾听他想法的董事长，有一个全力支持他实现梦想的创业领袖。

2006年5月19日，针对中国水质研发的专利产品双子星系列全屋净水机、子母星系列家庭厨房净水机获得上海市高新技术成果转化项目认定。

“这是第一代双子星产品和子母星产品。”陈小功参与了第二代双子星产品和子母星产品的研发工作，主要是把原来使用的美国GE公司生产的控制阀改为双球阀，这样，结构更简单，集成度更高，由于球阀采用天津一家公司的产品，成本也降低了很多。

“到了2010年的时候，瞿总发现双球阀产品存在一定缺陷，主要是球阀的使用寿命不长，超过5年就要老化。还有球阀在污水环境中工作能力弱。这样，我们开始研发第三代双子星产品和子母星产品。”

双子星产品和子母星产品在一般的家庭中，与单桶的净水器相比，还难以区分其效率。2007年5月、6月，太湖爆发了严重的蓝藻事件，造成无锡全城自来水污染，生活用水和饮用水严重短缺，超市、商店里的桶装水被抢购一空。2007年6月4日，瞿建国决定向无锡大桥中学、无锡聋哑学校赠送净水机，解决学生饮水问题。6月15日，瞿建国、杨焕凤带着开能环保的安装服务人员，为无锡江南大学装上了净水饮水机，以应对蓝藻事件，解决该校师生饮水问题。

2009年1月10日，开能环保新的研发中心大楼落成启用。中国工程院院士李圭白和瞿建国一起为新研发中心揭牌。一大批有生力量加入了开能环保。王建信也凭借自己出色的专业能力，成为研发中心的主任。开能环保的研发工作进入了一个迅速发展的时期。

2007年捐赠现场（右二为瞿建国）

这一年，还发生了一件特别的事情。第三军医大学承接了一个国家项目——对长江三峡大坝建立前后的水质进行调研。瞿建国看到这条新闻后，产生了一个想法，希望委托第三军医大学课题组对各种水质进行跟踪调查，为开能环保的全屋净水设备提供一个真实的验证数据。

通过朋友介绍，瞿建国和王建信赶赴第三军医大学，和当时该校的校长罗长坤将军深谈，并与第三军医大学舒为群教授领导的实验室达成合作研究的协议。舒教授团队经过长达18个月的动物实验及数据采集及分析，在2012年出具了对开能全屋净水的检测报告，认为开能环保全屋净水设备生产的净水在部分指标方面表现很好。舒教授团队的开创性研究论文后来发表在美国科学院出版的《科学》杂志上。

2015年4月1日，双子星净水机DSR-2F型、AC/KDF×2型被认定为上海市高新技术成果转化项目。这已经是第三代的双子星产品和子母星产品，使用了开能环保自行研发的BNT系列控制阀，可靠性有了大幅的提升。

开能环保还有一款特别有价值的产品，就是软水机系列。开能环保做软水机的时间很晚，一直到2007年，销售部的徐光耀为企业带来一笔1000万元的生意，为德国一家企业做ODM的软水机。ODM是原始设计制造商的缩写，是一家厂商根据另一家厂商的规格和要求，设计和生产产品。受委托方拥有设计能力和技术水平，基于授权合同生产产品。

李圭白院士与瞿建国一同为新落成的开能研发中心揭牌

瞿建国在研发上的持续投入，后来为企业在OEM（原始设备制造商）和ODM方面的不断发展提供了坚实的基础。到了2018年，开能环保的OEM和ODM产品占其营销份额的45%，其中大部分在欧洲和北美市场。

舒为群教授（左四）、王占生教授（右四）等水处理专家来访开能

陈小功全程参与了软水机的研发工作，从第一代CS1开始，一直研发

到最新一代CS17。“国际市场上，像我们开能环保有这么多型号软水机的生产厂家很少。”陈小功说，国外的软水机，就是几个基本型号，选择的余地很少。像开能环保这样，每年推出几个新型号的，实属少数。

杨焕凤说，软水机及其配件在开能环保的销售中，已经占据了三分之二的份额。

创办壁炉公司，形成“水与火”的交响

加拿大气候寒冷，冬季取暖以壁炉为主。

瞿建国买下的温哥华54街的别墅，里面有一个大大的壁炉。他很喜欢这个壁炉，瞿建国在2014年9月4日的微博里这样写道：“有人问，真火壁炉对居家的好处是什么？冬天阳光较弱，火能给人带来阳气与温暖、带来人气和健康。对于房子较大，人又较少的家庭，壁炉是必不可少的居家设备。”

在开能环保全屋净水设备的目标客户中，有很多人拥有自己的别墅，瞿建国认为他们也是壁炉的目标客户，如果把加拿大的壁炉产品拿到中国来卖，应该会有市场。

瞿建国温哥华家里的那台壁炉，是加拿大FPI公司生产的。FPI公司是北美木材和燃气壁炉最大的制造商之一，具有30多年的发展历史，旗下有REGENCY和WATERFORD两大著名品牌，拥有高水平的技术发展研究中心和现代化的一流生产基地。

有一次，瞿建国和杨焕凤到加拿大参加一个购房贷款的推介会，巧遇FPI公司负责销售的副总裁Jeff Rose。双方对彼此产生了浓厚的兴趣：瞿建国当时正在考虑如何代理FPI公司的壁炉产品，而Jeff也正在努力寻找开拓中国市场的途径。虽然两年前FPI公司和一位在加拿大留学的上海人签署了独家代理协议，但局面迟迟没有打开。遇到了瞿总，Jeff 如获至宝。很快双方就在上海相约见面了。2003年的春天，在开能环保刚刚买下准备建设工厂的荒地前，瞿建国、杨焕凤和FPI来访的总裁Tony，副总裁Tracy，Jeff合影留念。

杨焕凤后来回忆说，FPI公司总裁一行到上海后，先去了代理商的公司，看到合作两年多时间，对方只卖掉一个集装箱的产品，感到非常失望。之后他们拿着一本介绍瞿建国创业故事的英文杂志，来和瞿建国、杨焕凤见面，并表达了强烈的合作意向。

瞿建国和杨焕凤带着FPI总裁一行去了川大路518号的开能环保园工地，详细介绍了企业未来发展的蓝图。

这次见面的结果是，FPI直接终止了和上海代理商的合作，买下了上海代理商的全部库存，并和瞿建国达成了在中国市场合作的协议。

瞿建国并不仅仅满足于代理销售壁炉产品，他想成立一家合资的壁炉公司，研发生产系列壁炉产品，使之成为公司除净水设备以外又一个增长点。

瞿建国找来了刚刚加盟开能环保的王海强，要求他组建壁炉安装服务队伍，并开始研究壁炉产品的生产制造如何开展。

王海强原来在一家中外合资的缝纫机公司做副总，长期在浙江工作，后来到浙江海宁出差时遭遇车祸，康复后，妻子希望他安心在上海工作。当时，开能环保正好招人，王海强通过朋友介绍，在2002年底入职开能环保。

听到瞿总说要造壁炉，王海强热情来了，找人翻译了说明书，还组织团队找了一台壁炉拆了研究。瞿建国听说后，批评了王海强："一个存续30年的公司所开发的产品，一定有其不为人知的技术秘密和优势，不只是你们表面上能看到的，我们要对这些产品保持敬畏之心。"

瞿建国决心和FPI成立合资企业，来造中国产的壁炉。

2004年春节刚过，瞿建国打电话给老朋友奚品彪。奚品彪原来是孙桥镇工业公司的副总经理，2001年，浦东新区撤销张江镇、孙桥镇、六里镇，成立新张江镇，大量干部岗位面临着激烈的竞争，奚品彪选择了提早退休。

瞿建国知道，搞壁炉产品，靠一个王海强还不行，要迅速组建团队，依靠团队的力量打开局面，而奚品彪是个人才，懂工业生产，懂经营管理，文笔也好。

早上6点刚过，奚品彪就接到了瞿建国的电话。两个老朋友已经10年没有联系了。瞿建国说："老兄弟，我想请你出山帮忙，你今天有没有空？"

奚品彪也不问什么情况，就说："瞿总，你在哪里？"

“我在东方路1826号，那里是我们公司新买的一个展示厅，我就在那里等你。”瞿建国告诉了奚品彪具体地址。

吃过早饭，奚品彪开车从川沙往东方路赶，8点不到，他已经出现在1826号的门口。展示厅还在装修，因为时间尚早，装修工人都没有来上班，只有瞿建国一个人在里面安装调试一台荷兰式的壁炉。

“老兄弟，我刚刚重新创业，需要大量的人才，你退休了，就来帮我忙，搞这个壁炉产品。你再看看有没有熟悉的财务、管理人才，帮我推荐推荐？”一见面，瞿建国就问奚品彪要人。确实，开能环保发展的速度有点快，现有的人员已经满足不了企业生产经营的需要。

当年在孙小桥乡工业公司一起共事，奚品彪对瞿建国的能力和人品就极为推崇。有一次去武汉大学谈一个合作项目，去的时候因为要赶时间，瞿建国买了飞机票，回来为了节约差旅费，就买了长江轮船的船票。还有一次，瞿建国一行三人出差，他要了一个标房，让其他两位同事睡床，他自己睡了地铺。

2004年开能与FPI公司签约，正式成立壁炉合资公司

“就说申华上市那件事，我们当时都搞不懂股份制是怎么回事情，瞿建国到奉贤的党校读书回来后，就一门心思要搞上市公司。他见的世面比

我们多，想法总是领先我们。”对于瞿建国的邀请，奚品彪一口答应。这样，奚品彪就成为开能环保新成立的壁炉事业部的首任总经理。

2004年4月30日，上海开能环保设备有限公司和加拿大FPI Fireplace Products International Ltd合资创办的上海开能壁炉产品有限公司在东方路展厅举行签约仪式。

2004年8月，从加拿大进口的壁炉生产设备到港，通过技术消化、设备调试、物料组织、工艺编制、流程设置和员工培训等各项前期准备工作，2005年6月1日，壁炉公司装配线上第一台燃气壁炉正式成功下线。

奚品彪记得，第一批壁炉产品全部卖给了苏州巴城的几个老板。他们到上海做建筑，赚钱后回到巴城，自己盖了十几栋别墅，看到开能环保的壁炉很喜欢，就买回去装在自己的别墅里。

到了2006年的时候，壁炉的零部件开始国产化。

“除了玻璃，其他都是我们自行研发生产的。”王海强如是说。他所说的玻璃，是德国肖特玻璃厂生产的，具有高温后遇水不爆裂的特性，这种玻璃全世界只有肖特能做。

开能环保的壁炉生逢其时。2008年以后，随着国家对别墅类房地产项目政策的不断调整，壁炉产品的销售趋向稳定。

对于合作创办壁炉公司，瞿建国认为，第一是为目标客户群提供了多元化的选择；第二是通过引进、消化、吸收和创新，坚定了开能植根中国制造业，对接世界先进制造业的战略意图。

2013年12月12日，开能环保的木粒壁炉产品CP6（屏）获得了中国工业设计最高奖——红星奖金奖。

红星奖是由中国工业设计协会、北京工业设计促进中心、国务院发展研究中心《新经济导刊》杂志社共同发起并会同国内地方相关工业设计协会联合举办，北京工业设计促进中心承办的工业设计领域国内最高奖项。红星奖共设红星至尊奖1名，金奖8名，银奖10名，红星奖若干名。同获此项奖项的公司有中国南车、木马设计、小米公司、飞利浦照明、GE医疗、哈曼卡顿、JBL等国内外知名企业，而当年的红星至尊奖被授予对中国高铁事业有突出贡献的中国北车唐山轨道交通有限公司。

第四节　开能产业园，共同的家园

2001年，川沙工业园区开始对外招商。眷恋故土的瞿建国当即决定买下土地，打造开能环保自己的研发、生产、国际贸易和产品展示基地。2004年10月1日，开能产业园一期综合楼建成投入使用。经过10多年的不断发展，开能产业园已经成为一个集先进制造业基地、环保工厂样板、大数据现代化立体仓库、工业旅游接待中心于一身的产业园。瞿建国当年要求把园区建成股东、员工和客户的共同的家的愿望，正在成为现实。

拿下川沙工业园区地块

第一批184台全屋净水设备的销售成功，使瞿建国感到迫切需要建立自己的生产研发基地，这样企业才能够积蓄后劲，不断发展。

但是，从购买土地到规划建设，再到设备安装和投入使用，是一个漫长的过程。瞿建国感到时不我待，从2001年下半年开始，他四处托人介绍寻找合适的工业用地。这些地块，有的在外高桥保税区，有的在松江工业园区，不是路途太远，就是价格太高。那时候，与瞿建国一起在桥弄村长大的顾培华已经到浦东的北蔡镇担任主管工业和行政的副镇长一职，他听说瞿建国到处找地的消息后，想到自己负责的北蔡工业园区还有招商任务，就请瞿建国来看一看。

当时的北蔡，可谓上海乡镇工业的重镇，有汽车零部件加工业、丝绸服装和木业三大支柱产业。顾培华介绍的地块位于后来的上海市农产品市场的对面，紧邻沪南公路，交通十分便捷，瞿建国看了几次以后，十分中意，唯一遗憾的是，地块的面积偏小，与瞿建国提出的100亩左右大小的要求相差甚远。

正在这个时候，川沙工业园区开始向全球招商。听到这个消息后，瞿建国决定去看一下。作为土生土长的川沙企业家，瞿建国对故乡情有独钟。川沙工业园区刚刚开始启动，就像一张白纸，只要你有足够的想象力，就可以在上面画最新最美的图画。

瞿建国看中了园区一块邻近川沙路、紧靠川大路的地块，总面积为73.05亩。顾培华后来说，瞿建国的眼光还是十分独到的。当时川沙工业园区的地价是18万元一亩，北蔡工业园区的地价是13.5万元一亩，73亩地就要差300万元左右，而且北蔡距离上海市中心只有10公里不到，而川沙工业园区距离上海市中心要40多公里路，看上去瞿建国似乎做了一个亏本的买卖。但后来因为上海市区的不断发展和企业环评的严格规范，许多落户北蔡的企业纷纷搬离，给企业的持续经营带来了一定的影响。而川沙工业园区因为上海郊区高速公路的发展，以及浦东国际机场的建成和洋山深水港的启动，则百业兴旺，人才纷至沓来，成为浦东一块制造业企业的乐土。

后来负责开能产业园工程建设的应立中说："瞿总叫我一起去看地块。那里原来是陈行村四队废弃的村庄，荒草连天，不时能看见黄鼠狼等野生小动物出没，还有自然的河流和几栋没有人居住的房子。瞿总很兴奋，说一定要在规划中保持原貌，要把河流、树木都保留下来，体现人与自然的和谐相处。"

应立中是应立成的哥哥，原来一直在川沙城镇乡的上海霞飞化妆品有限公司负责企业的基建工作，和瞿建国非常熟悉。瞿建国此次回故乡第三次创业，有时候也请应立中帮忙。应立中记得，有一次瞿建国去浙江宁波洽谈业务，就是他开着一辆桑塔纳送瞿建国去的。后来，瞿建国租下张江高科技园区蔡伦路6000平方米厂房后，也是请应立中帮忙负责装修。拿下川沙工业园区的地块后，瞿建国第一个想到的就是应立中，他要把项目交给一个既熟悉业务又没有私心的人去做，而应立中是最合适的人选。

瞿建国把这个地块取名为开能产业园。他希望这里能具备研发、制造、国际贸易和产品展示四大功能。

2002年3月13日，浦东新区发展计划局浦计农经［2002］第31号文件批准：同意上海开能环保设备有限公司在川沙工业区内建造生产厂房和科研大楼。

2002年，刚刚买下来的开能川大路518号空地

2002年7月19日，位于浦东新区川大路518号的开能环保生产研发基地获得《中华人民共和国建设用地规划许可证》。

2003年10月1日，开能环保在川大路518号开能环保园内打下了第一桩。

2004年2月8日，开能环保在浦东新区川沙镇的东山豪景大酒店举办“2004年开能集团开局庆典”。这是瞿建国创办开能环保后，为提振员工士气而每年举办的庆典。每年的开局庆典上，企业都要表扬去年的先进员工，部署当年工作，并与有经济指标的部门签订《经济责任书》。第一次开局庆典是2003年2月8日在东山豪景大酒店举行的。以后每年的开局庆典都是在春节以后举办，成为开能环保企业文化不可分割的组成部分。2004年的开局庆典后，瞿建国要求所有员工乘车参观川大路518号开能环保产业园基地。和在万特园寥寥十来人的阵势不同，2004年春节过后，开能环保已经有近200名员工。许多人都是第一次来到川大路工地，看到正在建设中的1号楼主体建筑已经有15米高了，感觉速度真是快得惊人。基建部人员说，楼房主体结构的总高度为22米左右，现在已经超过三分之二的高度了。瞿建国很有信心地告诉大家：“今年国庆节，我们搬新家，到这里生产办公！”

2003年12月，瞿建国在工地现场考察施工情况

2004年2月17日，瞿建国再次来到开能环保产业园，调研了解工程进度与情况。

应立中说，瞿建国对园区的每一个细节都十分关注，很多建筑方案都是他自己亲自推敲修改后最终确定的。

园区里有一片小竹林，当时长得细胳膊细腿的。原来居住在村里的人说，每年新的春笋露出来，大家就把它们挖了吃掉，所以很难长大。瞿建国指着这些竹子说，这也是这片土地上的“原住民”，我们一定要把它们保留下来！这是一位农民儿子的心声，它表达着他对乡土的怀念、对祖宗的尊重和对自然的敬畏。开能人虽没能保住这座百年村庄，但这片竹林却承载着浦东百姓对热土的眷恋和情怀。

在后来调整的施工方案中，这片竹林被完整地保存了下来，现在已经成为开能产业园内最亮丽的一道风景。也许是气场旺盛的缘故，原来细细的竹子，现在已经形成了一片粗壮挺拔的竹林。在这片竹林前，开能环保的员工竖起了这样一块牌子：生态竹林。

瞿建国还坚持把原有的自然河道全部保留下来，以U字形贯穿整个厂区，把生产仓储区与研发生活区隔离开来。随着区内厂房一幢一幢的建成，开能的业务也逐步扩大，园区建设也逐步成形。逐渐地，河道边修筑了石驳岸，河面上修建了桥梁，河畔搭起了假山，假山上设置了瀑布，河里种植了数十种能净化水质的水生植物。如果不是周边有成片的厂房，许多人一定以为自己到了一个漂亮的公园。

2004年10月1日，开能环保从张江高科技园区正式搬迁到川大路518号开能环保产业园。

2004年12月16日，开能环保在新的生产基地成功召开2004年度代理商年会。在此之前，开能环保也举办过大型的代理商年会。2003年9月6日，开能环保举办全国经销商产品技术培训研讨会，传递开能的文化理念和正确的用水知识。很可惜，那时候开能环保的厂房还没有建成，无法让全国的代理商亲身体验其美丽的厂区。

2004年1月4日，开能环保在浙江嘉善召开新年新品发布会。那个时候，瞿建国已经在考虑，明年的会议一定要在新建的厂区内举行。

开能2004年奔泰品牌代理商年会在开能新厂区召开

2005年3月23日，开能环保旗下奔泰品牌第一次全国代理商会议在开能产业园1号楼四楼举行，出席人数近80人。开能环保以自己飞速发展的实力，向合作伙伴展示了企业的信心和能力。

2005年8月1日，开能产业园二期厂房的4号楼和5号楼动工兴建。

2006年2月12日，开能环保在新落成的4号楼内，举行别开生面的2006

年开局庆典。这是第一次在自己的工业园区内举行这项传统的企业开工仪式。以往几届开局庆典，都假座川沙路上的东山豪景大酒店，由于受场地的限制，布置简单不设背景。而这次在宽敞的新厂房里，不但自搭舞台，设置背景，而且还在现场搭建了产品展示架，架上布满了开能“水”“火”两大系列的产品。员工来到现场，亲身感受自己创造的劳动成果，倍感自豪和骄傲。

开能集团2006年开局庆典

2006年3月31日，建筑面积达11714平方米的开能环保产业园4号楼和5号楼全面竣工。

2006年6月，仓储物流中心建成并投入使用。

2006年8月6日，6号厂房土建开工。

2006年8月28日，7号厂房土建开工。

那个时候，凡是有领导、客户甚至新招聘的员工来，瞿建国都会带他们在空旷的场地里兜一圈，向大家描绘那些空地未来发展的场景。不久后人们发现，这个说话滔滔不绝的董事长所描绘的蓝图，都变成了现实。一些员工后来说，让我坚定在开能环保干下去的理由，就是相信瞿总。

2007年3月3日，“开能集团2007新年开局庆典”在开能产业园2号厂房的车间里隆重举行。

此后，从2007年3月28日3号厂房挖土夯基开始，到2008年11月1日，12号楼的开能环保新建员工餐厅正式启用，6号厂房、7号厂房、12号厂房土建开始，8号厂房、11号厂房先后开工建设或投入使用。

2009年6月3日，“第一届中国净水行业高端品牌战略联盟论坛”在开能产业园举行。清华大学环境科学与工程系教授、博士生导师、国家卫生部健康相关产品审批专家顾问、国家建设部专业顾问、全国给水排水工程专业指导委员会副主任、北京市政府专业顾问王占生教授到场。美的、沁园、开能、奇迪、朗诗德、金利源等国内净水设备巨头企业悉数参加。

王占生教授（前排左三）、瞿建国（右三）等参加第一届中国净水行业高端品牌联盟论坛

开能产业园，已经朝着瞿建国期待的具有研发、制造、国际贸易和产品展示四大功能的角色完美演变。而上述开能产业园建设的路线图和时间表，蕴含的巨大信息表明，企业迎来了一个高速的发展期。

2012年10月15日，开能环保取得与原有厂区毗邻的38亩约26000平方米土地的使用权。这块土地的取得，可谓一波三折。当年，瞿建国拿下开能产业园的地块时，对边上这块38亩的土地志在必得。2008年，这块地挂牌，上海一家很有名的汽车销售公司准备在那里建一个4S店，在土地拍卖会上频频举牌，把价格抬到300万元一亩，瞿建国只得忍痛割爱。5年后，开能环保已经厂房林立，一派兴旺景象，这块地块还是荒草丛生。无奈之下，开发区领导找到瞿建国，希望瞿建国平价接手这块土地。瞿建国的小目标是100亩土地，如果转让成功，整个开能产业园的面积将达到近120亩，为企业未来的发展提供了无限的可能。瞿建国不是一个锱铢必较的人，从大局出发，他欣然同意。

在开能产业园建设的过程中，最让瞿建国动容的是许多员工及其亲友的无私支持和奉献。为了把厂区环境建设得更美好，瞿建国曾在2005年提议大家把家里多余的植物送到厂里来，装点厂区的绿化。第一个响应的是唐佩英。当时，唐佩英买了一辆广州本田的轿车，瞿建国知道后， 把她狠狠批了一顿。瞿建国一直反对购买使用高级进口轿车，虽然广州本田是合资品牌，但也是当时国内比较贵的轿车之一。

听到瞿建国严厉的批评，唐佩英紧张了。她第一次看见瞿建国向她发这么大的火。回到家里，唐佩英看见了娘家院子里几棵桂花树和橘子树正生机盎然，想到瞿建国发出的倡议还没有人响应，赶快与家里人商量，第一个把树捐给了公司。后来，居住在川沙对面街的瞿佩君家动迁，把院子里六棵上了年岁的香樟树一起捐给了公司。越来越多的员工和附近的老百姓，把动迁中舍不得卖掉的树木送到开能环保，用瞿建新的话来说："自己看着那些树木长大，要卖掉心里难受，放在开能环保，能够天天看见它们，也是一种感情的寄托。"

2010年2月10日，开能环保在陆家嘴海鸥舫大酒店举行以"携手创业，分享未来"为主题的2009年表彰暨2010年开局庆典。瞿建国在会上深情地提到了一位老人家不舍得把自己培育了几十年的香樟树卖给开价2万元一棵的绿化公司，反而无偿捐赠给开能环保的故事。

经过16年的精心建设，今天的开能产业园已经绿树成荫，碧波荡漾，鲜花盛开，成为上海工业旅游的一面旗帜。

瞿建国始终认为，把园区建设成一个环保、健康、美丽的地方，不是为了企业形象投资，而是想切实地改善员工的工作环境，他常常说："我们要把公司建设得比家里还好，让我们的员工一想到上班，就高高兴兴，甚至不想回家。"开能就是通过这样一种形式，让员工与企业更加紧密地联系在一起。

2008年，川大路518号开能总部实景图

世界一流的缠绕车间和立体仓库建设

在全屋净水设备中，复合材料压力容器是一个重要的部件。在2007年以前，开能环保的复合材料压力容器全部由上海唯赛博公司提供。复合材料压力容器生产工艺、过程复杂，对技术和精度要求高，生产投资大，因此，在全球能够提供高品质产品的公司不多。国际市场上，美国Pentair公司通过收购，几乎垄断了产品的生产。在国内市场，产品品质符合国际质量要求的只有唯赛博。在寻求与唯赛博合资不成后，瞿建国决定自行生产。

生产复合材料压力容器，首先要购买相关加工设备。经过考察，瞿建国看中了一个美国的品牌，并希望他们推荐相关的生产专家加盟开能环保，因为开能环保在复合材料压力容器生产方面是一张白纸。这样，范雷走进了瞿建国的视线。

在来开能环保以前，范雷在上海玻璃钢研究所工作过，后来又到上海复合材料科技有限公司工作，这是一家航天系统的军工企业。复合材料压力容器的主要材料是玻璃纤维和环氧树脂，这是范雷擅长的专业。

科技人员出身的范雷，做起事来一丝不苟，他首先推翻了那家美国公司的产品："技术落后，价格超贵，不实用！"瞿建国感到范雷有点意思，居然把推荐自己的公司给炒掉了，一点儿情面也不讲。2007年3月，范雷正式加盟开能环保。

范雷的到来，加快了开能环保组建缠绕生产车间的步伐。根据范雷的建议，瞿建国后来购买了一台上海万格复合材料有限公司生产的缠绕机设备做小试。范雷十分看重产品的实用性、价格和售后服务。

2007年10月，缠绕车间的生产线投入使用。缠绕车间建成后，不断扩大产能，开能环保全屋净水设备的主要零部件全部实现了自主生产。

“和唯赛博公司的产品相比，我们生产的复合材料压力容器尺寸更为精准，外形变形更小。”范雷说，解决这个问题的关键是，开能环保在复合材料压力容器玻璃纤维材料上，加了一定比例的环氧树脂。

2009年，开能环保自主研发的复合材料压力容器等水处理核心部件相继通过了美国NSF、德国TUV认证。

2009年7月，开能环保投资30多万欧元引进的德国大型复合材料压力容器缠绕设备正式投入运行，与原有的国产设备组成新的生产线，生产效率和产品质量大幅提高。

2011年11月28日，开能环保自主研发的复合材料压力容器被上海市高新技术成果转化认定办公室认定为高转项目。

瞿建国对新建成的复合材料压力容器生产线还是不太满意，因为没有达到他所要求的智能化、自动化的程度。他考虑再造一个缠绕车间，用世界上最先进的机器人生产线，使开能环保成为世界上最大的生产复合材料压力容器工厂。

中国制造业要在世界上有话语权，关键是要有自己的核心技术和生产规模。丹阳人王国宝从一台照相机开始创业，先后办起了美乐钢圈厂和华久辐条厂，成为世界上最大的自行车钢圈和辐条的生产企业，后来与上海著名的凤凰牌自行车联袂，成就了新的“凤凰传奇”。瞿建国在控制阀研发上的投入，也是走这样一条道路。正因为BNT–85HE控制阀站到了世界同行业的顶峰，才使开能环保的全屋净水设备在性能和价格上具有了不一样的竞争优势，并把这种优势化为胜势。

投资一条机器人生产线，需要数千万元的资金，仅仅依靠开能环保自身发展的积累，是非常困难的。瞿建国对范雷说，只要我们上市，募集到资金，我就坚决上马机器人生产线。

2011年，开能环保在深圳证券交易所创业板正式上市。开能环保在招股说明书中关于募集资金的用途中表明，募集到的资金中，4500万元将用于“复合材料压力容器及多路控制阀发展项目”。

瞿建国看中了美国一家公司生产的机器人生产线。这项交易在美国被否决了。

既然美国这条路走不通，瞿建国又选择了德国EHA公司的机器人生产线。德国人虽然没有美国人那样蛮不讲理，但对于开能环保购买机器人生产线的用途还是十分关注的。最后经过协商，由中华人民共和国商务部出具证明，证明开能环保的生产设备用于民用产品的制造，德国政府才亮起了绿灯。

德国自动化吹塑缠绕系统

2013年10月8日，总投资600多万元，可储存200多吨生产原料的“HDPE吹塑专用中央供料系统”正式投入使用，它把原料的储存、输送、堆放、计量、混合等多道工序集合在一起，既节约了场地和人力，又改善了生产现场管理和杜绝了材料浪费。这是新的复合材料压力容器机器人生产线的配套工程。

2013年1月，开能环保投资3500多万元人民币引入的德国自动化吹塑缠绕系统安装调试后正式投入生产运行。范雷后来介绍说，原来的复合材料压力容器生产线需要36个工人才能完成的产量，而这条FRP复合材料压力容器自动化生产流水线只需要12个工人就可以完成。

FRP复合材料压力容器自动化生产流水线的投入使用，使开能环保的复合材料压力容器的年产量达到了70万只。2017年，开能环保收购江苏开能华宇环保设备有限公司，这家企业年产复合材料压力容器30万只，这样，开能环保年产复合材料压力容器达到100万只，自用24万只，对外配套76万只，成为全球最大的复合材料压力容器生产企业。

对于FRP复合材料压力容器自动化生产流水线的建成，瞿建国的儿子瞿亚明颇有“微词”，他说：“老爸坚决反对买100万元以上的汽车，但这条生产线上随便一个机器人，价格都在100万元以上。只要用在生产上，他都舍得花！”

开能研发自动化生产线，成为全球水处理行业里一个标志性的事件。生产这个产品60多年的美国人，怎么都想不到，还可以用机器人来管理这个生产工艺、过程复杂且长，环境要求高的产品。

瞿亚明后来也去管了一个花钱的工程——立体仓库的建设。这是瞿建国感到特别牛的一件事。

乔火明是立体仓库建设的直接管理者。2007年，乔火明在筹建一家外资企业，担任企业的常务副总。筹建工作完成后，乔火明决定换一个环境工作，正好开能环保招聘，他就赶来面试了。别人面试是HR问面试者问题，乔火明面试是问HR问题：“你们老板打不打麻将？玩不玩KTV？喜不喜欢应酬喝酒？”得到明确答复后，乔火明说：“好的，那我就加入开能环保的团队了。我喜欢老板是一个有事业心的人，大家在老板的带领下认认真真做事，不要搞那些乱七八糟的事情。”

进了开能环保，乔火明发现瞿建国比他要求的还要敬业：“我从来没有碰到过24小时在厂里的老板，我也从来没有碰到过吃喝嫖赌一样不会的老板。”

乔火明原来在横沔塑料厂工作过，熟悉塑料原料的性能特点和塑料制品的加工工艺。当时，开能环保要上复合材料压力容器，首先要解决玻璃钢桶的吹塑问题，而乔火明恰巧是合适的人选。

乔火明到开能环保做的第一件事，就是解决复合材料压力容器的材料问题。在乔火明来之前，开能环保选用的是LG400牌号的HDPE塑料材料，而复合材料压力容器所需的材料需要具备韧性高、刚性好、耐磨等性能，乔火明建议选用具备这些要素的50100牌号的高密度聚乙烯。

在复合材料压力容器的复合工艺问题上，乔火明又一次发挥了自己的专业特长。为了使复合材料充分与塑料表面粘接，他大胆提出需要在塑料表面进行表面处理。通常表面的处理方式有化学处理、电晕处理和火焰处理。因为开能环保的复合材料压力容器用于饮用水的过滤净化，属于食品级的范围，化学处理显然不合适，电晕处理则效果差、效率低，只有火焰处理效率高，质量最稳定。

2012年，瞿建国安排乔火明配合瞿亚明，做好立体仓库的建设工作。

当时，随着业务的发展，开能环保的仓库已经达到饱和状态，最高峰的时候，使用托排达3600个，大大占用了仓库的面积。因为场地拥挤，叉车进出频繁，还容易造成安全事故。瞿建国预测，未来几年，开能环保的仓库托排使用将达到7000多个，现有的仓库根本无法满足生产的需要。川沙的地皮又十分紧张，只有建设立体仓库，才能彻底解决仓库的使用问题。

在瞿建国的设想中，立体仓库不仅仅是在空间上的延展，更需要融入智能化的元素。瞿亚明和乔火明去看了很多制造立体仓库的企业，包括德国的德马泰克公司，日本的大福公司、冈村公司，中国的北京起重机械厂、昆明船舶机械厂，山西东杰智能物流装备有限公司等多家企业。瞿建国建议，为了摸索建设立体仓库的经验，先搞一个小库，也称A库，再搞一个大库，也称B库。最后决定，B库选择日本大福的设备，A库选用山西东杰的设备。

从2013年开始，A库动工建设，2014年正式投入使用。A库高24米，长12米，拥有1680个库位，是原来占地面积一样大的仓库库位的3倍，整个投资花费人民币400余万元，管理人员从原来五六位减少到一两位，经济效益大大提升。

2015年开始，B库动工兴建，整个B库具有8732个库位，为了充分利用空间，还往地下挖了5米。这个仓库与全厂11个车间全部打通，货物进出完全依靠智能化指令进行，实现无人化对接。仓库管理人员也从原来的二三十位，减少到七八位。开能环保2017年年报的概述中“持续创新提升公司价值”一栏中显示，“报告期内，公司立体B库开始应用，并与立体A库实现自动化对接，打造多仓储联运系统，包括注塑、膜、阀等车间实现生产数字化管理、园区能耗系统全面上线应用，阀车间自动装配项目开展实施的方案已设计完成”。开能环保2017年年报的概述中“企业网络信息化管理建设”一栏中显示，“报告期内，ERP与立体B库的结合应用，实现实时动态立体库库存信息准确查询，ERP对接立体A库业务整体改造，透明化A库出入库实际信息。信息化连接大小库间联动，将大小库连为一体。有效提高生产运营作业出入库效率，极大地改善总仓爆仓、货柜发运延迟、呆滞物料无处存储的现状，为公司未来拓展产线，增加产能奠定基础”。

瞿建国提出的“生活电器制造的装备智能化、工厂级信息网络和工业智能软件全面覆盖、仓储物流智能化、产品设计三维化、产品远程运维智能化和客户服务个性定制化”的目标，因为立体智能仓库的建成而基本实现。

中国企业的环保样板

2006年夏天的时候，启用不久的开能产业园发生了一件大事：台风暴雨引起城市地下水道污水倒灌，使得园区内的污水排放抽查不合格，环保职能部门对开能环保开出了整改意见书。

一向很少发火的瞿建国勃然大怒：“我们是一家生产环保产品的企业，现在自己的环保出了问题，如何向社会公众交代？不要埋怨任何人，必须彻查原因，不惜一切代价解决问题！”

经过专家勘察，发现是因为产业园内的河道和外部河道相连通，当外部河道受到城市地下水道污水倒灌后，部分污水回流到园区内的河道，导致污染事件发生。

瞿建国要求以王建信领衔的专家组设计一个方案，隔断园区内河道和外部河道的联系，重新设计建设厂区内生活污水和生产废水的管网，通过生物技术净化生活污水和生产废水，实现废水的循环利用。

王建信领衔团队设计了一整套方案，在厂区内生活污水和生产废水管网重新构建以后，2010年7月，一个被称为全水回用循环的工程正式启动。对于生活污水和生产废水的处理，一直有物理方法、化学方法和生物方法等几种途径。其中，生物方法是最环保的方法。通过和专业的环保公司合作，先是在大门东侧的停车场挖建了一个数十平方米的集中生化污水处理池，通过微生物分解和填料层过滤，对生活污水和生产废水进行处理。处理后的污水，首先要经过一个垂直式湿地，通过植物根部的吸收过滤，然后进入东河道。进入东河道的水流，还有丰富的肥力，经过东河道水平流湿地的植物过滤，再进入北河道表面流湿地。在这三个湿地中，根据专家的意见，种植了美人蕉、黄菖蒲、鸢尾、花叶芦竹、梭鱼草、再力花等各种植物。这样，通过这些水生植物的不断净化，生活污水和生产废水从北河道最后进入西河道，已经达到饮用水的标准。

2013年6月，历时3年的建设，先后投入资金数百万元，一个完整的自然生态污水处理系统全面竣工，在开能产业园投入运行，不再向公共管网排放任何污水。

瞿建国的潜台词：我什么水都不往外排放，再污水倒灌也找不到我的头上。

应立中说，开能产业园每天可以生成100吨处理过的净水，大部分净化后的生活污水和生产废水被用来循环使用。比如，部分厂房里厕所用水，就是循环净化水的再次利用。园区内浇灌绿化的用水、洗车用水等也是循环水的再次利用。

2004年1号楼建成后，部分被当作办公用房，部分被建成吹塑车间。后来吹塑车间的工人反映，天热的时候，车间里面非常闷热，工作环境很差。瞿建国提出在1号楼的楼顶建设水景花园，通过大面积的池塘和水生植物隔热解决这一问题。自然生态污水处理系统建成后，屋顶水景花园的水源就由原来的自来水系统供水改为用压力泵将处理后的净水打到1号楼7楼，这样真正变废为宝，节约了用水。2012年5月，在瞿建国的创议下，12号楼房顶上建造了“开能空中农场”，利用屋顶空地种植有机蔬菜，浇灌用水也来自循环水，一方面为职工食堂降低了成本，一方面也扩大了循环净化水的使用价值。

为了证明通过自然生态污水处理系统处理过的净化水质达到饮用标准，瞿建国倡议在开能产业园的西河道举办河浜游泳赛："我们花了几百万元，终于使企业的环境得到了极大改善。但是，许多人对我们的自然生态污水处理系统有疑问。那么。最好的回答就是请他们一起来游泳。可以游泳的水，至少对人体没有危害，这就是最好的回答！"

2013年8月11日，开能环保首届河浜游泳赛在西河道举行。瞿建国的秘书庄乾坤后来回忆说，因为是第一次，最难的是组织发动工作。企业内部的员工由分管HR工作的唐佩英负责发动，社会各方面嘉宾由她负责邀请。

瞿建国在2013年8月9日的微博里这样写道："江河游泳邀请赛：为庆祝开能公司的环境治理成果，为重温30多年前浦东清澈见底的河浜美景，为让我们的孩子们了解真正的河水是咋样的，本星期日（8月11日）下午2点半在川大路518号举办首次首届河浜游泳比赛。届时，60 多岁的老瞿将携7岁的孙子瞿森小朋友畅游玩水，欢迎报名参加！"

比赛当天，近30名爱好游泳的员工、客户及外国友人参加了比赛，瞿建国身穿一条泳裤率先下水。到了2018年，开能河浜游泳赛已经连续举办了6届，成为川沙新镇盛夏最为时尚的运动。每次比赛期间，参观者达数百人，瞿建国还在河边的空地上搭起一排排遮凉棚，请来专业的烧烤师傅，为选手和观众免费提供烧烤和饮料。

瞿建国在2013年8月11日的微博里这样写道："开能首届河浜游泳大赛：客户、员工、朋友齐聚开能环保工业园，在开能生活污水全水回用净化的水里举办河浜游泳大赛。与鱼儿共泳，亲身体验环保、自然的和谐环境。在游泳池里游泳不难，在河里游泳难得，在废水回用、清澈见底的河里游泳更是十分难得。"

有意思的是，瞿建国还通过游泳感悟了人生。他在2014年8月20日的微博里这样写道："游泳活动中，较胖的年轻员工下水游不到一半，坚持不了被人捞上岸。原想批评几句，但，突然感到，他们相比缩头缩脑、前思后虑的那些人，不顾自体的美否，没想自己的耐力，忽视众目的压力，积极参与，袒露自己……单凭这种态度，这种精神，已是难能可贵……忽然间，对此肃然起敬，欲请品酒！”

开能举办游泳比赛，瞿建国和儿子瞿亚明以及孙子参加

开能产业园的环保理念，不仅仅体现在自然生态污水处理系统上，作为环保类企业，开能产业园还积极采用和推广太阳能、风能、地热等环保能源，维护厂区绿化时避免或减少使用化学农药，使之成为中国企业环保的一个样板。

2012年，担任瞿建国秘书的庄乾坤受瞿总指派，兼任客户服务中心的主管。她获悉，上海市经信委和上海市旅游局联合推出了工业旅游项目，上海宝钢集团、M50创意园、上海太太乐食品有限公司、上海大众汽车有限公司、上海烟草集团等一批企业成为上海首批工业旅游示范点。她向瞿建国建议，我们开能产业园风景优美，环保建设力度大，能不能也去申请做工业旅游？这样，一来可以提高品牌的影响力，二来也可以增加企业的收入。

瞿建国对庄乾坤的建议很是赞赏，要求庄乾坤进行调研，写出开能产业园做工业旅游的可行性报告。庄乾坤原来是大庆师范学院的英语老师，她是被称为“包围瞿建国的三个东北人”中的一个，另外两位是来自吉林的杨焕凤和来自辽宁的荆波。荆波是瞿建国的司机。

庄乾坤从小就有一个梦想，那就是长大后能够到南方去工作生活。2007年的时候，大庆作为一个资源枯竭型城市，已经失去了继续发展的动能。庄乾坤决定离开东北，到上海发展。之所以选择上海，是因为庄乾坤有一个舅舅在上海浦东工作。庄乾坤的母亲考虑，有自己的弟弟照顾，她对女儿的安全就比较放心。

舅舅给庄乾坤在浦东源深体育中心附近的盛世年华租了一个房间。刚到上海的庄乾坤，正忙着到处找工作。她打听到上海万体馆是最大的人才招聘市场，准备去那里碰碰运气。

那天出门的时候，天正下着大雨。从盛世年华到上海万体馆要乘地铁，地铁车站就在源深体育中心边上。庄乾坤到地铁车站的时候，发现源深体育中心当天也在搞大型的人才招聘会。她想，下这么大的雨，不如先去源深体育中心看看，也许就可能找到一个机会。

开能环保那天就在源深体育中心摆摊招人，其中一个职位就是杨焕凤秘书，要求英语水平高。庄乾坤一看，觉得自己的英语水平还行，就递交了档案。

面试的时候，当时的HR主管唐佩英对她印象很不错，和唐佩英一起去招聘的瞿亚明倾向于录取上海华东师范大学中文系毕业的一位研究生，而杨焕凤则拍板要了庄乾坤。那时候，开能环保的国际市场部刚刚建立，参加各种国际水展的机会特别多，杨焕凤迫切需要一个英语水平高的秘书，而庄乾坤的英文等级是8级，这也许是她最后胜出的原因。

因为瞿建国一直没有办公室，也一直没有秘书，庄乾坤就兼任了瞿建国的秘书。随着越来越多地帮瞿建国处理事情，庄乾坤的能力得到很大发展和提高，又被提拔为董事长助理。在开能环保，有些人惊诧于庄乾坤的火箭式成长，而庄乾坤知道，瞿建国总是把一些没有人愿意做，没有人能做好的事情交给她做，而她总是全力以赴地去做，并能给瞿建国带来意想不到的惊喜，这才是她不断进步的原因。

庄乾坤先后去了宝钢集团和太太乐食品有限公司，考察了解开展工业旅游的办法和流程，又结合企业自身的条件做了一份详细的可行性方案给瞿建国。在这份报告中，净水体验中心、真火壁炉文化区、全水回用负排放系统、屋顶有机菜园等景点串连成线，向人们展示了一个健康、环保、生态的现代工业示范园区，揭示了一个先进的现代制造企业是如何与环境、与社会、与人和谐相处，营造共生共荣的美好景色和氛围。

2013年3月28日，在上海工业旅游标准化会议上，开能环保被正式授予“上海市工业旅游景点服务质量达标单位”称号。

2014年6月12日，上海开能旅行社有限公司注册成立。开能产业园被正式评定为上海工业旅游点。

后来接任上海开能旅行社经理一职的叶志荣说，现在每年来开能产业园参观的游客有上万人，主要以团队客为主，也有一些散客。客人主要是看了上海工业旅游网的推荐而来的，一些来过的老客人也会带朋友来参观，外国游客占游客总数的百分比也很高。但瞿建国认为还不够：“美国一些好的企业，每年工业旅游的人数达数十万人次，这样看开能产业园还有很大的潜力！”

叶志荣认为，来开能产业园参观的游客，有一些是来取经自然污水处理系统的建设和使用的，也有一些是来参观开能的全屋净水设备和真火壁炉的制造：“不管是什么原因，对我们开能品牌的知名度和美誉度，都是形象的展示和最好的提升！”

一个其乐融融的家

跨过开能河北河道上的小桥，左边就是瞿建国当初保留下来的那丛修篁，再走几步，右边就是作为员工食堂的12号楼。沿着弯弯的小径向南，紧邻12号楼的就是瞿建国曾经居住过的10号楼。从2004年10月1日开能环保从张江蔡伦路乔迁到川大路518号开始，瞿建国就居住在园区里，一直到2011年开能环保上市后，他才搬回桥弄村老宅基地上新建的房子居住。

在瞿建国儿子瞿亚明的记忆里，自己的一生就是随着父亲不断搬迁的一生。从桥弄村的老屋开始，后来借住在川沙县城的父亲朋友家里， 再后来申华实业在国际饭店办公，就搬到了胶州路上的一个公寓里。“我们一家先后搬过20多次家，后来买下高安路的别墅，再后来搬到加拿大的埃德蒙顿和温哥华，回国后居住在汤臣高尔夫别墅。别墅卖了住厂里。最后回到桥弄村，兜兜转转一大圈，算是叶落归根。”

自从搬进开能产业园后，瞿建国就把这块土地当作自己的家。开能环保的每一个厕所都装有地暖装置，这在上海的企业里面极为少见。在每一个厕所里，卷筒纸安装在右手的上方， 如厕者只要轻轻一伸手臂，就可以够到，而卷筒纸永远不会掉到地上。在左手的前方，是一块小木板，上面正好放手机。这些人性化的设计， 全部来自瞿建国的悉心安排。当然，在开能产业园的每一个角落，最多的是开能牌商业饮水机，方便每一位员工和来宾饮用。

在开能环保的职工食堂和小食堂，中午经常有员工聚餐，这是员工自行举办的生日酒宴，一杯老酒，三两知己，几盘炒菜，其乐融融。企业每月也为过生日的员工举办聚餐。在瞿建国眼里，员工就是企业最大的财富。只要员工有困难，他一定会伸出援手。

开能环保证券代表陆董英的丈夫叶志荣是广州人，夫妻两人长期分居两地。有一次，叶志荣在广州突发心肌梗死，陆董英在上海急得没有了方向。瞿建国得知后，马上关照他在广州的朋友，请当地最好的医生为叶志荣治疗。叶志荣康复后，瞿建国和陆董英商量，请叶志荣来开能环保工作，解决他们夫妻分居两地的问题。叶志荣懂四国文字，在泰国做过10年旅行社经理，在旅游方面富有经验，他很感激瞿建国给予他的机会，但坚持要求通过正常途径应聘。后来，叶志荣成为开能旅行社的经理。

瞿建国的这种管理理念，深深影响了他周边的人。奔泰水处理设备有限公司的销售员姜民亭是山东烟台人，他的老婆岳纯是湖南岳阳人。儿子从小就读广东清远的一所足球学校。为了照顾儿子，岳纯长期居住在清远。2017年，他们的儿子被学校送到西班牙深造，岳纯回到了上海。唐佩英得知岳纯原来在咖啡店工作过，就把岳纯安排进了开能环保的咖啡吧工作。现在，咖啡吧在岳纯的用心经营下，成为员工和访客最喜欢的地方。

瞿建国在2013年11月23日的微博里这样写道：“热心慈善，多做益事，我们得牢记，帮助他人成功自己才能成功，帮助他人富裕自己才能富裕，帮助他人健康自己才能健康，帮助他人幸福自己才能幸福。”

开能环保的咖啡吧是开能环保企业文化的一大特色。2015年的时候，瞿建国看到企业里人来人往，客户多，旅游的人更多， 就想利用1号楼二楼的一块空地做一个咖啡吧。这样，外来的客人有一个歇脚的地方，企业内部的员工也可以到这里喝喝咖啡，聊聊天，休息一会儿。

咖啡吧开张后，因为制作的咖啡口味正宗，价格实惠，天天人气爆棚。许多业务员洽谈生意，都带客户到咖啡吧去坐坐。有些来参观的游客，也会在咖啡吧喝一杯茶，歇歇脚。甚至开能环保的高管接待贵宾， 也在咖啡吧进行。

在开能环保，还有一个2000平方米的地下红酒窖，里面珍藏着世界各地著名酒庄出品的葡萄酒，市场上数百元一瓶的进口葡萄酒，在这里几十元就可以买到。2010年的时候，瞿建国希望在浦西邻近徐家汇的地方找一个门面做开能产品的专卖店。一位业务员找到了斜土路883号的防空设施房，建议瞿建国去看看。瞿建国看了以后，表示这个地方做专卖店不行，但做一个红酒俱乐部不错。其实，因为曾经肝硬化的缘故，瞿建国已经几十年滴酒不沾。一起去看这个潮湿阴暗的防空洞的杨焕凤大吃一惊：这个破地方能做红酒酒窖吗？公司的一些高管也反对瞿建国花时间去建酒窖，因为当时正值企业第二次上市，不容得一丝懈怠。在这个紧要关头，瞿建国居然要去搞从来也没有搞过的红酒生意，那不是本末倒置吗？

那时候，随着开能全屋净水设备和壁炉产品销售业绩的提升，企业已经积累了数万名优质客户。瞿建国因此组建了水质健康会员俱乐部。面对高管们的反对，瞿建国解释说，这些会员需要一个举办活动的场所，他们对品质生活的追求如出一辙。“如果我们为他们提供更多的优质产品，我们一定能创出更多的商业机会。”

瞿建国的眼光十分独到。

经过紧张的装修，2011年5月，正道红酒俱乐部在斜土路883号正式开业。开业以前，原来两位负责红酒俱乐部的工作人员，一个辞职回了四川老家，一个因为孩子读书不得不离职。有一次，在从斜土路回川沙的车子上，杨焕凤问瞿建国：“红酒俱乐部倒是装修好了，谁来做这里的总经理？”瞿建国说：“谁都可以做。”他指了指车上的庄乾坤：“就让小庄来做，我相信她能做好！”当时，庄乾坤已经在负责水质健康会员俱乐部的工作，正道红酒俱乐部归她管理，也是顺理成章，但是，庄乾坤既不会喝酒，又对红酒知识一无所知。瞿建国可谓兵行诡道。

瞿建国还为红酒俱乐部取名为“正道”：“我们这个俱乐部开在斜土路上，可不能搞歪门邪道，要走正道啊！”

装修好的红酒俱乐部有2000多平方米，设施齐全，但就是没有一瓶酒。瞿建国也不懂红酒，2012年春节的时候，他带着几员大将飞抵葡萄牙和法国，去采购优质的葡萄酒。

对葡萄酒一窍不通的瞿建国，在采购葡萄酒上，逐渐总结出自己的一套办法。第一，他必须找到当地的葡萄酒协会会长，由他陪同去葡萄酒庄园考察。瞿建国认为，国外的葡萄酒协会会长德高望重，一般不会做有损商业道德的事情。第二，考察的葡萄酒庄园一般要经营三代以上，这样才能保证品质纯正。第三，如果酒庄对客户提出的无理要求，比如改变口味等一口答应，那坚决不与其合作。因为一个可以轻易改变自己产品品质的人，是不值得信任的。第四，考察的葡萄酒产品，并非牌子越大越好，关键是品质和性价比。

瞿建国每天要考察好几家葡萄酒庄园，品尝好葡萄酒后，他每天晚上还要召集大家开会，对白天品酒的结果进行归纳总结，最后确定要采购的葡萄酒品种。很快，来自葡萄牙和法国一些著名葡萄酒庄园的2万瓶葡萄酒被运抵了上海。

开张仪式上，正道红酒俱乐部还举行了“瞿建国团队，二十年一路同行”庆祝活动。跟随瞿建国一路创业20年以上的员工王卫民、金凤、杨焕凤、顾天禄、唐佩英、黎伟民、瞿佩君、瞿建新悉数亮相，以他们的忠诚和执着与瞿建国一起分享20年来的辉煌和荣光。

正道红酒俱乐部的成立，一是迅速建立了一支数百人的会员队伍，经过短短数年的发展，每年红酒的销售额达到上千万元；二是改变了瞿建国的生活方式，每年春节休息，他都要带领自己的红酒团队，飞赴世界主要葡萄酒产地考察葡萄酒品质；三是正道红酒俱乐部不断扩容，瞿建国先后把自己高安路的别墅和开能产业园的地下停车场改为酒窖，在上海形成品字形布局，方便更多的会员品酒、购酒。

2012年8月1日，正道红酒俱乐部举行“二十年一路同行”庆祝活动（摄于斜土路酒窖）

瞿建国在2015年2月17日的微博中这样写道：“去意国娶红酒佳酿，实现春节里的承诺。葡萄酒之所以是公认的健康食品，是因为：一、阳光转化最充分之葡萄，最具阳能量的食品；二、葡萄树之气神劳动之有机积聚。毫无疑问，与中国饮食有着千丝万缕联系的意大利，必定是最佳红酒的祖产地。”

不断地寻找世界最好的葡萄酒庄园，使得瞿建国俨然成为葡萄酒的行家。他在《法国酒庄“寻真”记》里这样写道：“法国葡萄酒的魅力就在于从一瓶酒中，你可以品尝出土地、葡萄、气候、年份、酿酒师性格等，不同味道和变化，让人充满想象而回味无穷。” 这简直是专业品酒师的口吻！

在这篇文章里，瞿建国还告诉大家：“在波尔多，真正高品质的葡萄酒非酒庄酒莫属。与酒庄酒相对应的当然就是工厂酒了，而酒庄酒中我更钟爱的是小酒庄酿造的酒。这里有星罗棋布的上万家小酒庄，这些小酒庄大多是由庄主亲自参与种植、采摘、酿造全过程。数代传承的土地、庄园、葡萄老藤和酿造工艺，使得酿出来的酒往往独具特色。更值得一提的是，很多小酒庄的葡萄园就傍于大牌名庄葡萄酒园的旁边，土壤、葡萄品种和生长气候都与名庄相同，再加上庄主亲自操劳和精心酿造，那酒品其实并不逊于名庄酒。这些好酒无论自用还是与好友分享，都会令你惊喜连连，物有所值。”

瞿建国在他另外写的一篇《美国娶酒记》里这样写道：“从旧金山机场租车自驾，马不停蹄地直奔纳帕作品一号庄园。人人都说作品一号牛气且不近人情。果然不是虚传，牛就牛在不太欢迎上门参观，连朋友安排的我们，每人都得掏100多美元的品酒费。这神秘的营销模式的确与众不同。参观中，看似冷清的酒庄内像兵马俑般摊开排列的橡木酒桶，在地窖下似乎更显珍贵。酒庄经理不无自豪地介绍，作品一号是世界上唯一能与法国名庄按期酒方式进行销售的美国产葡萄酒。”

后来，瞿建国为他的正道红酒俱乐部选购了蒙大维酒庄和作品一号的几款经典的葡萄酒，丰富了经营的品种。

无论是搞企业，还是做资本运作，或者是做环保产品、经营红酒，瞿建国总是从不懂到精通，要做就做最好，充分展现了他好学的品行。

建立起水质健康会员俱乐部，光有红酒一个产品，远远满足不了会员的需求。早在20多年前，瞿建国就开始使用进口的调味品，比如意大利的橄榄油，美国的海盐，等等。他通过使用这些有机食品，尽量改善自己的体质和健康。瞿建国希望把这些优质的产品和会员们一起分享。

瞿建国获法国右岸鲁拉德骑士勋章

2013年5月25日，开能环保举行首次健康食材“赶集”活动。“赶集”活动的组织者庄乾坤说，除了我们自己的红酒、海盐和橄榄油外，我们还组织到优质的进口牛肉、进口的有机奶粉和来自黄山的有机茶叶等。

“赶集”的名字是瞿建国取的。因为是不定期展出销售，瞿建国就以农村最普遍的商业行为赶集来命名这个活动。第一次的“赶集”就赢得了很多人的关注，不仅是员工，还有一些附近的居民和水质健康俱乐部的会员也慕名而来捧场。后来，“赶集”确定为每月一次，瞿建国还为“赶集”搭建了一个近千平方米的帐篷，除了供“赶集”使用，这个帐篷也能举行员工大会、招商大会等大型会议。

瞿建国把开能产业园变成了一个充满生机和活力的地方，一个洋溢着亲情和人情的地方，一个创造梦想和实现梦想的地方。

第五节　把开能产品卖到奥运会卖进迪士尼

2002年，瞿建国在浦东最繁华的正大广场开设门店，后来又分别在华石路、西郊庄园、松江等地开出多家门店，其独创的“DSR”营销模式，形成了开能环保卖的是服务而不是产品的独特理念。凭借多年旅居海外的经验，瞿建国又组建起国际市场部，在欧洲市场和北美市场站稳脚跟。为了实现差异化竞争，他还创建了开能的副牌——奔泰水处理设备有限公司。在2008年的北京奥运会、2010年的上海世博会、2011年的上海世界游泳锦标赛上，开能牌净水设备成为赢家。2015年，上海迪士尼乐园采购了开能牌净水设备。在世界级舞台上，开能环保傲视群雄。

找上门来的代理商与“水与火”的研讨会

2002年冬天的时候，一个颇有气质的中年人慕名来到张江蔡伦路的开能环保公司，直接找到了瞿建国。

“我叫孙朝生，哈尔滨人。我听说瞿总开发的全屋净水设备在上海非常走红，我想做开能净水器在哈尔滨的总代理，不知道能不能达成合作？”孙朝生原来是哈尔滨的一个政府官员，后来下海经商。他一直在寻找既有市场空间又能持续经营的产品。

在孙朝生到来之前，开能环保生产的净水器还没有走出过上海市场。瞿建国也考虑过产品走向全国，但他一直没有想好营销的模式。自己直销，管理成本很高。如果走代理制的道路，服务质量又难以控制。

数天之后，瞿建国带着两台全屋净水设备，和新入职的员工王建一起，乘飞机来到哈尔滨。王建是河北人，原来在一家香港上市公司工作，后来突然感觉要趁年轻做点事业，在朋友的介绍下，放弃高薪，加入了开能环保的团队。

瞿建国提着净水器直接来到了孙朝生的家里，他要用过硬的产品征服孙朝生。由于没有带安装工人，王建又不懂净水器的安装，瞿建国只好亲自动手。

王建后来动情地说："瞿总双腿一跪，屁股一翘，趴在孙朝生家厨房的地板上，把厨具拆开，把管道排好，再把净水器安装好，上上下下忙碌了几个小时，一点儿也没有大老板的样子。"

看着净化过的自来水汩汩流出，孙朝生大腿一拍，说："瞿总，你是个实在人，这个净化过的水质确实不错。我在哈尔滨南岗区买下了一套200多平方米的商铺，就用它做开能净水器的专卖店。"

经过半年多的筹备，2003年8月，开能环保哈尔滨专卖店正式开业。商店的门头上竖起了6米高的广告牌，写着"全屋净水，全家健康"的广告语。这是开能环保在上海以外建立的第一个代理销售点。

开业仪式上，瞿建国宣布，由上海市建国社会公益基金会和上海开能环保设备有限公司共同向哈尔滨中小学幼儿园赠送50台净水机。

向哈尔滨中小学幼儿园捐赠开能净水机仪式

就在孙朝生找到瞿建国要求合作代理销售的同时，一个叫王海的大连人也来到开能环保，希望在大连代理销售开能全屋净水设备。王海是一个商人，他也一直在寻找有市场前景的产品代理销售。在王海的一番游说下，大连棒棰岛国宾馆全部用上了开能牌全屋净水设备。

2004年，孙朝生的好朋友，一个叫谢展鹏的广东人，从孙这里得知瞿建国的创业故事后，主动找到开能环保，表示了对全屋净水设备的浓厚兴趣。谢展鹏是做电视剧投资的，他感到文化产业很不稳定，想再找一个市场反响好的产品来发展。对于谢展鹏，瞿建国并不看好，他知道做电视剧钱来得快，做净水器需要投入和专注，产出的利润又不多，谢展鹏也许是一时心血来潮，难以维持下去。在谢展鹏的再三坚持下，瞿建国决定去广州考察。

广州的市场非常不错，谢展鹏虽然在北京发展，但他在广州还是有许多资源和人脉，瞿建国决定和谢展鹏合作。这样，开能全屋净水器的品牌开始在珠三角地区打响。

2004年，开能环保好事连连，除了4月30日成立合资企业开能壁炉产品有限公司外，1月4日，开能环保在浙江嘉善召开新年新品发布会；1月30日，开能环保获“中国国家强制性产品认证”证书（CCC认证）；4月19日，上海开能净水机器人制造有限公司经工商局注册登记正式成立；9月24日，开能家庭中央净水设备获“2004年中国十大别墅首选部品金奖”；10月1日，开能环保总部搬进位于浦东新区川大路518号的开能产业园。

在壁炉公司成立后，瞿建国找来上海一些大型装潢公司的设计师，请他们谈谈对壁炉的体会。

“壁炉就是别墅生活的象征，有烧木头的有烧天然气的。”

“壁炉需要烟囱，也占地方，一般装修要搞壁炉难度比较大。”

……

既然装潢公司的设计师对壁炉的了解都那么局限，那开能环保在产品推广上需要更多的努力。瞿建国决定搞一个更大的平台，吸引更多的合作伙伴来了解开能的产品，代理开能的产品，做大开能的市场。他要杨焕凤牵头，请更多的合作伙伴一起来见证开能“水与火的时代”的到来：“至少要有上百人参加，要邀请全球的合作伙伴一起来，要塑造开能环保在净水器、壁炉制造行业的领军地位！”

杨焕凤也没有组织上百人参加的国际性会议的经验，她和唐佩英等人商量后，决定邀请会务公司来操办这一盛典。

“我们找了好多家会务公司，其中一家最具有合作可能的会务公司报价人民币40万元。”杨焕凤感到太贵了，开能环保还没有到挥金如土的时候，她决定自己搞。

参与会务工作的王建后来说，也不单单是钱的问题，关键是开能环保提出的会议效果，会务公司无法保证和满足。

2004年下半年，根据瞿建国推行门店销售的要求，开能环保在浦西宜家家居边上的华石路租赁了2000平方米的店面，开了华石路旗舰店，这是开能环保历史上规模最大的一家门店。瞿建国要求以“自然水火·生命之能”为主题的国际研讨会放在华石路门店开业的12月15日举行，会场安排在华石路门店附近的华亭宾馆，国内外200多位专家、学者和领导到会参与研讨，并参观了建设中的开能产业园。

12月16日，开能环保在新的生产基地成功召开2004年度代理商年会。

“自然水火　生命之能”国际研讨会

“自然水火·生命之能”国际研讨会的最终结果是，开能环保的代理商在2005年开始呈井喷性增长。而自行操办会议的杨焕凤说：“我们成立了一个会议筹备小分队，分别负责会务、宣传、接待、现场音响等事情，大家夜以继日地筹备，最后整个会议决算只用了14万元。而且，与会者都表示这次会议非常成功。”

海归儿媳妇和国际市场部

在华亭宾馆举办“自然水火·生命之能”为主题的国际研讨会上，出现了一位身材高挑、面容姣好的年轻女子。她气质如兰，低调勤勉，一会儿帮助杨焕凤处理突发事件，一会儿又用一口纯正的美式英语接待来自世界各地的客商。许多开能环保的员工从来没有见过她，以为是公司临时聘请过来的志愿者。

转眼到了2005年1月，这位年轻女子正式入职开能上海销售公司，成为一名普通销售员。根据开能环保的规定，普通销售员每年要完成100万元的销售指标。这位女子，就是瞿建国新进门的儿媳妇韦嘉。

韦嘉是瞿建国的儿子瞿亚明在加拿大埃德蒙顿阿尔伯特大学的同学。2004年12月，小夫妻俩刚刚成婚，就决定加盟开能环保，从基层一线干起。她把第一个销售单子的目标瞄准了自己的老爸。开能环保很少做产品广告，当时的市场知名度不高，要直接打开终端市场，难度很大。好在韦嘉的父亲对开能环保的产品非常了解，家里也正好没有全屋净水设备，当即购买了一台。

销售全屋净水设备，首先要工程师上门勘察现场，设计安装方案。韦嘉的家住在上海浦西，是一套老式的商品房。她带着工程师到家里后，突然发现了问题：“我们家的房型比较奇怪，管道也非常复杂，当时的全屋净水设备体积又比较大，工程师看了以后，感觉很难安装。” 韦嘉感到沮丧，好不容易说服老爸，煮熟的鸭子居然要飞了。

瞿建国听说情况后，认为不可能无法安装。他自己亲自去了一趟亲家家里，终于在门口找到了一个安放净水设备的位置，最终敲定了安装方案。

很快，韦嘉的亲戚朋友纷纷找上门来，成为她的客户。韦嘉的业务开始繁忙起来，因为英语好，上海销售公司的领导也把一些外籍客户的订单交给韦嘉处理。

许多居住在碧云社区的外国人，因为亲身体验过开能全屋净水设备的效果，纷纷在自己的朋友圈为开能环保宣传产品，一些居住在上海其他地区的外国人也通过开能环保的官网找上门来。外籍客户关注饮水健康，无须在产品的功能上多做介绍，一般只要了解了产品的性能和价格后，就会迅速下单。韦嘉接待的第一个外籍客户，是一个居住在虹桥机场附近的航空公司的飞行员。他通过电子邮件和韦嘉反复联系后，下单购买了一套全屋净水设备。

到了2005年下半年的时候，韦嘉已经以自己出色的销售业绩打开了局面。瞿建国决定把重担压在这个儿媳妇的肩头。他找到韦嘉："公司决定成立国际市场部，你去组建这个部门，打开开能环保在全球净水设备市场的大门！"

和韦嘉一起到国际市场部的，还有张洪瑞和付敏。

2005年，开能环保在中国以外市场的销售还处在一个原始的状态。早在2003年，瞿建国就意识到国际市场对于开能环保未来的重要性。他和杨焕凤、金凤一起去了美国，参加了美国水质协会（WQA）水展。这是由美国水质协会在美国针对美加市场打造的高质量水处理专业展览会。美国水质协会在国际上共拥有超过3000家会员单位，这个水展为会员单位沟通和技术及业务交流提供了世界级平台。杨焕凤回忆起那一次参展，她说："那时候，我们就租了一个9平方米的标准展位，还请了一个翻译。我们去美国水展，不是去销售产品的，是去学习的。当时国际水处理市场已经有几十年的历史，而国内市场刚刚兴起，我们就是去取经，回来把国内市场做得更好。"

2003年，远在加拿大读书的金凤，根据瞿建国的指令，也在温哥华租下了一个仓库，以前店后工场的形式，开始销售开能环保的产品。金凤还找到了关先生，请他做开能全屋净水设备的代理。为了迅速打开市场，金凤还通过加拿大的黄页电话寻找水处理公司，寻求更大规模的合作。

2005年，电子商务平台的异军突起带来了零售业的革命。1999年，马云在杭州创办阿里巴巴网络技术有限公司。2003年，马云投资创办淘宝网。2004年9月19日，阿里巴巴集团正式在纽约证券交易所挂牌上市。2004年10月，马云成立支付宝公司。这些重大事件的接连发生，使通过网络平台寻找全球客户成为可能。

瞿建国看到了韦嘉的成长，他要把韦嘉放到更合适的岗位上去。韦嘉的国际视野、英语优势和互联网思维，正好是国际市场部主管的最佳人选。

和韦嘉一起进入国际市场部的付敏，原来在深圳做外贸进出口业务。2005年，付敏的男朋友从深圳到上海发展，付敏为了爱情，辞去了在深圳的工作，也来到了上海。和陈小功一样，付敏也是在光大会展中心的招聘会上投了自己的简历。接待付敏的也是那个外国人。韦嘉后来说，那个外国人是开能环保的一个供应商，为了招募能够适应开拓海外市场的员工，瞿建国请他去招聘会站台。

付敏后来参加了开能环保举行的两轮面试。第一轮是杨焕凤和唐佩英在东方路展厅面试付敏。第二轮是瞿建国在川大路面试新员工。付敏记得有70多人参加了面试。

唐佩英称，开能环保招募的员工，第一个是价值观的趋同，第二个才是专业能力。瞿建国在谈到自己的团队时，说："我招募的员工，从单体上来说都不是最强的，但他们捏合在一起，爆发的能量是巨大的。关键是价值观的趋同。"

曾经有一次，唐佩英招募到一个非常出色的技术人员，唯一的缺点是喜欢抽烟。从2002年开始，瞿建国就在开能环保禁烟。在面试的时候，唐佩英就吸烟问题和那个技术人员进行了沟通："你能不能戒烟？"

那个技术人员也干脆："我戒烟好几次，都失败了。关键是戒烟以后，我的健康状况出现了问题。还有，如果不抽烟，我设计就没有灵感。所以，要我戒烟，这辈子是不可能的了。"

唐佩英非常惋惜地向瞿建国汇报了结果。瞿建国果断地说："那只好放弃，我不可能因为一个人才坏了规矩。"

对于价值观的趋同，瞿建国在2014年12月30日的微博中这样写道："价值观太重要了，是由心性体验其付出的认可度。毫无疑问，见识、视角、观念，均为不同之境界。哪怕同一观念时，都会区别很大。因此，价值观趋向性太重要了，无论夫妻、朋友还是同事，如差异过大甚至背离，一起的日子是不会久长的，或许是煎熬的。"

从一线销售员到国际市场部经理，短短半年时间里，韦嘉的职业生涯发生了很大的变化。可以说，开能环保的国际市场业务，就是当初瞿建国一个看似不经意的布局造就的。

在韦嘉的带领下，国际市场部先是设计了自己的网站，然后登陆阿里巴巴，发布企业和产品的信息。国际市场部成立后的第一笔生意，就是从网上找来的。一位加拿大的客户要求采购价值300万元人民币的电壁炉。韦嘉说，这笔生意虽然是上海人俗称的“搬砖头”，因为当时开能环保并不生产电壁炉，而是把上海另一家企业的电壁炉卖给了客户，但确确实实给开能环保的国际市场部带来了开门红。

随着客户的不断来访，韦嘉发现开能环保的许多产品还没有经过相关国际机构认证，很难真正走进国际市场。她把这个情况向瞿建国做了汇报。从2005年开始，开能环保按照国际认证机构的要求，把相关产品的材料、工艺制作成文件，和样品一起送达认证机构，通过长达几个月甚至一年的检测，陆续拿到了认证证书。最早拿到的是美国NSF认证和欧盟ROHS、CE的认证，德国的KTW认证是2018年才拿到的。有了这些国际机构的认证，开能环保的产品就有了进入这些国家市场的通行证。

在付敏的记忆里，2006年8月，西班牙有一家做水处理设备的VDF公司通过阿里巴巴网站找到开能环保的国际市场部，要求采购一些阀门上的配件，金额大约在3000美元左右。这是一笔很小的买卖，但对方透露其为西班牙第二大水处理设备供应商，是美国怡口净水器在西班牙的总代理商。他们希望通过和开能环保的合作，独家定制开发软水机，通过OEM生产，成为西班牙最大的水处理设备供应商。

瞿建国得知这个消息后，要求国际市场部紧紧跟踪对方，尽量满足对方的要求，借助对方的平台，做大西班牙市场。VDF公司的订单品种多、数量少，比较麻烦。开能环保发挥自身研发能力强的特点，全力满足VDF公司的需求。到2012年的时候，VDF公司已经在西班牙击败其竞争对手，成为市场份额第一的水处理设备供应商。现在，VDF公司每年和开能环保的合作金额大约在300万美元左右，成为开能环保在西班牙的最大代理商。

2006年的时候，韦嘉和付敏还接待了比利时人Pieter，他是从阿里巴巴网上找到开能环保的国际市场部，要求成为开能环保系列产品在欧洲的总代理商。那一年，开能环保单独为Pieter研发了两款软水机产品，到了2010年，Pieter的公司与开能环保的合作金额已经超过了1000万元人民币，成为当时开能环保在欧洲最大的合作伙伴。

除了通过互联网寻找客户，开能环保还参加各种水处理展，广交朋友，发展业务。当时，世界上最大的水处理展是美国的WQA水展和荷兰的阿姆斯特丹水展。2007年的时候，开能环保在阿姆斯特丹水展上认识了波兰的水处理设备供应商卢卡斯。波兰的水处理市场十分成熟，由十几家代理商分割市场份额。在认识卢卡斯以前，很多波兰的客商都找过开能环保，但是大部分是部件销售，价格也压得很低。瞿建国一直希望在整机销售上找到可靠的代理商，深度挖掘波兰市场。

听到开能环保的合作意图后，卢卡斯也感到很意外。他是一个善于捕捉商业机会的人，在开能环保的支持下，到了2013年，卢卡斯已经成为波兰市场最大的软水机供应商，与开能环保每年的合作金额也超过了150万美元。

波兰市场的彻底打开，也推动了开能环保在俄罗斯市场、中东市场和东南亚市场的发力。当时，马来西亚一个客户通过互联网认识了开能环保，他们公司只采购开能环保生产的复合材料压力容器，后来每年的订单达到10万只左右，占开能环保复合材料压力容器年产量的10%左右。

这样，由比利时经销商、西班牙经销商和波兰经销商构成的开能环保欧洲市场版图，奠定了开能环保国际市场50%的份额。

2005年，开能环保的国际市场部刚刚成立，迎来了一个叫理查德的美国商人。他20多年前曾经来过中国，为中国改革开放的巨大变化所惊叹。当然，这次理查德不是来游山玩水的，他是美国一个厨具品牌的老板，为了形成自己产品的竞争优势，想到中国来寻找合适的中央净水设备供应商。那时候，开能环保在川大路的厂房已经建成，理查德认为开能环保在中国的净水器生产商中具有一定的实力，但是，第一次他只是购买了100多美元的配件。因为理查德需要的整机，开能环保暂时还不能生产。

理查德回到美国后，对开能环保提供的配件质量很满意。他提出要开能环保定制两款手动的控制阀，还提出需要一批全屋净水设备。这个订单有十几万美元。瞿建国非常重视理查德的订单，马上组织技术人员研制开发。

“那时候，瞿总住在厂里，晚上12点，还经常出来晃悠。”因为和美国有时差，付敏有时候半夜还在办公，与美国客户洽谈。瞿建国看见她，就问理查德还有什么要求，技术上还有什么困难。

开能环保的全屋净水设备在美国打开市场，理查德起了很大的作用。

2008年的时候，有一个叫Toby的加拿大人从南京来到上海，韦嘉和付敏一起接待了他。Toby原来是加拿大一家水处理集团负责生产的副总裁，后来这个水处理集团进行业务重组，把工厂卖了，他便决定自主创业。他认识的一位在水处理集团做销售的马先生，动员他一起合作，开发一款类似Pentair的阀产品。受够了大公司官僚体制的气，Toby毅然决然地携妻带子到中国南京，与马先生创办的福碧源环境技术有限公司合作，开发与Pentair类似的控制阀，同时想在中国找复合材料压力容器的配套厂商。Toby在福碧源公司的介绍下，到上海来看看与开能环保有没有合作的可能。

第一次的见面并没有留下什么特别印象。

2008年7月，杨焕凤去加拿大多伦多探望在多大读书的女儿，闲着无聊，就给Toby写了一封邮件，问候并了解其项目进展。事后她才知道，她的邮件被Toby称为救命稻草。

据Toby回忆，他收到杨焕凤邮件的时候，正是他和福碧源的合作破裂的一天。他正在为过去一年的白白努力和付出而伤心不已的时候，也是在为他和伙伴们的创业梦想破碎而痛苦的时候，叮咚，杨焕凤的邮件到了。他如获至宝，马上邀请杨焕凤到Regina访问，后来还介绍了他的合作伙伴给杨焕凤。他们是具有40年水处理行业经验的，曾经创建水处理集团的Don和十几年的合作伙伴、负责市场的Jon。他们都是世界知名水处理公司Culligan的高管。Toby本人曾经担任过这家公司的副总裁，分管制造，对水处理产品的核心产品的技术和生产非常熟悉。他们是水处理行业资深人士。

和他们交流后，杨焕凤非常兴奋，马上向瞿建国汇报：这几位在水处理行业里资深的经验和技术能力正是开能所缺少的，如果能合作，在开拓北美市场方面和开能现有产品的技术、质量改进方面都能取得双赢的效果。

瞿建国一直想打开加拿大市场，当年委托金凤在加拿大市场的开拓没有什么大的起色，但这次杨焕凤与Toby团队的交流成果使瞿建国看到了希望。

很快，Toby和Don、Jon一起来访开能，对开能的实力和产品线、管理都非常满意，双方一拍即合，决定签署合作协议。由Don牵头，组织建立一个开能北美公司，和开能合作。该公司初期由9位团队成员投资，开能负责提供不少于120天账期的产品，为其开拓北美市场提供支持。等到团队基本达到盈亏平衡，开能就可以选择按团队实际投入的资金为计算价值依据，投入资金获得49%的股份。

同时，约定Toby来中国工作一年，负责按北美市场需要改进和完善产品设计，包括开发新产品。

与北美团队合影，第一排左起依次为杨焕凤、瞿建国、Don，第二排右二为Toby

“Toby是个很聪明的人，他来上海的时候，杨总要求我带着他，让

Toby教我英语，我教Toby中文。”瞿建国的司机荆波曾多次接待Toby，Toby会拿一张纸，把英文单词和中文单词以及拼音标在一起。很快，Toby就爱上了上海，他享受上海的街头美食，带着妻子、儿子在川沙城里走街串巷，中文水平突飞猛进，甚至可以乘地铁去市区游玩，而荆波的英语水平还是在原地踏步。

在富有40年水处理行业经验的Don的领导下，开能北美团队在阀门研发和新品开发上，为开能环保提供了许多富有创造性的建议。陈小功和陶峰都表示，开能环保在阀门研发上处于世界同行的领先地位，Toby和他的团队做出了很大的贡献。开能北美从9个人开始，经过多年的发展，已经成为拥有近200个员工的企业。2018年底前，开能环保行使了当初约定的选择权，完成了入资，还增加了比例，成为开能北美的控股股东，获得了北美的销售渠道。

2008年，开能国内及国际销售团队活动（摄于千岛湖）

瞿建国对北美团队的支持是实实在在的。根据开能环保的要求，海外客户的账期是30~60天，为了使北美团队周转更加灵活，经营更有底气，瞿建国给予北美团队的账期是120天，后来因为北美团队遇到了和老东家的法律纠纷，贷款困难，开能又把账期放宽到240天。

2009年，北美团队与开能环保的合作金额在600多万元人民币。到了2017年，Toby的开能北美水处理集团与开能环保的合作金额接近一个亿，成为开能环保海外市场最大的合作伙伴。

2017年，开能环保的年报显示，其营业收入为7.08亿元，而海外市场的收入为2.84亿元。2005年，一个看似偶然的机会，被瞿建国抓住，成就了今天开能环保业务的半壁江山。

门店销售与DSR服务

2002年1月31日，为了加强开能环保的销售服务功能，上海开能家用设备销售有限公司成立。2003年4月22日，北京开能家用设备销售有限公司成立。瞿建国认为，全屋净水设备是一个高档的居家用品，一定要放在影响力最大、人流量最大的商业地标展出。

2002年底，入职开能环保后王海强的第一份工作，是到不久后开业的小陆家嘴正大广场七楼开能环保展示厅当店长。正大广场的展示厅有60多个平方米，每天从早上10点营业到晚上10点。

"瞿总当时和我们讲，要搞四个'5'，就是50平方米左右，配5个工作人员，全上海搞50家，每个门店年实现销售额500万元。"

2003年，一个川沙的老朋友找到瞿建国，称自己在浦东东方路上开发的房地产，有一套600多平方米的街面房，希望他帮忙托盘。瞿建国到实地考察了楼盘，发现地段很是不错，自己做门店营销也需要场所，当即买下了这套房子。

2004年3月，开能家用设备销售公司搬到装修一新的浦东新区东方路1826号，同时，东方路开能产品体验厅对外开放，接待客户的咨询和体验。瞿建国倡导的门店式销售正式启动。

金凤后来说，开能环保的营销一直划分为三个市场，就是国际市场、国内市场和本地市场。国际市场主要以OEM和ODM为主要销售模式。在国内市场和本地市场上，又有不同的销售策略。国内市场以奔泰品牌为主，以代理制为主要销售模式。本地市场以开能品牌为主，当时以门店为主要销售模式。

开能环保的门店销售模式在2004年12月达到高潮，瞿建国租下华石路上的2000平方米展厅，将其打造成集销售、展示于一体的营销中心。在门店的开张仪式上，开能环保又力邀全球同行与科学家200多人一起出席以"自然水火·生命之能"为主题的国际研讨会，在业界引起轰动。

后来，开能环保还在西郊庄园、康桥半岛和松江别墅区开了三家门店。瞿建国认为，别墅客户是开能环保的目标客户群体，把门店开在目标客户群体的家门口，让他们亲身体验，促使他们购买。瞿建国希望把这几个门店办成样板，为后面的大规模门店建设提供经验。

事实往往与愿望相违背。新的门店在经过一番热闹后，很快陷于冷清。曾经做过上海开能家用设备销售有限公司总经理的王海强认为，门店存在阶段性销售的情况，许多客户买好了净水设备或者壁炉，就不会再来关注门店的商品。本来想通过他们的口碑传播来实现二次销售的情况，也没有大规模发生。

那个时候，上海开能家用设备销售有限公司有两个团队，一个是做房地产公司等的团购的团队，一个就是分布在门店里的销售人员。瞿建国还在著名的建材市场百安居里开了7个专卖点，结果也没有什么大的动静。

2004年，正大广场展厅关闭。

2007年，康桥半岛门店关闭。

2008年，华石路门店关闭。

2010年，东方路门店关闭。

2018年初，松江门店关闭。

进驻百安居的7个专卖点因为业绩不佳，也先后关门。

轰轰烈烈的门店时代远去。当初，有人建议瞿建国在上海宜山路家居一条街上开个门店，也许效果会完全不一样。但世界上没有后悔药可以买。所有门店全部关门了，但开能工厂令人难忘的环境，成为一个最独特的展厅。开能产品继续通过工厂直达客户的方式卖给上海的高端消费者，这种被瞿建国总结为DSR的服务模式，由上海开能家用设备销售有限公司推行。

瞿建国后来总结开能环保的产品销售时说，消费者买开能环保的产品，不仅仅是买一款净水设备，还买了一套服务方案，每个人的家庭情况都不一样，需要的服务方案也不一样，如果我们不把服务做好，销售就没有意义。在美国，有一家叫Culligan的企业就有类似的服务方法，在北美市场构筑了神话般的故事，成为知名的水处理公司。

所谓DSR的服务模式，首先是Door To Door，就是门到门五套服务，包括上门设计配置、上门安装调试、上门跟踪回访、上门维护检修、上门水质监测；其次是Solution，就是提供水处理解决方案，满足客户个性化需求；最后是Renew，就是定期更新滤料，定期更新产品，常用常新，永不淘汰。

开能环保是这样诠释自己的DSR服务的：开能不仅提供性能卓越的产品，更对客户的水质负责。从客户购买之日起，开能将以确保用户的用水健康和满意为己任。开能独创的DSR服务模式，为客户提供长久水质保障和服务。在上海地区有数百名工程师和服务技师，24小时响应服务，全力为50000多名客户的居家用水品质提供保障。

瞿建国更是细化了DSR服务模式的核心内容，就是“七大服务，一心为您满意”。这七大服务是：第一，免费上门设计，定制方案。开能的产品工程师免费上门，根据客户水质要求、用水量、安装环境等出具最合适的解决方案，并选配相应产品。第二，安装调试，专业可靠。客户确认解决方案后，开能专业安装工程师即刻上门服务，妥善将设备安装调试到位。第三，客户关怀，及时主动。产品安装期间，专业售后服务团队主动上门检测调试设备，致电回访提醒滤料更换时间，确保饮水安全。第四，维护维修，24小时响应。客户如有任何有关水的问题需要处理，均可随时拨打开能服务热线，由开能维护维修工程师上门服务。第五，免费提供备用机。设备维修或返厂保养期间，可免费为客户提供备用的净化饮水机，保障日常饮用水健康不受影响。第六，保养服务，国际品质。为保证净水品质，开能提供的滤料均按国际标准的生产流程进行筛分罐装，保证净水设备始终如新。第七，专家团队，专业水检。产品使用一段时间后，开能会主动为客户提供一次免费专业水质检测，由实验室通过专业仪器分析，并出具检测报告。

王海强认为，DSR服务模式的推出，使销售发生了几个显著的改变。

一是投入门店的成本大大降低；二是销售员队伍发生了变动，原来可以靠人脉和关系做销售的人员，因为推行DSR服务模式后，要不断地沟通和服务客户，工作量大大增加，慢慢离开了开能公司。而一些勤勤恳恳的销售人员通过服务客户增长了业绩，积极性更高了。三是销售业绩也大幅增长。

王海强说，DSR服务模式之所以成功，关键是开能本部的功能大大增强了，原来需要靠门店展示和体验才能打动客户，因为川大路开能环保产业园展示厅的完善，客户跑过来一看，再参观一下企业的生产流水线，就对开能环保的整体实力有了一个感性的认识，这样成交就很容易。

瞿建国把DSR服务模式称为“可以世世代代的生意，稳稳当当的赚钱”。就是把每一位客户服务到感动不已，自觉自愿地为产品推广并宣传。他说：“只要我们为客户提供令其感动的服务，我们的利益必将随之而来。”

瞿建新是DSR服务模式的受益者。他自企业推行DSR服务模式后，发展了客户3000多人：“有许多就是老客户介绍给我的！”瞿建新曾经在康桥半岛的门店工作过，当时康桥半岛推出了41套全装修的样板别墅，每套都选用了开能环保的全屋净水设备和壁炉产品。“后来，老客户介绍朋友来买，陆陆续续卖出了200多套。不仅有康桥半岛的业主，还有周边高端楼盘绿宝园的客户。”有一位老客户，出于对开能环保DSR服务模式的认可，近10年来，已经为瞿建新成功介绍了100多位新客户。

DSR服务模式不仅带动了开能环保产品的销售，也改变了许多销售人员的命运。陆晓东是2005年入职开能环保的。在此之前，他在八一电影机械厂做技术员，后来因为企业改制，买断工龄下岗。当时，一个朋友开了家小型的贸易公司，请陆晓东去帮忙。“连我加老板一共三个人，每月工资在2000元左右，生活很不稳定。”陆晓东知道，这样下去是没有前途的，他必须换一种活法。

“有一次我看见《青年报》上有一则招聘广告，第一句话就是‘你愿意挑战自己吗？给自己一个机会，挑战年薪10万元！’，这句话给我的刺激很大。当时，我全年的收入只有2万多元，刚谈了一个女朋友，每次和女朋友约会，花钱特别不自信。”

发布这条广告的，就是发展中的开能环保。为了使业务快速发展，上海销售公司急于招聘一批有进取心的销售员。

“我们在东方路展示厅通过面试后，集中被大巴拉到了川大路518号的开能公司。”和陆晓东一起被拉到开能环保的还有30多人，接待他们的是公司董事长瞿建国。

“当时的开能公司只有一栋1号楼，其他的全部是空地。瞿董带着我们参观，在一块块空地前描述着它们的未来，特别有激情。”陆晓东说，在八一电影机械厂，没有一个领导告诉过他们企业未来10年将如何如何，能告诉你明年做什么就很不错了。但是，瞿建国给他们描绘的却是未来10年开能环保的发展远景，让人听得热血沸腾。“瞿董想得远，说得仔细，给我们很大的鼓舞！”当时，陆晓东还有其他的企业选择，但他后来了解了瞿建国传奇的人生，更坚定了自己选择开能环保的信心。

陆晓东加入开能环保后，先是跟安装人员到现场，了解客户的需求和产品的特性，后来在康桥门店跟随瞿建新做销售。到开能环保后的第一年，陆晓东的收入并没有达到10万元，还略微少了点。但陆晓东对自己很有信心，因为他看到了开能环保售后服务上的优势，许多品牌在销售时对客户有承诺，但销售后往往难以落实。有的甚至还以销售人员离职搪塞客户。开能环保不一样，客户一个电话，不管是老板打来的还是保姆打来的，一律24小时上门予以解决。现场解决不了的，还免费提供产品供客户临时使用。这样，客户对开能环保很信任，不断介绍新的客户过来。

有一次，一位客户装修新居，买了开能环保的全屋净水设备。负责装修的聚通装潢公司一位夏姓设计师到现场了解情况后，对开能环保的服务赞不绝口。“许多供应商签约时催着客户付钱，签约后人影也找不到。开能环保在和客户签约后，主动找我们装潢公司联系，商量工程配合，这样的公司，我从来没有见到过。”

那位客户和陆晓东成了朋友，在两年时间里，先后介绍了三位朋友购买了开能环保的产品。而那位聚通装潢公司的夏姓设计师，也先后帮陆晓东卖掉了40多万的开能环保产品。

到了2009年，陆晓东的收入终于达到了10万元。他感到靠公交出行做销售效率太低了，准备买一辆汽车，这样自己的业绩会提升得更快。那一年，陆晓东买了川沙新镇一套65平方米的二居室的房子。他结婚后，把因为插队而在上海没有房子居住，一直生活在大丰农场宿舍的父母接回了上海。这样，再要买一辆汽车，存折上的钱就不够用。

“我想向公司借3万元。当时我看中的是一辆比亚迪F3，车价是6万多元。而我的存款只有3万元。”陆晓东把自己的想法告诉了杨焕凤。

杨焕凤说：“你自己花钱买车为公司跑业务，这是好事，我完全支持！但是公司的钱不能借给你，我可以和瞿总商量另外为你安排个人借款给你。”为了减轻陆晓东的还款压力，杨焕凤还主动提出，陆晓东每年归还公司一万元，三年内把钱款还清。

买车以后，陆晓东的工作效率大大提高，原来每天只能跑两三个客户，现在至少能跑五六个客户。到了2011年，陆晓东提前一年还清了欠款。

鉴于陆晓东在销售业绩上的突出贡献，2013年，他被开能环保列入首期员工股权激励名单，以当时市场价50%的价格，买下开能环保2万股股票。2016年，陆晓东抛售了部分股票，通过置换，买下了川沙新镇一套90多平方米的三居室的房子。

“我是一个知青子女，父母当时在上海没有房子，我也没有人脉和资源，是开能环保给了我一个平台。我把为客户服务，像共产党员为人民服务一样，深深植根在自己心中，通过DSR服务模式，不断赢得客户信赖。可以说，我一辈子的大事，娶妻生子，买房子买车子，完成大学学业，都是在开能环保完成的。”

奔泰，一个副牌的成长历史

2002年，瞿建国借下张江蔡伦路嘉宝实业的厂房，开始大批量生产开能牌全屋净水设备。按照瞿建国的设想，除了在北上广这些大城市销售外，还要通过代理销售的模式，向以地级市为核心的三、四线城市快速发展。

销售部门在深入了解实际情况后，向瞿建国做了汇报：当时很多三、四线城市的房价只有每平方米2000元左右，一套房子只有十几万元，而开能牌全屋净水设备的售价在人民币一万元左右，很难打开市场。

瞿建国想，开能牌全屋净水设备价格高，是因为售后服务成本高，如果全部推行像上海一样的门到门服务，因为三、四线城市的销售量没有这么高，代理商的人力成本会更高。但是，如果降低服务标准，势必会影响开能的品牌形象。这样，瞿建国想到了一厂多品，来满足不同消费者的需求。2003年1月31日，上海奔泰水处理设备有限公司注册登记正式成立。

关于奔泰这个名字的来历，瞿建国的诠释是："奔"取水奔腾之势，"泰"即《周易》中否极泰来之意，就是卦顺利，好运来。"如果说开能品牌是奔驰和宝马，那奔泰品牌就是桑塔纳。市场需要奔驰和宝马，更需要桑塔纳，这是中国国情决定的。"瞿建国这样解释他建立奔泰品牌的理由。

奔泰成立后，招募了一批销售人员，业务逐渐开展起来，2009年销售额达到了5000万元的规模。考虑到开能还为很多知名公司提供ODM产品，为了避免冲突，瞿建国一直想给奔泰品牌搭建一个结构：由管理团队持股的合资公司。团队持股不超过40%，公司持股不少于60%。希望通过持股的激励，让团队把奔泰品牌做大做强。

到了2009年，一个叫杨兰海的年轻人找到了瞿建国，表示愿意加盟开能环保做营销。杨兰海曾经在惠州的TCL集团股份有限公司、宁波的沁园集团股份有限公司做过销售。前者是全球化的智能产品制造及互联网应用服务企业集团，后者是一家专业从事净水设备、饮水设备及商用水设备等系列环保产品的高新技术企业。杨兰海的到来，使瞿建国对于奔泰的模式设计可以落实。就这样，杨兰海和他的团队持有奔泰40%的股份，使奔泰水处理设备有限公司拥有自主研发和生产的能力。2012年9月17日，瞿建国还决定租下川展路588号厂房，为奔泰水处理设备有限公提供独立生产的场地。

2010年1月8日，开能品牌和奔泰品牌分别评为2009年度中国水工业行业"十大民族品牌"和"十大净水机品牌"。此次评选活动从2009年10月10日开始正式启动，至2010年1月7日结束，8日评选揭晓，并在北京钓鱼台国宾馆举行"2009(第六届)'北京海德能杯'中国水工业行业十大评选"颁奖盛典。这是奔泰品牌第一次登上行业最高领奖台。

川展路588号奔泰工业园落成仪式

杨兰海组建了一支曾经做家电产品营销的团队，希望能通过家用电器成熟的营销渠道来开拓市场。2010年12月22日，上海奔泰水处理有限公司2010年冬季新品发布会在上海航空酒店成功举办。发布会以“辉煌、创新、超越”为主题，瞿建国、杨焕凤、韦嘉、金凤纷纷出席，为奔泰新品发布会站台。杨兰海以上海奔泰水处理设备有限公司总经理身份，和他的团队主要成员钟玉龙、黄树贵集体亮相。

此次新品发布会上，奔泰的反渗透纯水机、超滤净水器、管线机、直饮机、管道超滤机、大流量商用机、手动软水机、中央净水机、不锈钢分体式饮水平台、前置过滤器、紫外线杀菌器等八大家用产品系列全部展出，形成了自己完整的产品系列。

出席新品发布会的还有近200名来自全国各地的经销商以及媒体朋友。瞿建国多年来提出的国际市场、国内市场、本土市场的三个市场理念，正在变为现实。

2011年1月6日， 2010年度（第七届）中国水工业行业十大民族品牌评选中，“ 开能”品牌被评为“ 十大知名品牌”和“净水行业高端品牌”，旗下

“奔泰”品牌被评为“十大净水机品牌”，开能环保包揽四项大奖，成为业内获奖最多、最受关注的企业，瞿建国董事长被评为“十大风云人物”。

奔泰品牌的初步成功，不仅仅是因为独特发展模式的设计激励了杨兰海团队的加盟，实际上还因为瞿建国多年来在控制阀等核心生产技术上的突破，使全屋净水设备的制造成本大幅下降，而三、四线城市的人们对环保产品的需求开始爆发性增长。这样，低价的奔泰全屋净水设备开始在三、四线城市走俏。

说起奔泰品牌的故事，不能不提一个小插曲：曾经一场官司悄然而至，原告方正是开能环保多年的合作伙伴美国Pentair公司。原来，早在2003年开能环保向国家商标局申请“奔泰”及“奔泰尔”等副牌商标时，就遭到了美国Pentair公司的阻挠，此后其持续向中国商标局提出异议，意图在市场上打压开能环保。

美国Pentair公司提供的一份关键证据显示，其标注“奔泰”商标的产品广告早在2002年已出现在由上海四维广告印务有限公司印制出版的一本杂志上。开能环保的法务团队并没想到其中会有诈。杨焕凤在听取法务团队的汇报时，稍一浏览证据后发现，这份杂志曾经见过，但有关Pentair的内容可能不对。很快，杨焕凤在自己的办公室文件柜里找到了这期杂志，该杂志里并没有对方提供的内容。实际上其内容是刊登在2004年发行的《生活速递广告》上。这个事实一下子推翻了对方的假证据。开能环保在相关商标争议上最终获得了中国商标局的全面支持。

奔泰水处理设备有限公司经过5年的发展，销售金额从当年的5000万元增长到接近1亿元。然而，一方面，团队并没有实现当初承诺的高速增长的目标；另一方面，因为在企业的经营理念上存在差异，奔泰的经理人团队在经销商层面的满意度十分低迷。2015年9月，开能环保购买了杨兰海团队的全部股份后，任命金凤为奔泰水处理设备有限公司总经理，任命姚黎凌为奔泰水处理设备有限公司销售总监。

金凤后来说，瞿总一直把奔泰比喻为开能环保这驾马车上的两个轮子之一，还有一个轮子就是国际市场部。

在瞿建国的三个市场理论中，奔泰是属于国内市场范畴的。它的启动，不但为开能环保增加了销售收入，也为开能环保“全屋净水、全家健康”理念的推广提供了更为广阔的平台。

做了两年多的奔泰水处理设备有限公司总经理，金凤感受最深的是，她接手后，抓了三个方面的工作：一个是对现有奔泰产品进行梳理，完善水处理产品卫生许可证资质，改善产品品质；二是严格管控产品市场价格，严惩串货和不遵守价格约定的代理商；三是对代理商的服务响应及时、迅速，给代理商最大限度的支持和鼓励。通过一年的整理、整顿和维护，奔泰的销售额迅速突破了1亿大关，2017年实现销售收入1.3亿元。奔泰水处理产品代理销售模式，为许多三、四线城市的创业者提供了成长的平台。四川隆昌县一位叫田丰容的代理商，原来是做保险业务的，后来主动找到奔泰公司，两年多时间合作下来，她做销售，她老公做安装，年销售额达到上百万元，基本实现了小康。湖南长沙一位叫彭亮的代理商，通过和奔泰公司紧密合作，在长沙地区十几位代理商中脱颖而出，成长为长沙地区总代理商，每年的拿货金额就达到500多万元。

金凤在担任奔泰水处理设备有限公司总经理的过程中，深切体会到瞿建国在2014年1月18日微博中提出的“成就事业，就要利他。他是谁？他就是客户，是同事，是属下，是上司，是公司……就是面对之人。他的期望就是我们事业的机会。只是应付那个期望，那一定没有抓住机会；仅是满足那个期望，也可能会失去机会。我们的利他，务必要超出他的期望，使其满足，使他感动。这就是成功之道！”。那一天，距离瞿建国60周岁生日仅仅一天之隔。可以说，短短的一百多个文字，浓缩了瞿建国60年的人生感悟。

2018年，赵笠钧团队入驻开能环保后，金凤离开奔泰水处理设备有限公司，到开能环保出任负责ODM业务的副总裁，主管海内外ODM业务，挑起了开能环保近70%的业务目标。而姚黎凌则于2019年接任上海开能销售服务公司的总经理一职。

在世界级舞台频频亮相

2008年，北京奥运会即将举行。根据惯例，要在奥运村和比赛场馆等人群密集的地方安装大量的公共饮水设备。北京奥组委的领导根据小汤山医院提供的信息，一路来到上海，找到了开能环保。

瞿建国感到这是一个提升开能品牌影响力的好机会。在通过正常途径竞标中标以后，他还以上海市建国社会公益基金会的名义，向北京奥组委赠送了一批开能商务饮水机。开能产品第一次出现在国际奥运会这样的大型正式场合。国际奥林匹克委员会主席雅克·罗格和北京奥组会主席、北京市委书记刘淇签发证书向开能环保谨致谢忱。

2008年8月1日，北京的解放军总医院，也就是大家熟悉的301医院安装了48台开能牌饮水机和44台开水系统。这是开能净水设备问世以来的高光时刻。在有意和无意之间，瞿建国凭借上天赐予的良机，不断把开能环保的产品推向公众的视野。

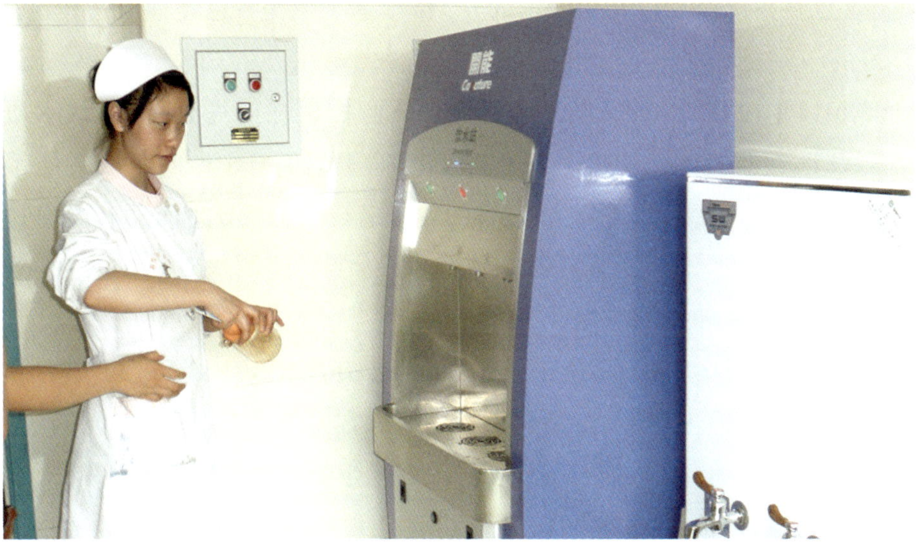

在北京301医院住院大楼安装的开能商务饮水机

2010年5月27日，开能环保研发制造的商务净化饮水机产品为上海世博会所采用，多功能饮水机安装于上海世博会问讯处等地方。2010年9月，开能环保荣获上海世博会世博园服务保障先进集体荣誉。

2011年7月，开能牌户外饮水机在第十四届上海世界游泳锦标赛上被大会组委会选用。

2011年7月，开能牌净化水饮水台入驻上海市人民广场公共区，免费为广大市民和出行者服务。

2009年，上海迪士尼项目获国家批准，入户川沙新镇。2011年4月8日，上海迪士尼项目正式开工。这个总投资为245亿元的项目，开始并没有引起瞿建国的重视。园区内要设置公众饮水装置，方便游客使用。开始，参与上海迪士尼这个项目竞标的是美国Pentair公司，也是开能环保多年的竞争对手。但是，迪士尼美方总经理对所有的供应商似乎都不满意。在方案一次次被否决后，他的顾问，一位来自香港地区的园区规划设计专家给他提供了开能环保的信息。这位香港顾问是开能环保DSR业务的客户，曾经参观过开能环保的产业园区，对开能印象非常好。

开能环保距离上海迪士尼只有10公里的距离。瞿建国亲自带领杨焕凤等人接待，参观工厂、开会商谈。开能工厂的干净整洁、环保健康理念、客户服务价值观以及瞿建国的介绍，给迪士尼美方总经理Curt留下了良好的印象。

2014年12月，迪斯尼直饮水远程水质监控系统正式上线。在线水质监测及远程监控系统是开能环保为上海迪士尼量身定做的一套智能系统，利用互联网技术和平台，将设备的实时运行状态及处理水质状况通过数字化方式传送至开能服务器端数据库，为实时监测水质、经过终端分析、远程控制处理提供依据。

2016年6月16日，上海迪士尼正式开园，开能环保安装的30多套户外饮水装置亮相迪士尼园区，为前来游览的游客服务。瞿建国后来说，在使用过程中，这套设备服务数千万人次，没有发生过一次故障，没有一个人提出过投诉，这在整个迪士尼的历史上也是罕见的。

在开能环保的产品频频亮相世界级舞台的同时，一些社会名流也成为开能环保产品的忠实粉丝。

华裔名人靳羽西在一次商业活动上与瞿建国认识，后来购买了一套全屋净水设备作为她在上海市中心大平层的水处理设备。在这个家里，靳羽西还安装了桑拿设施，用水量非常大。但羽西非常喜欢开能环保的产品，认为其智能化程度高，服务随叫随到，令人赞叹。

2015年和2016年，靳羽西在上海举办环球小姐中国区总决赛，邀请瞿建国创办的正道酒庄为总决赛晚宴提供红酒。在2015年的环球小姐中国

244

区总决赛上，亚洲颇具知名度和影响力的香港女艺人张柏芝小姐，拜博口腔医疗集团创始人、董事长黎昌仁先生，艺术电商艺高高创始人兼CEO、著名主持人曹启泰先生，触动传媒创始人兼执行主席冯晖中先生，以及Maryma品牌创始人、马艳丽高级时装有限公司董事长兼艺术总监马艳丽小姐悉数到场。在2016年的环球小姐中国区总决赛上，评委会主席黄舒骏先生，著名主持人陈鲁豫小姐，北京普思投资有限公司董事长王思聪先生，2007年环球小姐总冠军日本小姐森理世（Riyo Mori），以及香港著名影视演员吕良伟先生悉数到场。

作为环球小姐中国区大赛总裁，靳羽西利用环球小姐中国区总决赛这个平台，为瞿建国的开能全屋净水设备和原能细胞科技提供了展示的舞台。

瞿建国在2014年9月14日的微博上这样写道："昨晚的环球小姐选赛活动上，开能净水器、原能细胞大出风头，活力四射的活动主办人羽西小姐反复强调，她非常喜欢开能全屋净水器。昨天的活动上，大家都认为，无论是外表的年轻美丽还是内在的健康活力，均需要关爱和呵护。在环境较污染的今天，开能人更应负起这责任！"

2016年，靳羽西（左三）一行来访开能环保及原能细胞

英国人胡润也是瞿建国多年的朋友。他最喜欢开能环保生产的壁炉，

跳动的火苗让他想起在英国的日子。胡润不仅购买了开能环保的产品，还多次邀请瞿建国参加他组织的各项活动，竭尽全力为瞿建国站台。2006年10月11日，胡润邀请瞿建国参加胡润百富创富中国高峰论坛；2012年10月19日，瞿建国获胡润百富颁发的“2012中国产业贡献奖”；2018年10月10日，胡润再次邀请瞿建国参加“百富榜”20周年及改革开放40周年莫干山论坛。在论坛上，瞿建国和大家分享了他在改革开放40年里，从村镇企业开始四次创业的不平凡经历，生动诠释了中国改革开放40年来波澜壮阔的历史。

2012年，胡润（左三）来访开能环保，与瞿建国（右二）、杨焕凤（右一）、瞿亚明（右三）、庄乾坤（左一）围炉而坐

上海著名餐饮品牌红子鸡的老板陈中良喜欢在家里喝茶、养金鱼，对水质要求很高。陈中良开始是选择桶装水作为饮用水，在多年前知道开能全屋净水设备后，马上安装了一套。后来，陈中良又在他开创的餐饮品牌红子鸡、豪皇、小金捞海鲜火锅等饭店里全部选用开能环保的净水设备。在陈中良的推荐下，他的许多朋友也用上了开能环保的产品。

国泰君安证券公司原副总经理、著名金融家谢荣兴是瞿建国多年的好友。2007年，开能环保能够自行生产壁炉了，瞿建国请谢荣兴到他在厂里居住的小别墅做客，然后在壁炉里烤了一个红薯给谢荣兴吃，引起了谢荣兴对壁炉产品的兴趣：“我市区的公寓和郊区的别墅都装了开能环保的全屋净水设备和壁炉。我尤其喜欢壁炉，在西方，一国首脑接待另一国首脑，都喜欢选择有壁炉的客厅。家里有个壁炉，感觉不要太好！”

对开能环保产品的认同，已经成为业界的共识。2012年1月7日，2011年度（第八届）水工业行业十大评选颁奖典礼在北京钓鱼台国宾馆举行，开能环保荣获“净水行业特别贡献奖”。

2013年9月25日，在中国净水行业十大品牌评选中，开能环保被评为“最具影响力企业”。

2014年7月，开能环保获“净水行业百强品牌”。

2014年11月18日，开能环保在2014年净水行业品牌盛会上评为“最具影响力企业”。

2014年11月25日，开能环保荣获2014年中国家电制造行业最具成长力制造商“磐石奖”。

2015年11月18日，由慧聪净水网主办的“赢享中国”2015年中国净水行业互联网大会暨品牌盛会颁奖盛典在北京钓鱼台国宾馆盛大举行，开能环保经公众投票和专家评审综合评定，获得2015年中国净水行业品牌盛会行业影响力品牌大奖。

2015年11月30日，“第五届中国家电营销年会”在杭州开元名都大酒店盛大开幕，开能环保获2015年度中国家电行业最具竞争力品牌“磐石奖”。

2015年12月，开能环保被阿里巴巴（中国）网络技术有限公司评为2015年度上海影响力网商。

2000年，因为瞿建国一个目光长远的决定，铸就了一个中国民族品牌的一段传奇。这是一个创业老兵对一个时代的致敬。十几年时间过去了，瞿建国创立的开能品牌，成为中国净水器市场的一个神话。

第六节　在资本市场里再度崛起

瞿建国是中华人民共和国成立后在股市里第一批吃“螃蟹”的人，他尝到了利用股份制力量做大做强企业的甜头。2001年创办开能环保的时候，他向每一位员工承诺：10年后企业上市。2011年11月2日，开能环保登陆创业板，在深圳证券交易所正式上市。时任浦东新区常委、副区长的严旭在敲钟开市仪式上动情地说：“开能环保的证券代码是300272，这个数字好啊！‘3’代表了瞿建国先生一生三次创业，‘00’代表两次从零起步，‘2’代表两次上会，‘7’代表锲而不舍，‘2’代表两次上市。这就是我们上海浦东敢为天下先的精神，这就是我们上海企业家的精神！”

大律师吕红兵找来的小老乡

瞿建国一直在关注中国资本市场的发展。他是中国股份制改革的最早受益者之一。

1998年3月，成思危代表民建中央向当年的全国政协会议提交了《关于尽快发展我国风险投资事业的提案》，开启了在中国设立创业板的征程。同年，成思危提出了创业板“三步走”的发展思路：第一步是在现有法律框架下，成立一批风险投资公司；第二步是建立风险投资基金；第三步是建立包括创业板在内的风险投资体系。

1999年起，深圳证券交易所开始着手筹建创业板。1999年12月，全国人大常委会对《公司法》做出修改，即高新技术企业，可以按照国务院新颁布的标准在国内股票市场上市；同时通过了一个拟建单独的高科技股票交易系统的决议。

2000年10月，深市停发新股，筹建创业板。

2001年初，美国纳斯达克神话破灭，成思危建议缓推创业板。2006年下半年，尚福林表示适时推创业板。2007年3月，深交所称创业板技术准备到位;尚福林要求积极稳妥推进。2007年7月，深交所称正紧张筹备创业板，权威人士称2008年正式推出创业板。

2007年早春，瞿建国考虑开能环保到创业板上市。为了使企业更加符合上市公司的规范管理，瞿建国请来了国浩律师集团（上海）事务所和安永会计师事务所作为企业上市的服务单位。

国浩律师集团是中国承担企业上市业务比较著名的律师事务所之一，其主要合伙人吕红兵律师早年曾做过万国证券公司的法律顾问，在中国资本市场享有盛名，和瞿建国也是多年的好友。为了更好地做好企业上市大量事务性工作，吕红兵建议瞿建国聘请一位董事会秘书。瞿建国倒也是从善如流。杨焕凤曾经在申华实业担任过董事会秘书一职，但现在出任开能环保的总经理一职，实在分身乏术。瞿建国希望新的董秘年纪轻，有法务或者财务的专业背景。“吕红兵，你能不能帮我找一个？”瞿建国知道吕红兵在金融证券界朋友多，信息灵，应该会有合适的人选。

熟稔上市业务的吕红兵，突然转型为人才猎头，他也有点不知所措。静下心来，吕红兵想起了一个朋友：山东老乡高国垒。

吕红兵是山东泗水人，1966年生人。高国垒是山东烟台人，1978年生人。两人是华东政法大学的校友，当时，高国垒在《上海法治报》新闻中心任副主任，符合瞿建国年轻、专业性强的要求。

瞿建国与吕红兵

接到吕红兵的电话，高国垒有点茫然。他从华东政法大学毕业以后，一直在《上海法治报》工作，没有企业管理的经验，对瞿建国是何许人也一无所知。

在网上浏览了有关瞿建国的新闻后，高国垒突然产生了兴趣。那时候，在互联网的冲击下，平面媒体已经趋向式微。而《上海法治报》在上海媒体的大整合中，也从上海市政法委口子并入解放报业集团，报社的领导和机制都发生了根本性的变化。通过吕红兵，高国垒打通了杨焕凤的电话。

“我是吕红兵律师介绍的《上海法治报》记者高国垒，我想找瞿建国先生见个面。”

杨焕凤非常客气，落实好见面的时间地点后，邀请高国垒到川大路的开能环保做客。

高国垒到开能环保的那一天，杨焕凤恰巧不在，这是瞿建国和高国垒的第一次见面。关于这次见面的谈话具体内容，高国垒已经无从记忆，但他深为瞿建国描绘的开能环保的蓝图所震撼，决定离开报社，追随瞿建国的步伐，一起投入到开能环保的事业中来。

高国垒决定加入开能环保的另一个主要原因，是对瞿建国人品的高度认可。作为一个记者，高国垒善于从细节中寻找真相：一个是杨焕凤能够跟随瞿建国20年无怨无悔，另一个是瞿建国家的保姆也跟随了他20多年。现在这个社会，一个保姆能在东家做20年是非常少有的。可见东家的宽容和保姆的敬业。有一次，高国垒参加瞿建国的一个宴请，说起他家的保姆，瞿建国笑着说：“她不是保姆，是我们家的办公室主任！”这种对于身边普通人的尊重，让高国垒感到瞿建国的不一般。

后来，高国垒在帮助瞿建国处理一桩物业租赁官司时，更是见识到瞿建国非凡的人格魅力。有一次，有个小物流公司从开能销售公司所租的办公室中转租了一部分用于办公，最后付不出租金还赖着不肯搬走。当得知开能销售公司与业主整体的租赁关系即将到期，开能销售公司如不能及时完整交还房屋，将面临违约赔偿时，这家物流公司狮子大开口，要求开能销售公司支付搬迁费才肯搬走。开能工作人员报警后，警察说这是经济纠纷，不便干预。

瞿建国委托高国垒全权处理此事。高国垒向著名律师王嵘求助。王嵘说，自己的岳母是浦东川沙人，听岳母说瞿建国为家乡做过不少好事，口碑相当好。后来高国垒和王嵘具体谈律师费时，王嵘爽气地说，看在高国垒的面子上，更是出于对瞿建国多年来从事慈善事业的敬意，完全友情代理此案，成功地用法律手段解决了这一纠纷。难能可贵的是，此后多年，王嵘从未向开能环保寻求新的业务合作。这也可以看出瞿建国在社会上的口碑。

2007年6月27日，高国垒正式入职开能环保，出任董事会秘书一职。瞿建国对高国垒的要求是，做好职工持股工作和引进外部投资，完善股份结构。

首批职工持股名单一共有45人，都是企业中的高级管理人员和技术骨干。瞿建国为了感谢这些员工多年来对开能环保的付出，要求按照会计师事务所审核的净资产折合股份，即按照每股人民币1.6元的价格卖给员工，没有一分钱的溢价。

2013年，开能环保上市以后，瞿建国还启动了第二轮的员工股权激励方案。在4月21日召开的上海开能环保设备股份有限公司股东大会年度会议上，首期股权激励方案通过，80多名核心员工获授300多万股股权。瞿建国提出，第一次参加股改的员工就不要参加了，把机会让给更多的普通员工。

高国垒是两次股改的亲历者与操作者，他切实感到，在大的利益上，瞿建国是真心为员工考虑的。通过两次股改，开能环保100多位员工成为百万富翁，有的甚至身家上亿元。

瞿建国在2015年1月31日的微博中这样写道："热爱才能成功，热爱自己的公司才能成为其优秀员工、终身的员工。公司就是股东、同事、客户、合作伙伴等要素有机的结合。为他们的利益、为他们的诉求而努力付出，这才是热爱的方向，这也是人生事业成功的起始。"几十年的人生经验告诉瞿建国这样一个道理，成功必然分享，有舍才有得。正是在几十年的创业过程中，瞿建国不断与员工分享创业成果，才使得一大批忠诚的员工紧紧跟随他，开疆拓土，建功立业，成就了一次次奇迹。

从2007年8月份开始，一直到2007年11月份，开能环保的职工持股工作圆满结束。与此同时，引进战略投资者的工作也在紧锣密鼓地进行着。对于引进战略投资者，瞿建国是这样认为的：虽然我们不需要资金，但今后要上市的时候，还是需要一个认可我们的战略合作伙伴，给我们提供强有力的支持。

挚信资本的董事长李曙君是杨焕凤在中欧国际工商管理学院的校友， 曾经是陈天桥的盛大网络公司的副总裁和首席财务官。2006年5月，李曙君辞去盛大CFO职务，创立挚信资本，如今风靡中国的美团就是李曙君资本运作的杰作。

在对开能环保进行实地考察以后，很快，李曙君就做出了投资的决定。到了2007年12月，挚信资本旗下的鲁特投资咨询（上海）有限公司投资4000多万元，持开能环保18.18%的股份。开能环保的股本结构更加符合上市公司的要求。

2008年2月3日，开能环保召开股东会审议通过，将上海开能环保设备有限公司整体变更为上海开能环保设备股份有限公司。2008年3月3 日，开能环保完成工商股份登记。这样，开能环保上市创业板已经万事俱备。

两次上市一波三折

2009年，开能环保把上市所需要的材料全部送达中国证监会，根据证监会的安排，将于2010年过会通过发审，确定能否上市。

在发审会的前一天，瞿建国出于礼貌，到证监会拜会了有关部门领导。有位发审部门领导说：“瞿总，做实业很不容易，您看开能一年的利润只有2000多万元，还不够在北京金融街买套房子！规模大小也是衡量风险的指标之一。”

听到这番言语，瞿建国心里一个咯噔，他知道这次发审凶多吉少了。但是，他脸上什么也没有表露出来，微微一笑说：“那好，我们继续努力，争取把业绩搞上去！”

第二天，瞿建国带着杨焕凤、高国垒、瞿佩君和保荐机构长江证券的工作人员一起赶往发审会现场。在租用的商务车里，大家沉默不语，气氛特别沉闷。突然，长江证券的工作人员问瞿建国：“瞿总，今天我们能不能过会？”

“今天过会，你请客吃饭。今天过不了会，我请客吃饭！”瞿建国巧妙地转换话题，活跃了气氛。

在发审会上，专家的提问果然犀利，直击开能环保的软肋。有一位专家以开玩笑的口气问：“瞿总，从2001年开能环保成立至今，你没有在公司拿过一分钱的工资，是不是企业利润太少了，你这个大老板都不好意思拿工资了？”

后来的《开能环保招股说明书》中显示，2008年，开能环保的营业总收入是9604万元，利润是1212万元；2009年，开能环保的营业总收入是12490万元，利润是2554万元。作为一家上市公司，无论是营业总收入还是利润，确实是比较低的。专家给出的结论是：企业规模较小，抗风险能力较弱，此次IPO不予通过。

杨焕凤后来称，当时感到备受打击，因为按创业板的上市要求，开能的收入和利润都是符合标准的。瞿佩君也非常难过，因为此次发审会，他们是带着公司所有员工，特别是持股员工的殷切期望而来的。高国垒更是自责，作为负责上市工作的董事会秘书，他感到自己缺乏经验，没有把工作做好：“当时市场对全屋净水设备的认知度还不高，我们开能环保上市，不仅仅是经济上的意义，更多的是企业的社会责任。这个方面，我作为董秘，应该更多地和监管层沟通，应该更多地把企业的内在价值体现出来。”

早已知道结局的瞿建国倒是安慰起大家来：“我们这次上市，除了发审会提出的规模较小、抗风险能力较弱以外，其他的做得都不错。我们就好像一个怀孕的女人，本来想9个月就把孩子生下来，医生不同意，那就回去养养好，等10个月足胎了，再把它生下来！”瞿建国还践行诺言，请大家吃了一顿饭。

高国垒对瞿建国感到钦佩的是，发审会结束后，瞿建国还和杨焕凤一起到证监会的有关职能部门一一表示感谢。“这个很多老板做不到，在这样的时刻，瞿总还这样做，说明他的内心足够强大。”

当然，对于发审会的意见，瞿建国也是有自己的想法的。创业板本来就是为了支持中小企业发展而设立的金融制度，现在开能环保因为企业规模小利润少而被拒之门外，多少有点“幽默”。

发审会结束后，瞿建国带着自己的团队连夜返回了上海。第二天一大早，瞿建国召开了全体中层干部会议，向大家传达上市失败的消息。

那一天，高国垒很早就赶到了企业。在走过从生产区到生活区的小桥时，他看到早起的瞿建国正在桥上散步，在晨曦的照耀下，瞿建国的鬓发白得有点晃眼。在与瞿建国共事的三年多时间里，高国垒还从来没有发现瞿建国有这么多的白发，心里忍不住有点发酸。

参加中层干部会议的，大多数是持有企业股份的员工。他们听到上市失败的消息后，个个神情沮丧，士气低迷。

瞿建国开口发言，他把上市失败的责任全部揽了下来："这次上市不成功，主要责任在我。大家不要气馁，继续把企业做大做强。法律规定6个月后可以继续申请IPO，那我们就继续申请上市。明年上不了，就后年上，一直到能上市为止！证监会的领导告诉我，能继续申请上市的企业都是好的企业，我们要有这个决心！"

瞿建国的一生，不知道经历了多少次的失败。在2014年4月30日的微博中，他这样写道："什么是失败？失败是成功之母！摔倒了不是失败，没有起来才是失败。输了也不是失败，不再努力才是失败。失败必是人生的过程，成功者从不认败。"

高国垒说，当时有很多企业包装上市，比如前几年所得税没有缴，为了上市去补缴，第二年再申请上市，业绩就受到很大影响。而像开能环保这样的企业，老老实实经营，规规矩矩纳税，再次申请IPO，就不会有很大的影响。

也许是第一次申请上市遭遇挫折，开能环保的全体员工在2010年创造了更加优秀的业绩，营业收入达到1.65亿元，利润达到4329万元。

这一次，瞿建国吸取了教训，没有像第一次那样，只是让董事会秘书和保荐代表去沟通。这一次，他和杨焕凤亲自出马去和发审部门沟通，解答有关的问题。

原来，第一次上会，也有不少人误解瞿建国并没有真的自己投身到企业经营中，以为他还是在加拿大遥控指挥，资本运作。

第二次报审证监会，通过多次的意见反馈和认真、细致的沟通工作，瞿建国以其对产品的了如指掌，对市场的深刻认知，对公司情况的如数家珍，让证监会发审部门的专家们认可和相信：瞿建国在开能10年的创业过程中，亲力亲为，扎扎实实地开创了一个前所未有的居家水处理的细分行业，并成为行业的领头羊。尽管在此前申华的创业历程和风风雨雨中，人们给瞿建国贴了很多标签——乡镇企业家、资本大佬、风云人物，但这一次，他是实实在在地做了实业。

了解他的杨焕凤说："做实业是瞿总的梦想，一直是。申华没能通过引进大股东来实现瞿总的实业梦想，瞿总就自己做一个开能。一般不是很了解他的人，很难想象他其实一直是一个执着的追寻梦想的人，也是一个非常有耐心和耐力去实现梦想的人。他10年前描绘的愿景，都实现了，让我们非常服气，非常敬佩。"

2011年，开能环保第二次上会，顺利通过IPO。后来，中国证监会、证券业协会、中金公司等金融机构，陆续成为开能的客户，在他们的办公楼里购买和安装了开能生产的净化饮水设备。不能不让人想象，瞿建国在上市的过程中，也销售了公司的产品。

那次过会，高国垒没有去北京，他在上海处理新闻危机公关事宜。其实，在2010年第一次申请上市的时候，《21世纪经济报道》等媒体对开能环保的市场销量排名、毛利率甚至瞿建国的慈善公益活动，都提出了公开的质疑。这些看似专业的报道，以似是而非的内容，对开能环保的上市造成了一定的不良社会影响。

高国垒作为一名政法记者出身的董秘，深谙其中的诀窍。当时，一些媒体为了完成报社的经济指标，利用一些企业上市或者重组等机会，通过批评报道的形式，对企业施加压力，希望借此获得广告收入。几乎所有过会的企业，都会遇到各种各样的打着某新闻媒体名号的人，找到董秘，威逼利诱公司与其所代表的媒体签订高额广告合同，如不签就发布各种不实消息，夸大企业的问题，引发公众关注，给企业施加压力。

偏偏瞿建国是一个骨头很硬、遇强更强的人，他明确告诉杨焕凤、高国垒，我们坚决不能屈从这种不正之风。

杨焕凤回忆道："为此，我们找了多家媒体的上级单位反馈信息，还敲了一些私下里与媒体广告部合作的假记者的饭碗。因为这些媒体的上级主管部门并不知晓，也不赞成这种为了扩大广告收入的不正当合作。"

现在想起来，杨焕凤还是感叹，当时的媒体环境真是令人震惊的混乱。

2014年9月26日，上海警方宣布，21世纪传媒公司总裁沈颢、总经理陈东阳等人被警方带走。警方的消息表明，这些新闻界败类，在北京、上海、广东数十家上市、拟上市、重组、转型中的企业中，以负面新闻报道的形式，进行了敲诈。这种利用新闻公器犯罪的形式，也算是中国经济发展过程中的一个插曲。

2011年7月29日，中国证券监督管理委员会创业板发审委2011年55次会议发布审核结果公告：上海开能环保设备股份有限公司首发申请获通过。

2011年11月2日，开能环保被安排在深圳证券交易所敲钟上市。前一天，瞿建国漫步在深圳证券交易所所在的福田路上，突然诗兴大发，吟出打油诗一首："手把青秧插福田，低头便见水中天。心地清净方为道，退步原来是向前。"表示了自己10年创业，终成正果的喜悦。从那一天起，瞿建国开始了自己的微博创作生涯。

2011年11月2日，瞿建国（右二）、严旭（右三）参加开能环保上市仪式

敲钟开盘那一天，时任浦东新区常委、副区长的严旭到场。他动情地

说："今天，开能环保在深圳创业板上市。这是我们浦东著名企业家瞿建国先生创办的第二个上市公司。开能环保的证券代码是300272，这个数字好啊！'3'代表了瞿建国先生一生三次创业，'00'代表两次从零起步，'2'代表两次上会，'7'代表锲而不舍，'2'代表两次上市。这就是我们上海浦东敢为天下先的精神，这就是我们上海企业家的精神！"

2011年11月11日，开能环保在绿地豪生大酒店举办了"携手创业，共创未来"开能环保十周年华诞暨成功上市庆典。瞿建国第三次创业初期承诺的"十年时间准备"，"十年以后起飞"的目标已经完全实现。

在这个庆典上，开能环保举办了"十年华诞系列活动"。"开能十年历程图画展"，充分展示开能环保十年创业艰辛耕耘和稳健发展的足迹，并把图画展览搬到了庆典上；"我与开能共成长"征文活动得到员工的踊跃投稿，员工在文章中畅谈对开能文化理念的理解和与开能一起成长的心得体会。

在庆祝开能十年华诞的盛典上，第一批10位十年荣誉员工接受了公司的嘉奖，他们是瞿建国、杨焕凤、刘国华、刘惠兰、邵麟、陈卫国、张元镇、唐佩英、黎伟民、瞿佩君。

会上特别嘉奖了金凤和顾天禄。

十年荣誉员工后来成为常态性的表彰。2013年3月3日，2013年开局庆典暨2012年表彰大会在开能产业园刚建成的模具车间举行。第二批10位十年荣誉员工接受公司嘉奖，他们是王卫民、顾献忠、龚占欧、关卫平、刘小童、瞿明蔚、李国平、丁海涛、应立中、王海强。

在此次庆典上，开能环保的第一批星级员工登台进行授牌仪式。如果说表彰十年荣誉员工重在员工的忠诚度，那么，星级员工的评定则为那些乐于奉献、善于学习、富于创新的员工提供了表彰的平台。这也是瞿建国企业管理思想的进一步深化。对于表现出色的员工，要大胆提拔、大胆奖励，包括股权激励和各种荣誉的颁发。

2014年3月2日，开能环保假座浙商大酒店举行2014年开局庆典。第三批14位十年荣誉员工被授奖，他们是张屹、陆军、孙美琼、金惠霞、邱友岳、祁漪、姜培静、周忆祥、高爱国、王建、陈达、董建敏、周卫东、王耀俊。

在瞿建国眼里，企业上市不仅是一种资本运作的方法，也是提振士气、吸引人才、凝聚士气的途径。上市，不仅改变了开能环保的未来，更改变了开能环保每一位员工的命运。

开启下半场人生

2014年，瞿建国将迎来他的六十大寿。这一年，也是瞿建国创办开能环保的第十三个年头。他凭借自己多年来积累的经验、人脉和财富，把一个从仓库里起步的环保企业办到了创业板上市。按照瞿建国的想法，他希望在60岁的时候退出江湖。再好的剧本，总要落幕。他要有完整的人生，要多享受天伦之乐，过普通人的生活。

这一年，期待中的瞿建国退休仪式并没有到来，出乎人们意料的是，2014年7月16日，由开能环保投资1亿元设立的上海原能细胞科技有限公司成立了，瞿建国出任董事长。

60岁的人生，开始了又一次“折腾”。

瞿建国在2015年6月6日的微博里这样写道：“决心用六十后余生，聚百位志同道合欲过百岁之朋友共创百岁健康事业。本以为这是敢为人先的伟大创举，但，刚开始，就面对着一片质疑。有说百岁太俗气，有说痴心不现实，有说百岁没意义，有说包亏无利益，更有说地球负担会更重、社会压力会更大、家庭矛盾会更深、医院医生会更忙、国家政府会更烦……有人劝老瞿同志，还是多为社会干些实事，多为百姓做些益事，不要折腾这些仅为少数人且不靠谱的玩事。众多质疑声中，我不得不遮遮掩掩，下声低调……

“日前，有幸与久违老友聊天，提及困惑中的百岁事业。岂料朋友拍手叫好支持，劝我干脆起名为万岁公社。万岁，一百位梦想过百岁之百合，岂不就万岁？万岁的倡议，使我茅塞顿开。人的一生，到底为啥？为何只知呼120急救上医院，却不认一百二为人生之圆满？我曾在微信中说，人生似戏场，是戏就有上半场与下半场，而下半场理应更精彩。但大多数人只能精彩上半场，下场不太好。细细思来，百岁还不仅仅是为人生的追求，更是中国传统文化的体现。自古以来，真心为老人祝愿长寿，五世同堂受人尊敬，见百岁老人更会肃然起敬。百岁老人定是道德之人、善爱之人。百岁老人欲望少，消费更少；百岁老人疾病少，负担更轻；百岁老人心态好，更和谐……百岁是中国传统文化之典范。是的，是人就有目标。百岁，犹如士兵欲当将军，文人赶考状元，运动向往冠军。如果没有上百岁的目标，人生意义何在？真的，不必遮遮掩掩，无需底气不足。坚信，所有的青春都该为老年做准备，所有的上半场都该为下半场做铺垫。精彩下半场，原能万岁行！”

原来，瞿建国要开始他的下半场人生，用细胞改变他羸弱的身体，向百岁人生进发。

开能环保举办十周年暨成功上市答谢会，左起四人为：谢荣兴、杨焕凤、范永进、瞿建国

2015年，在瞿建国开始跨界创业的时候，受中央提出的互联网+工业4.0、全民创业等一系列经济利好政策刺激，大量热钱流入股市。2015年6月，在政府“4000点牛市起步”的宣传推动下，杠杆疯牛将股市连续抬高。6月15日，中国股市开始暴跌。到了6月26日，2000股跌停。6月29日，1500股跌停。7月1日，1300股跌停。7月2日，1000股跌停。

2015年7月8日，市场出现罕见一幕，1440股停牌，剩余个股几乎开盘全部跌停。证监会、财政部、国资委要求上市公司6个月内不得减持，鼓励增持、回购、员工持股。瞿建国在当天股市开盘前，在开能环保的官网上发表了一封董事长致全体股东的公开信。全文如下：

尊敬的各位股东：

近期资本市场发生的灾害，令公司的投资者承受着巨大的压力和损失。对此，作为一名资本市场的创业老兵和上市公司董事长，我深知我的责任。我从未像最近几天这样如此关注证券市场，股价的下跌如此揪紧着我的心，因为我知道许多投资我们的人正在煎熬之中。我一直在思考，作为一名负责任的董事长，在这个特殊的灾难时期，除了承诺长期持有不抛售自己公司的股票外，还能实质性地为投资者做些什么？

我始终认为，无论是经济危机，还是当今的股灾，作为一个上市公司的董事长，首要责任还是要把公司管理好、经营好，使公司更健康发展，尽可能实现更为良好的经济效益，以提升企业的真正价值，为股东实现更良好的利益回报。

开能环保（300272）正在从事的是居家以及以人为本的环保健康产业。2014年，我们又果断进入了大健康生命科技领域。客观地说，开能作为实体型上市企业，当今的业绩以及未来发展和成长均已显露出了令人满意并可无限预期的未来。

说真的，在像我们开能这样的企业，特别是在我老瞿创业的企业里做股东是不会吃亏的。事实也证明，长期投资老瞿长板的企业，如“老八股”之一即当今的申华实业（600653），其股东最终都是非常成功的。

股东就是长期的投资人、合伙人，不到万不得已用钱的时候是不应该也舍不得卖掉公司的股票的。拥有开能股票好似拥有了一份共同的事业。事实上，真正的公司股东，其利益是不会受股票市场涨跌的影响的。因为我们从来不会借钱炒作，更不理解资本的杠杆对股东意味着什么，而始终鼓励我们的高管、员工、朋友尽量用自己的积蓄投资，尽量长期持有公司股票，成为真正的股东。

所以，就算在如此恶劣的市场形势下，我们开能依然有底气告诉广大股东大可放心，因为，开能股票未来一定会有更良好的表现。

特别要告知的是，今天大家关注的公司股票停牌的举措，并不仅仅是市场认为的自救行为，而确实是一系列有利于公司长期发展的项目正在筹划落实之中。

我非常赞同这样的观点：买股票就是买该公司董事长的人品，买股票就是买该公司长期的未来。所以说，如果你现仍是开能股东，那尽管去做自己的事业或休养度假，用不着过度担心与焦虑。如果你已经卖掉了开能的股票，也不用太后悔，只要信心还在，机会仍会有的。

最后，我要真诚地对一贯关心、支持开能事业，曾经的、现在的、未来的开能股东们，表示衷心感谢及合掌感恩！

瞿建国

2015年7月7日

在这轮罕见的股灾中，瞿建国为了响应国家政策，提振股民信心，他向证券公司融资3亿元，帮助公司核心员工增持了开能环保的股票。在开能环保的持股员工中，除了买房子和小孩出国读书的，很少有抛售自己手上的股票的。瞿建国关照大家："你们要对企业发展有信心，你们也不缺钱，公司的股票是会不断增值的，相信未来会给你们一个满意的回报的。"就像瞿建国在那封致股东的公开信里所说的那样，"拥有开能股票好似拥有了一份共同的事业"。许多人持有的不仅仅是多少股开能环保的股票，而是自己与开能环保一起成长发展的人生经历。

不知是不是偶然，在瞿建国40多年的创业历程中，每逢6的年份都是比较困难的年份，每逢0的年份都是开始向好的起点。自他20世纪70年代创业历程开始，屡试不爽。时值2016年，国家的金融政策又开始收紧。

一方面，原能细胞的发展才刚刚起步，困难重重，需要投入大量的时间和精力；另一方面，开能环保的发展需要尽快突破10亿元收入的台阶，团队还不够强。瞿建国反复思考，决定由自己和杨焕凤带队专注于原能细胞的创业发展，为开能环保引入一个年轻富有能力的团队来经营。

赵笠钧团队接手开能环保

赵笠钧的出现使瞿建国的想法成为可能。

与瞿建国农民出身，靠一路打拼创业不同，1968年出生的赵笠钧在北京农业工程大学农业建筑与环境工程专业本科毕业，对环保产业有着与生俱来的深刻认识和理性把握。赵笠钧曾先后荣获北京市政府颁发的“首都建设青年功勋”，E20环境平台颁发的“中国水业企业家精神奖”，新华社颁发的“治霾践行者”殊荣，绿色发展高层论坛颁发的年度“中国十佳绿色新闻人物”等。可以说，赵笠钧似乎是一个为环保而生的人。

因为共同参与了上海迪士尼工程的水处理项目，瞿建国和赵笠钧成为朋友。闲聊中，瞿建国得知赵笠钧的梦想是打造一个世界级的环保企业，而这也正是瞿建国自己的梦想。

“有没有兴趣来接手我的开能环保？”瞿建国向赵笠钧发出了邀请。瞿建国感到，他一直寻找的那个人，已经出现在眼前。赵笠钧年轻，充满了朝气。他还拥有一项从丹麦购买的水通道蛋白膜技术，未来可能在家用水处理产品的应用中发挥独有的效能。关键是他比瞿建国小14岁，却已经有了二十多年的治理公司的经验，横跨国企和民企。

赵笠钧为瞿建国的气度所折服。他的梦想是打造一个国际化的上市企业，瞿建国的开能环保虽然规模较小，但市场份额的45%来自欧洲和北美，一些产品已经进入全球前五名的席位，自身的研发和生产能力也有爆发性增长的可能。

两个人达成了一致，携手合作！

2017年12月27日，开能环保发布《关于公司控股股东、实际控制人拟发生变更的提示性公告》称，瞿建国与钧天（宁夏）投资管理中心（有限合伙）于2017年12月25日签署了《表决权委托协议》。瞿建国实际控制的上海高森投资有限公司与钧天投资于2017年12月25日签署了《表决权委托协议》。此外，2017年12月25日，瞿建国还签署了《关于放弃表决权的承诺函》。

在这份公告里，开能创始股东杨焕凤、瞿佩君与钧天投资签署了《股权转让协议》。高森投资有限公司、瞿建国、杨焕凤、顾天禄、钧天投资与赵笠钧还于2017年12月25日签署了《微森投资之资产份额转让及入伙、退伙协议》。

这份公告表明，瞿建国将其所占开能环保股份11.57%的对应的表决权委托给钧天投资行使。高森投资将其所占有的开能环保股份6.85%的对应的表决权委托给钧天投资行使。为保证本次交易后上市公司控制权的稳定性，瞿建国出具承诺，在其持有的开能环保股份不少于24.5%期间，放弃其持有的开能环保7.13%股份的股东表决权。钧天投资拟受让杨焕凤持有的开能环保4.34%的股份，拟受让瞿佩君持有的开能环保0.67%的股份。同时，钧天投资拟通过受让上海高森投资管理有限公司、瞿建国、杨焕凤持有的微森投资财产份额，赵笠钧拟通过受让顾天禄持有的微森投资财产份额，并由钧天投资出任微森投资的执行事务合伙人。

2018年2月27日，开能环保第四届董事会第七次会议发出公告，会议以7票同意、0票反对、0票弃权审议通过了《关于选举公司董事会董事长的决议》，选举赵笠钧先生为公司第四届董事会董事长，选举瞿亚明先生为公司第四届董事会副董事长。为充分表达对公司创始人瞿建国先生的尊重与感谢，以及对自公司成立至今17年以来为公司发展做出的不可替代的贡献及成绩的高度认可，会议以7票同意、0票反对、0票弃权审议通过了《关于委任瞿建国先生为公司终身名誉主席的决议》。根据《公司法》《创业板上市公司规范运行指引》《创业板股票上市规则》《公司章程》的有关规定，公司董事会同意设立公司董事会战略委员会，并经全体董事提名，选举独立董事王高先生、董事张蕾女士、董事王铁先生为董事会战略委员会成员。

关于瞿建国被委任为公司终身名誉主席，公告中还有这样一条说明：作为公司终身名誉主席，瞿建国先生并非本公司之董事、监事或高级管理人员，不参与公司治理，其个人资源继续支持公司事业发展。

瞿建国终于离开了他自己一手创办的开能环保，一个时代宣告落幕，而走上新的舞台的是公司的新董事，董事会战略委员会成员王铁。

王铁出生在福建长汀，在上海交通大学读完本科和研究生后，先是到美国GE电器上海公司工作，后来到美国本部，负责全球的收购兼并事务。在美国GE公司工作8年后，王铁到哈佛商学院攻读MBA，毕业后又到库柏工业集团工作，负责亚太区业务5年。后来，王铁加入艺康集团，成为食品安全水处理企业全球执委会成员，执行副总裁、大中华区总裁。

瞿建国和赵笠钧商议的那个计划中，有一个重要的环节，就是要寻找一个具有全球眼光、专业水准，在世界500强企业中担任过高管的人员，来做开能环保的CEO。因为只有这样，开能环保才能按照瞿建国和赵笠钧的意图，迅速成长为一家世界级的企业。

赵笠钧和王铁都是中国企业家俱乐部绿公司联盟的成员。赵笠钧希望王铁到开能环保工作，一起成就开能的全球版图。

王铁的人生理想是，不仅仅在世界500强企业工作，更希望通过自己的努力，把一家中国的企业打造成世界500强企业。无论是他工作过的美国GE电气、库柏工业集团，还是艺康集团，都是大名鼎鼎的世界500强企业。而与那些企业相比，开能环保无疑是微不足道的。

2017年下半年，赵笠钧带着王铁一起到开能环保参观。王铁深深地被开能环保优美的环境、超前的研发、规模化的生产所震撼。更让他深为钦佩的是瞿建国传奇般的创业人生和与其相同的价值观。

王铁后来说："瞿总和我的父亲年龄相仿，经历过'文革'，吃过很多苦，他们这一代人身上有很多的共同点，有家国情怀，把事业看得比什么都重。瞿总和我父亲还有不同的地方，就是他虽然是农民出身，但具有开阔的国际视野。瞿总既是中国土生土长的企业家，又能积极吸收西方文化的养分，这也是开能环保走向成功的保证。"

王铁在艺康集团的年薪是1000万元人民币。赵笠钧希望他来开能环保，但又给不了王铁这么高的年薪。王铁表示，愿意自降薪水900万元，每年只拿100万元年薪，成就自己和开能的梦想。

2018年2月，王铁来到开能环保出任CEO。短短几个月时间，他网罗了一大批曾经在世界500强企业工作过的高管加盟。在他的团队中，市场营销总监是原来GE照明中国市场部的经理，运营总监是原来ATW的中国区总经理，战略和发展总监来自麦肯锡，负责收购和兼并事务的总监来自毕马威。

王铁到任后的第一个大动作，就是按当年的约定，增资持有加拿大Don和Toby建立的北美团队持有北美开能公司的51%股权。当年瞿建国布局北美市场，全力扶持北美团队时已经约定，开能环保有按团队初始投入价格增资入股49%股份的选择权。但是，由于北美团队迟迟没有盈利，收购方案一再推迟。现在，有了国际化团队，而北美经过八九年的运作，也已经开始盈利。天时地利人和，2018年第二季度，开能北美公司顺利纳入开能版图。

王铁表示，收购北美开能只是第一步，未来的开能环保要成为全球家用水处理市场的翘楚企业，必须加快兼并收购的步伐，通过资本运作，提升企业能级。2018年7月13日，开能环保发布公告，将公司名由开能环保设备股份有限公司变更为开能健康科技股份有限公司。杨焕凤称，这是开能由机械制造业向大健康产业转变的一个里程碑，也是瞿总考虑很久的想法，他把更名的事情留给新的团队，是非常悉心的安排，意在帮助新团队树立市场形象和声誉。

2018年8月8日，开能健康发布公告，公布2018年股权激励计划，拟向激励对象首次授予233万份股票期权，拟向激励对象首次授予限制性股票667万股。激励计划的首期对象为92人。这一天，开能健康还发布了2018年股权激励计划首次授予对象名单，王铁等61人上榜。新一轮造富运动已经在开能健康拉开序幕，而这一切的目标，就是要实现王铁所提出的通过兼并收购和企业内生生长，在代工业务和自有品牌方面做到全球行业前三。

这是一个宏伟的目标，未来开能健康将从一个年营业收入10亿元级的企业，向百亿元级的企业进发。在世界水处理行业，打响中国研发和中国制造的品牌。而这一切的起源，是因为一个旅居加拿大的创业老兵把握住的一个偶然的机会。

开能健康就像一棵大树，它已经把根深深地扎在中国的土地上，向着世界的天空，挥舞着自己强壮的手臂。

2015年，瞿建国邀请谢荣兴担任开能环保的独立董事。面对此次引进战略合作团队，谢荣兴认为，从历史的角度上来讲，瞿建国带领创业团队创建的业绩必将载入史册，但开能健康如果要成为一个真正的世界500强企业，赵笠钧和王铁他们的世界500强专业团队进入，是必然的选择。这是瞿建国为开能环保做的最后一次伟大贡献！

也许，许多年以后，开能健康将成就一番赵笠钧和王铁的传奇。但是，不管如何，在王铁眼里，瞿建国永远是他的传奇。他像敬重自己的父亲一样敬重瞿建国："他一生碰到了太多太多的困难。这些困难对于我来说，有些根本无法克服。但是，他都过来了。"

第四次创业

2014年至今

聚焦大健康产业：创办原能细胞科技

2014年7月16日，开能环保出资1亿元人民币，成立上海原能细胞科技有限公司，正式进军大健康产业。这是60岁的瞿建国人生中第四次创业。消息一经披露，引来股价暴涨。

原能细胞定位从事细胞存储业务和细胞医学技术研发与医学转化。为了采购全自动生物样本深低温存储系统，瞿建国走遍世界各国，发现尚无这方面的专业设备，他决定自行研发生产，适应未来细胞产业发展的需要。2017年11月，原能细胞生物低温设备有限公司自主研发设计的第二代适合商业化应用的样机正式研发成功，申请国内外专利117项，获得各种专利39项，日本、美国等企业纷纷要求与原能细胞合作生产销售。与此同时，原能细胞收购的海泰药业位于上海张江生物医药基地的地块经过三年建设，原能细胞产业园、原能细胞科创园于2018年底开始运营；2019年底，由杨焕凤、何晓文博士领衔的原能细胞医学技术有限公司团队在冻存技术、细胞存储与制备、CAR-T研发与抗体筛选上获得多项突破，获得了世界知名创业投资公司启明创投的首轮投资；原能细胞库有限公司建设的全球首个无人值守的全自动智能化系统也于2019年11月正式投入运营。

继诺贝尔委员会和诺贝尔生理学或医学委员会秘书长托马斯·帕尔曼教授一行参观原能细胞科技集团，对其在细胞冻存、全自动生物样本深低温存储系统研发方面的成就表示由衷赞赏之后，瞿建国、杨焕凤受邀赴瑞典斯德哥尔摩参加了2019年诺贝尔奖颁奖仪式。

一群有梦想的人，在瞿建国的带领下，向着共建美丽家园、健康中国的目标迈进。

第一节　说来就来的细胞医学时代

2012年，清华大学医学院副教授张明徽来访。瞿建国承诺由上海市建国社会公益基金会捐赠2000万元人民币，与清华大学共建细胞治疗研究所。2014年5月，瞿建国参加东方卫视大型真人秀节目《小善大爱》。同月，瞿建国和太太奚秀芳赶赴美国，参加女儿在宾夕法尼亚大学的硕士毕业典礼，拜访了在美国新泽西州州立大学干细胞研究中心工作的何晓文博士。瞿建国决定创办细胞生物公司，热情邀请何晓文加盟。

与清华大学共建细胞治疗研究所

2012年，解放军总医院医疗部主任王冬带着一个叫张明徽的人，从北京来到上海找瞿建国。

王冬的父亲是瞿建国的好朋友。张明徽虽然不认识瞿建国，但对他却非常了解。1999年初，第二军医大学最年轻的教授、博导曹雪涛担任了华晨实业（申华公司）的董事，为了支持他的研究，申华拨款6700万元人民币，在第二军医大学成立了华晨生物研究所，启动相关的研究。

翻开当时更名为华晨集团的申华控股（600653）的1999年度报告，可以看到一系列关于生物技术的投资决策。在其他重大合同中第2条里，清晰地记载着："1999年6月28日，本公司接上海华晨生物研究所通知，该研究所与美国南加州大学癌症治疗中心于1999年6月28日签订了《国际技术合作开发合同书》，双方就6条有重要生物学功能的人类全长新基因的研究与应用签订了合作协议，作为对等条件，治疗中心于1999年7月31日前一次性向研究所支付360万美元（或等值人民币），在此基础上进行项目开发。根据本公司与上海华晨实业公司于1999年6月2日签订的《上海华晨生物技术研究所权益收益转让合同》的规定，以及研究所理事会有关分红的决议，本公司享有80%的现金收益。"

在其他重大合同中第2条里，清晰地记载着：“1999年11月12日，本公司接上海华晨生物研究所通知，该研究所与以色列The Nessbaum Memorial Labortory于1999年11月2日签订了《国际技术合作开发合同书》，双方就重组腺病毒介导的白细胞介素2基因治疗与重组腺病毒介导的粒细胞集落刺激因子基因的联合开发签订了合同书，由研究所提供上述两项研究成果，作为对等条件，以色列方于1999年12月31日前一次性向研究所支付529万美元（或等值人民币），在此基础上进行合作研究开发。根据本公司与上海华晨实业公司于1999年6月2日签订的《上海华晨生物技术研究所权益收益转让合同》的规定，以及研究所理事会有关分红的决议，本公司享有80%的现金收益。”

在现任董事、监事、高级管理人员情况中，曹雪涛的名字赫然出现在董事一栏。

而在新年度的业务发展计划中，建立华晨生物医药产业化基地、建设华晨国际医院摆上了议事日程。

张明徽当时就在第二军医大学担任讲师，并攻读免疫学博士学位。10多年过去了，张明徽已经成为清华大学医学中心副教授、“科技部新药创制重大专项课题”项目的负责人。此次他与王冬一起前来，就是想得到瞿建国的支持，在细胞生物免疫治疗方面实现创业。

“瞿总，首先请允许我介绍一下2011年度的诺贝尔生理学或医学奖的获奖情况。”张明徽的开场白，一下子把瞿建国带到一个世界医学的巅峰。

“去年的诺贝尔生理学或医学奖的获奖者是美国人布鲁斯·博伊特勒、法国人朱尔斯·霍夫曼和加拿大人拉尔夫·斯坦，他们因为在免疫学方面的发现获奖。他们的发现革命性地改变了我们大家对免疫系统的理解，也为人类那些久治不愈的如癌症、乙肝、哮喘等疾病提供了新的治疗思路。”

“其实，人类应用免疫细胞治疗肿瘤已经有100多年的历史了。”张明徽认为要说服瞿建国，必须讲清楚事实，在这样一个企业家面前，任何的忽悠都没有结果，“在19世纪末期，美国纽约有一个名叫克里的外科医生，在临床中发现一件有意思的事情：有个患者的左面颊长了一个鸡蛋大小的肉瘤，虽然手术切除了两次，但仍然在左耳后出现约11厘米大小、像葡萄串一样的复发肿瘤，并且手术后伤口迟迟不能愈合。更糟糕的是，伤口随后发生了严重的丹毒感染，伴随反复出现高热。就在医生束手无策，患者非常绝望的时候，奇迹发生了。伴随着一次次高热，肉瘤竟然不断缩小，直至消退。科学家们发现，原来是细菌感染刺激了免疫机能，增强的免疫力杀灭了肿瘤。这为此后的肿瘤免疫治疗开启了新思路。”

张明徽介绍，20世纪80年代，罗森伯格用淋巴因子活化的杀伤细胞白介素-2治疗晚期肿瘤获得成功，开创了细胞因子和细胞过继免疫治疗的先河。1992年，对T细胞功能有重要作用的细胞因子，被批准用于转移性肾癌的治疗，后又被批准用于转移性黑色素瘤治疗。2008年，世界上第一个肿瘤治疗疫苗oncophage在俄罗斯获批准，用于治疗肾癌。2010年，美国FDA批准了树突状细胞疫苗sipuleucel-T用于治疗前列腺癌。2011年，美国FDA又批准了免疫调节剂ipilimumab用于黑色素瘤的治疗。

“目前，许多世界级的医药企业正在研发免疫细胞治疗药物，这是未来人类攻克癌症等疾病的有效途径。从2009年开始，我就承接了‘科技部新药创制重大专项课题’项目，计划从全国招募300个晚期癌症病人，运用免疫细胞攻克癌症治疗的难关。”张明徽侃侃而谈，说到免疫细胞治疗，他在国内还颇有名气。早些年，张明徽曾向国际知名科学期刊 *Nature inmmunology* 杂志投稿一篇关于免疫细胞治疗的研究论文。由于其创新性和科学性高度，该文以封面文章方式发表。这让张明徽一战成名，深受曹雪涛的器重。

“张博士找我，是不是希望我能帮你做些什么？”瞿建国听了张明徽的宏篇大论，心里有了底。

“未来癌症的终结者，一定是免疫细胞治疗！”张明徽终于兜到了正题，“瞿总，我们在大学做科研，已经有了一些成果。但目前的大学体制要把这些成果转化成为商业价值，几乎是不可能的。所以，我们团队的许多科学家希望走出校门，下海创业，成立一家专门做免疫细胞的公司。今天，我们来找您，就是希望您能作为天使投资人或者风险投资人，来投资我们的企业，一起做大做强细胞产业。”

“听了张博士的介绍，了解张博士一直在医院和高校做科研，从来没有做过企业，我不知道你是否做好了创办企业的准备？”瞿建国开始回答张明徽，“因为企业和科研是完全不同的两件事情。听了你的介绍，细胞产业非常复杂，涉及资本、市场、法律、政策、研发、生产和临床应用。所以说，如果张博士今天要我投资企业，我是一分钱也不会投的。”

瞿建国的回答，让张明徽有点沮丧。

瞿建国话锋一转：“我希望，张博士你也不要去办所谓的企业，你的定位不是做一个商人，而是应该去争夺诺贝尔奖金，这是你的强项！过一段时间，我想去北京清华大学看一看你的项目究竟怎么样，最后决定是否通过我创立的基金会赞助你的科研工作。”

1993年，瞿建国将自己赚来的第一个1000万元全部捐出，创办了中国首家非政府背景的公益基金会——上海市建国社会公益基金会。2004年，又创立了上海市自然与健康基金会，先后为社会公益事业捐助了数千万元。多年来，建国社会公益基金会对数百名孤困老人设立了终身资助津贴，他们每年可从基金会领取生活补助；对数以千计的困难学生提供资助；在贫困地区援建多所希望小学；成功举行了多次国际性公益活动。2009年，瞿建国获首届“上海慈善奖”。曾经担任过上海市自然与健康基金会秘书长的高国垒说，2009年的时候，瞿建国还以开能环保的名义，为上海儿童医院一对连体婴儿进行手术分离提供了全部费用。2012年2月7日，瞿建国以上海市建国社会公益基金会的名义，向张江镇人民政府捐赠1500万元，用于建造张江环东养老院。张江镇环东村，是在1996年8月16日由原来的三灶村、四灶村、桥弄村三村合并建成的。瞿建国是桥弄村人，这是他对家乡父老乡亲的一次深情回报。2018年12月18日，占地面积3800平方米、拥有80张床位的环东养老院正式启用。瞿建国一直认为：“慈善是有益于身心的事情，唯有相信如此，自己的人生才会圆满如意。”

第一次见面后不久，瞿建国就专程赶到北京，参观了清华大学医学中心。了解了张明徽的项目后，他感到这是一个实实在在搞事业的团队，为很多癌症晚期病人解除了痛苦，恢复了健康，很有意义。

在与清华大学医学中心主任吴清玉会谈后，瞿建国提出了一个大胆的构想：他以上海市建国社会公益基金会的名义，向清华大学教育基金会捐赠2000万元人民币，用于建设清华大学医学中心细胞治疗研究所，并开展细胞治疗相关的基础与临床研究。

瞿建国与清华大学医学中心频频接触之际，正是中国细胞生物疗法风起云涌之时。2011年11月，国家“十二五”生物技术发展规划（国科发社〔2011〕588号）明确发展重点包括：“针对恶性肿瘤、心脑血管疾病、遗传性疾病、自身免疫性疾病等严重威胁人类健康的重大疾病，开展一批靶向基因治疗、细胞治疗、免疫治疗等前瞻性的生物治疗关键技术研究，以关键技术的突破来带动重点产品的研发，加快生物治疗技术应用于临床治疗的速度。” 2012年，国务院通过的《生物产业发展规划》（国发〔2012〕65号）明确将抗肿瘤药物、治疗性疫苗、细胞治疗等列为重要发展和重点支持的产业，国家医保体系也将细胞免疫治疗技术纳入医保报销的范畴。在2012年版的《全国医疗服务价格项目规范》中，细胞免疫治疗的项目编码为KND48101，计价单位为每次。据媒体报道，纳入医保的省、市、自治区至少包括河南、贵州、陕西、浙江、辽宁、福建、山东、山西、湖北、新疆建设兵团、内蒙古、黑龙江、广东等地，报销比例从50%到80%左右不等，最高的接近90%。这是一个重大的信号，善于把握商机的瞿建国从中看到了细胞生物医学未来的发展趋势。

事实证明，瞿建国的嗅觉非常灵敏。公开资料显示，中国医药生物技术协会曾在2013年12月至2014年1月对国内12个省市“免疫细胞治疗”的临床应用情况进行调研。调研数据显示，12省市中已开展细胞免疫治疗的有150家医疗机构。

2013年11月13日，清华大学医学中心主任吴清玉、清华大学教育基金会副秘书长李冰、清华大学医学中心副教授张明徽、主任助理赵莹、综合办公室副主任冯晨一行来到位于上海浦东川沙新镇川大路的开能环保，与瞿建国、杨焕凤等就共建细胞治疗研究所达成了一致意见。同年12月18日，瞿建国代表上海市建国社会公益基金会在北京与清华大学基金会、清华大学医学中心签署协议，宣布在清华大学基金会设立首期2000万元的建国细胞治疗专项基金，并与清华医学中心合作建立细胞治疗研究所，专门从事细胞治疗技术研究，张明徽出任研究所所长。

2013年，建国细胞治疗专项基金捐赠2000万元给清华大学用于细胞研究

瞿建国动情地说，清华大学从事的是一项伟大的事业，他愿意扮演桥梁的角色，吸引更多的社会公益基金支持这一事业。

小善大爱，一段难忘的公益旅程

2014年春天，东方卫视大型公益真人秀节目《小善大爱》节目组找到瞿建国，邀请他隐姓埋名，到贫困边远地区参加一个慈善节目的拍摄。节目组邀请嘉宾的标准是，在改革开放中事业有成的企业家，热心社会公益事业。

“你不能带一个助手，每天只有15元的生活费，一共是7天时间。要自己找当地的公益组织，参加相关的公益活动。”节目组对瞿建国提出了十分苛刻的要求。

“那么能告诉我去哪里吗？”瞿建国问节目组。他要清楚自己所去的地方，因为那一年，他毕竟是60岁的老人了，如果生存的环境十分恶劣，他要认真考虑是否值得一去。

“这个我们也无可奉告。但是有一点可以请瞿总放心，我们的摄制团队始终和你在一起，你的人身安全应该有足够的保证。”

虽然有许多未知的因素，但瞿建国还是决定冒一下这个险。因为慈善公益是他一生倾情的事业，而且，当时瞿建国已经决定创办一家细胞医学公司。他看好未来20年细胞医学在人类健康事业上的巨大发展空间。

参与《小善大爱》节目唯一让瞿建国感到担心的是，自己的身体能否应付如此快速繁忙的节目节奏。“如果这次自己的身体能顶下来，那就再玩一次创业吧！”

一生热衷慈善的瞿建国于2009年获上海首届慈善大会个人慈善捐赠奖

2014年五一国际劳动节，瞿建国被节目组送到上海虹桥机场。临出门前，他把手机、皮夹子、信用卡等一系列随身物品悉数留下，就带了一些替换衣服和一个拉杆箱轻装出门了。从那一刻开始，他的身份不再是开能环保的董事长，而是一个退休的工程师。为了符合这个形象，他在家里选择了好几套服装，最后一顶白色的网球帽和一套土黄色的夹克衫被家人认为最符合退休工程师的身份。

到飞机场的时候，节目组送上了登机牌。因为到达地点打印的是汉语拼音，瞿建国还是搞不清楚到底要去哪里，他只好问机场工作人员。

“兰州。”一个穿深色制服的小伙子回答他。

“兰州？我从来没有去过，从来没有。”瞿建国喃喃自语。那个穿深色制服的小伙子感到奇怪，居然自己去哪里都不知道，老爷子也敢一个人出远门啊！

抵达兰州后，迎接瞿建国的是漫天的沙尘暴。他很是吃惊："这次要吃点苦头了！"瞿建国被节目组安排的出租汽车送到了七里河区一个叫五星坪的社区。在车上的时候，他问出租车司机："为什么山上都光秃秃的不种树？"

司机回答瞿建国："一般树都种不活。"

兰州的生态环境可想而知。

节目组为瞿建国在五星坪社区中街35号借了一间房子，房间在四楼，厕所在一楼。说是厕所，其实就是个露天的粪坑。未来一个星期，瞿建国将在那里居住。

安顿好行李后，瞿建国出门去找当地的公益组织，这是节目的规定动作。他需要凭自己的能力找到当地的公益组织，并自行决定资助哪一个组织，资助多少。他想先找附近的居委会，或者找出租车司机询问。

中街的道路高高低低、弯弯曲曲，出租车根本开不进来。瞿建国找到一个骑电动车的小伙子，向他打听社区中心在哪里。

曾经的小木匠瞿建国帮助五星坪流动人口子女学校修理破损的板凳

小伙子说：“下坡大转弯就是五星坪社区中心。”

瞿建国说：“其实我也不是一定要找社区中心，我要找到能帮助他人的公益组织，我就去那里。”

小伙子很热心地说：“帮助没有钱的贫困孩子的那种行不行？”

瞿建国一拍小伙子肩膀：“行，太好了！”

小伙子骑着摩托车把瞿建国带到了附近的流动人口家长学校。校长马桂红接待了瞿建国，她介绍说：“整个学校主要招收学龄前和学龄儿童，从3岁到13岁不等，现在有140多个学生。还为学生家长提供职业培训，帮助他们就业。”这个学校是为没有户口、无法按学龄就学的打工家庭子女提供日间照料和接受教育的园地。1998年，马桂红从西北民族大学毕业，来到这个流动人口家长学校做义工，后来成为学校的负责人。因为经费问题，学校先后六次搬迁，也遭遇诸多困难。瞿建国称自己是个退休的木匠，愿意为学校做点公益工作，可以帮助修损坏的桌子椅子。

第二天早上8点，瞿建国如约赶到流动人口家长学校，使出当年的木匠老本行，将许多损坏的桌子椅子一一修好。孩子们看到瞿建国热心地为他们修桌椅，围聚在他身边，奶声奶气地喊他“爷爷”。瞿建国感到浑身的劳累一下子就消除了。

第三天，从当地的报纸上，瞿建国看到兰州自来水苯含量超标的新闻。兰州的饮用水取之于黄河。黄河是中华民族的母亲河，像一条黄色的绸带，从兰州城里穿越而过。瞿建国决定去寻找与水相关的公益组织，帮助他们做点有意义的事情。在兰州著名的中山桥上，瞿建国询问了许多路人，大家都不知道哪里有保护黄河的公益组织。后来瞿建国决定去问黄河边上划羊皮筏子的筏工。

“那个是有的，不过他们在上游，你要乘坐羊皮筏子上去，才能找到他们！” 乘坐一次羊皮筏子需要70元钱，这个超出了瞿建国每天的生活费用预算。节目组决定为瞿建国“追加投资”。

羊皮筏子带着瞿建国在黄河里兜了一圈，并没有遇到筏工说的所谓公益组织。

不过那天在黄河边上，瞿建国还是有所收获。他发现了一辆标注着

“拯救民勤志愿者春季植树行动”字样的小汽车。通过与司机的交谈，瞿建国得知这是一个以种植沙生植物，来实现固沙、治理沙尘暴的民间公益组织。

第四天，瞿建国驱车前往300公里以外的民勤，遇到了“拯救民勤公益组织”发起人马俊河。民勤位于巴丹吉林沙漠和腾格里沙漠之间，受两大沙漠的夹击，近年来沙漠化倾向严重。正在外面打工的马俊河看到报道，马上赶回家乡，创办了这个公益组织。瞿建国被民勤沙漠化的现实所震撼，也为马俊河的努力而感动。他参加了马俊河组织的公益植树活动，希望未来的民勤荒漠长出一大片绿色，保护包括兰州在内的更多的城市。

在民勤，瞿建国还碰到几个搞摄影的人，说是第二天去当地的敬老院为老人拍照。瞿建国非常热衷于敬老工作，便跟着一起去了，就此认识了院长聂国卿。这个从北京复员回到老家的年轻人，听说瞿建国是从上海来的志愿者，就说：“那你去抽粪吧！”在聂国卿的认识里，上海人来做慈善，还带着一支摄像团队，那不是作秀吗？你要作秀，我就让你去抽粪。

不巧，抽粪机的压力泵坏了，瞿建国发挥了他熟悉机械原理的特长，很快修好了压力泵，并完成了抽粪的任务。聂国卿一看，老头还行，你去剪羊毛吧。这下瞿建国不干了，他说：“那个我真不会。羊是活的，万一剪伤了它怎么办？万一羊发疯就倔起来怎么办？”聂国卿想一想，也是，那就帮大家到菜园子里搞点新鲜蔬菜吧。为了解决敬老院的财政问题，聂国卿要来了100多亩农田。对于农民出身的瞿建国来说，这根本不是什么问题，他又出色地完成了任务。

聂国卿说：“老瞿，我服了你。你是真心来做慈善的。以前也有上海人来过，摆个造型，拍几张照片，留下一点捐赠品，就拍拍屁股走人了。你不是，抽粪、摘菜，你样样干得好。”

瞿建国和聂国卿成了朋友。他了解到，聂国卿原来在北京也有一份不错的工作，做电信工程师，月薪上万元。现在到敬老院后，他的工资只有一两千元。敬老院有300张床位，接受了近200个孤寡老人。因为条件艰苦，留不住人，聂国卿一年365天有350天是住在敬老院的，早上5点多起床，晚上12点睡觉。有人问聂国卿：“为什么选择敬老院职业？”聂国卿回答：

“这是组织安排的，唯有服从。”有人问聂国卿：“为什么要这么努力坚持？”聂国卿回答：“不干没有人干，没有办法。这活只有我能干。”

摆在聂国卿面前的问题一大堆：敬老院的水含氟量太高，需要解决；采暖锅炉有问题，老人过冬怎么办？接送老人没有车辆，亟须解决。

瞿建国感慨：这是真正的无我，这是真正的大爱；难能可贵，所见唯一。

回到兰州后，瞿建国在马桂红的陪同下，走访了学生杨小红的家庭。杨小红的父母亲生了10个小孩，实在养不活他们，后来送走了两个孩子。看到小红家里家徒四壁，也许想起了自己穷困的童年，瞿建国禁不住流下了眼泪，他鼓励杨小红一定要读大学，改变自己的人生。

瞿建国（左一）、马俊河（左二）、聂国卿（左三）、马桂红（右四）参加《小善大爱》首映式

第七天，临别时，瞿建国按剧组的安排，披露了自己开能环保董事长的身份，他向自己寻找到的平民英雄马桂红、马俊河、聂国卿捐赠了现金支票，也向困难的杨小红家庭捐赠了2万元的现金支票。7天时间，瞿建国千里奔波，过着最简朴的生活，为公益事业费心费力，严重超过了他那个年龄的体力极限。但瞿建国一点儿也不感到累，他很开心，也许是公益的力量感染了他。那个时候，他决心创办细胞生物公司的愿望更加强烈了。

2014年7月9日，“老瞿公益行之《小善大爱》首映式”在斜土路883号正道红酒俱乐部举行。三个社会公益组织参加首映式。瞿建国当场发起“小善大爱”拍卖活动，来自甘肃民勤的著名书法家林中阳先生手书的“小善大爱”条幅，以50万元人民币的高价被拍走。节目播放期间，慈善捐款金额高达228.5万元，创造了电视节目发起的一次性慈善捐款纪录。

邀请何晓文回国创业

2014年5月20日，瞿建国和太太奚秀芳启程前往美国新泽西州，参加女儿瞿亚倩的硕士毕业典礼。

瞿亚倩在费城的宾夕法尼亚大学建筑设计专业读书。女儿硕士毕业，瞿建国自然要去捧场。但这次美国之行，瞿建国还有一个重要的任务，就是考察当地的细胞生物医学的发展情况。

参加完瞿亚倩的硕士毕业典礼后，瞿建国带着奚秀芳和瞿亚倩一起赶到新泽西州的犹太小镇，他要在那里见一个人——新泽西州州立大学干细胞研究中心的副教授何晓文博士。

何晓文是温州人，早年就读于第二军医大学临床医学专业，毕业后在长海医院从事临床医疗工作。在长期的医疗实践中，何晓文发现传统的临床医学解决不了病人的问题，他又去报读了第二军医大学的病理学研究生。研究生毕业后，何晓文感觉还是无法解决许多临床医疗中的问题，他又报读了第二军医大学的医学遗传学博士研究生专业。2003年，何晓文到美国一个研究院做访问学者，后来去了新泽西州州立大学干细胞研究中心，从事细胞生物医学研究。当时，美国只有两个州法律允许可以从事细胞生物医学研究，除了新泽西州，还有就是加利福尼亚州。

何晓文到新泽西州州立大学干细胞研究中心后，参与了美国第一个干细胞药物的临床试验，主要通过干细胞制造用于脊椎损伤的生物药品。虽然这个药物的试验后来失败了，但通过科学实践，新泽西州州立大学干细胞研究中心建立了细胞药物治疗的标准化操作规程。

2006年，新泽西州州立大学干细胞研究中心与美国知名制药企业默克公司一起合作研发用于治疗肿瘤的免疫细胞生物药品。这样，通过细胞生物技术前沿的研发，何晓文积累了丰富的经验。2009年，张明徽承接“科技部新药创制重大专项课题”项目的时候，邀请老同学何晓文担任顾问，指导课题小组的工作。

在何晓文的印象里，张明徽是一个帅才，天生的领袖，有敏锐的大局感，可以领导千军万马杀出一条血路。何晓文恰恰相反，他喜欢待在实验室里，不断考虑一个个问题，然后找出解决问题的办法。在担任“科技部新药创制重大专项课题”项目顾问的时候，何晓文每个月都要为清华大学的专家们开一个远程电话会议。何晓文的加入，帮助张明徽的课题组不断取得新的成果。

通过张明徽，瞿建国了解到何晓文的情况。他想趁参加女儿硕士毕业典礼之机，来拜访一下何晓文，了解美国细胞生物医学进展情况，听听创办细胞生物工程公司的可行性。

何晓文先是邀请瞿建国到他工作的新泽西州州立大学干细胞研究中心参观，又在自己居住的犹太小镇的一个小饭店里招待了瞿建国一家。何晓文居住的小镇，距离著名的普林斯顿大学只有十几分钟的车程。

何晓文不是一个十分健谈的人，但多年在美国的生活，让他非常渴望有生之年能够有一次创业的机会，用自己多年的积累为社会创造些价值。瞿建国的出现，让他看到一个施展身手、成就事业的机会。他说：“瞿总，我先要讲一下药物的进化过程。在细胞生物制药技术出现以前，我们人类传统使用的药物叫化学制药，也叫小分子药，它们的配方是固定的，对疾病具有一定的治疗作用。但是，随着疾病耐药性的增加，这些药物往往会失去使用价值。这样，我们人类就要研究新的药物，来替代传统的药物。但是，在新的药物出现以后不久，疾病的耐药性又一次提高，新的药物再次失去效果。‘道高一尺，魔高一丈’就是对此生动的描写。”

“那怎么办呢？”瞿建国深以为然，确实，人类和疾病的斗争历史就是如此。

“是药三分毒。随着药物作用的不断提升，药物的毒性也不断增加，对人的肝脏和肾脏将造成不可逆的伤害。”何晓文说，“这样，与传统的化学药物完全不同的生物药品就应运而生了。现在，世界制药产业已经进入生物制药时代，它分为蛋白类、细胞类、基因类、疫苗类等不同类型。”

何晓文接着说：“因为它是用我们从人体内提取的细胞制成的药物，而不是用化学的方式合成，所以没有毒性，对人体的肝脏和肾脏也不会造成伤害，也不会产生耐药性，是人类未来健康的希望。”

“何博士继续讲！”瞿建国听出了一些门道。

“和传统的小分子药物相比，细胞生物药品没有固定的配方，相反，它是活性的，成分一直在变化之中，所以一直得不到法律的普遍承认，这也是它目前比较困惑的处境。”

“那细胞生物制药技术在世界上的发展如何呢？”瞿建国听到法律对这个技术管制得比较严厉，不禁有些担忧。

“日本是世界上最早允许使用细胞生物制药技术的国家，一些诊所已经在公开使用这项技术造福病人。瞿总如果有时间，可以去日本考察考察。在美国，目前我们新泽西州和加利福尼亚州是可以合法使用细胞生物制药技术的，其他的州则不允许。细胞生物制药技术是一个很复杂的事情，也许我们现在对它的了解仅仅是冰山一角。”

“我想创办一个细胞生物方面的企业，如果何博士有兴趣，我想邀请你以合伙人的身份参加。”瞿建国终于亮出了意图。后来，瞿建国表示，促使他向何晓文发出邀请的，正是何晓文严谨的科学态度。

对于瞿建国的邀请，何晓文有一定的心理准备。在此之前，张明徽已经向他暗示过这样的可能。虽然是第一次见到瞿建国，但对于瞿建国精彩的创业故事，何晓文还是比较了解的。他认为，一个人成功一次，具有一定的偶然性，一个人每次都成功，那就具有必然性。作为一个科学家，何晓文也在考虑如何将科学成果与商业价值有机地结合，他认为瞿建国是一个非常值得合作的企业家，瞿建国所具备的能力正是自己的短板。面对瞿建国的邀请，何晓文也反复衡量过，自己到美国11年，从一无所有到拥有如今的学术地位和家庭财富，每一步都走得艰辛异常。现在离开美国回国创业，一切又将归零。而在美国继续发展，自己的学术成果如何演变成商业价值，造福于人类的健康，他始终没有话语权。面对出现在自己面前的机会，男人应该有点冒险精神。他说：“瞿总，我可以考虑回国与你一起合作创建细胞生物公司，但因为目前新泽西州州立大学干细胞研究中心与美国默克公司还有一个合作课题尚未完成，我在美国还有一些私人的事务需要处理，最快要到11月份才能回国，不知道行不行？”

“那就这样敲定！”瞿建国爽朗地一笑，伸出自己的手，和何晓文的手紧紧握在一起。

第二节　创办原能细胞科技公司

瞿建国从美国归来，决定参与细胞生物盛宴，进军大健康产业。在公司高管的一片质疑声中，瞿建国亲自参与可行性报告的撰写工作。2014年7月1日，开能环保发布公告，称出资1亿元人民币，成立原能细胞科技有限公司。85家媒体机构扎堆采访调研开能环保。7月2日起，开能环保股票应声大涨。在连续5个涨停板以后，申请停牌自查。深圳证券交易所要求开能环保就建立原能细胞事宜，尽快回答股民关切的问题。瞿建国创立原能细胞的消息传出后，引起社会各界关注，要求投资入股的人纷至沓来。

用可行性报告来面对质疑

从美国回来后，瞿建国开始着手创办细胞生物科学公司。他先找杨焕凤商量，听听杨焕凤的想法。

杨焕凤一脸愕然：“瞿总，你不是说60岁开始退休吗？怎么又要创业啦？”

瞿建国说：“我详细了解了一下，目前，中国的细胞医学发展很快，多所大学和相关医疗机构组建了不同的团队，攻克各种课题。而我许多做投资的朋友也纷纷把热钱投到细胞生物的项目里去，这说明大家对细胞生物的前景是看好的。”

瞿建国话锋一转：“在细胞的研发热和投资热里，只有企业家按兵不动，他们好像没有看见这个市场。所以，我决定先行一步，20年以后，细胞治疗必将大行其道，为人类的健康做出应有的贡献。”瞿建国一直称自己愿意投资的项目，是能够看到未来20年发展趋势的项目。

杨焕凤知道，瞿建国一旦做出决定，谁也说服不了他。她委婉地提出：“瞿总，细胞生物科学好是好，可我们的团队对此一无所知。你不是说不熟悉的东西不做吗？现在虽然都在玩跨界，但这个界跨得也太大了，涉及人类的健康和生命安全，凭借我们自身的能力，风险似乎太大。”

瞿建国回答杨焕凤：“我决定另起炉灶，从社会上招募人员，搭建新的公司框架。这次去美国，我已经成功说服何晓文博士，他将成为我们未来团队的技术总监。”

高国垒回忆说，关于组建细胞生物科学公司这件事，瞿总是一个一个和开能环保的高管谈话的。他和你讲情怀，讲未来，讲造福人类健康，让你无法反对他的决定。事实上，杨焕凤后来也说，当时开能环保高管层面支持瞿建国搞细胞生物科学公司的几乎一个人也没有。大家都认为这个事情太离谱了，这不是开能环保能做的事情。

“但是，我们的反对无效！”高国垒最后说。

360的创始人周鸿祎曾经在自传《颠覆者》里这样写道：人生就是一场创业，需要颠覆式创新，颠覆自我，拒绝平庸，突破阶层固化。从某种意义上来说，瞿建国的这次创业，就是对自己过去的一次彻底颠覆。

其实，瞿建国并不是一个贸然行事的人，早在2014年4月2日，他已经邀请一些专家，专门咨询成立细胞科技公司的可行性方案。高国垒至今还保存着一份相关咨询活动的行程安排，上面有清华大学医学中心的张明徽副教授和他的同事常智杰教授、邵海伟老师，复星集团医药股权投资人肖振宇院长，仁济医院东院宋玉医生，涌铧投资王云龙执行董事，上海市卫计委医政医管处处长等。4月3日，瞿建国还邀请著名企业家卫平、陈荣、陈晓、蔡来兴等来到他的高安路93号别墅，参加未来细胞生物科技发展趋势的研讨。

“我不是一个新派的企业家，需要靠详尽的市场调查、周全的专家建议来决策，而是凭自己多年来在市场打拼的感觉来行事。当然，我也不是一个完全靠拍脑袋做决策的人。”瞿建国看到了那些反对的意见，决定用事实来说服他的团队。他召集杨焕凤和高国垒，要求高国垒定下董事会开会时间，公告时间，要求杨焕凤亲自挂帅，争取在一个月的时间里拿出成立细胞科技公司的可行性报告。

“我们去找了很多专家，包括研发免疫细胞的科学家、基金的投资人，还有医院的院长和医生，做细胞科技的企业家，等等，尽可能地听到方方面面的声音，最真实的声音。”

瞿建国当时有意邀请张明徽加入未来的公司，但张明徽对瞿建国要求他离开清华大学的建议未置可否。考虑到张明徽团队知识成果的归属性，瞿建国最后也没有要求张明徽一定要加入进来，但张明徽还是提供了许多有价值的资料，包括他的团队治愈的癌症晚期病人的情况，这些都给瞿建国创建细胞科技公司提供了真实有效的数据。

肖振宇则以一个医药投资人的身份，提供了投资界对免疫细胞发展的看法。肖振宇毕业于第二军医大学，与张明徽是校友兼好友。担任集团医药研究院副院长的经历，让他对这个行业的国际国内情况都非常熟悉。自从第一次和张明徽一起参访了开能环保后，他对瞿总、对开能的印象非常好，经常带自己的妻子、儿子来“赶集”，和杨焕凤也结成好朋友。他特别提出了免疫细胞治疗在临床方面的政策限制，可能会对未来的细胞科技公司产生负面影响。

杨焕凤看瞿建国是真的不会放弃创建细胞企业的想法，只得把投资细胞产业的事情提到自己的议事日程上来。趁一次周六“赶集”的机会，杨焕凤和前来“赶集”的肖振宇一起到公司七楼一个小会议室里，花了大半天的时间，把可行报告的框架草稿制定出来。

“考虑到免疫细胞未来针对的老年人群，瞿总还联系了上海华东医院的俞卓伟院长，上门听取他的意见。”高国垒记得，与俞卓伟的见面是在晚上：“大概8点左右，俞卓伟还带了副院长保志军一起来。他非常忙，和我们见面的时候，当天的晚饭也没有顾上吃。”

俞卓伟本人是著名的老年病专家。他和保志军一起，就免疫细胞在临床上的应用和未来的发展前景，回答了瞿建国的问题：“如果收费治疗，目前在法律上还有诸多限制。但临床试验已经在一些医疗机构展开。未来是一个发展方向。”

后来，高国垒还找到天津的中源协和细胞基因工程股份有限公司。这是一家以细胞+基因双核驱动的上市公司，是中国较早开展“生命资源”储存的企业，2012年因为宣布投资干细胞产业，股价暴涨。中源协和主要以干细胞业务为主，后来与瞿建国接触后，增加了免疫细胞的业务，而瞿建国创办的细胞科学公司则增加了干细胞的业务。当时的中源协和董事会秘书马勇在介绍干细胞业务时，特别提到了政策限制的问题。一是相关血站管理办法第四十五条规定，国家不批准设置以营利为目的的脐带血造血干细胞库等特殊血站。中源协和当初与交易所、律师等沟通均有分歧，实践中是打擦边球，一个库名义上分两部分，一部分是公共库、免费保存，另一部分收保管费。二是牌照问题。国家发了7块脐带血保存的牌照，只发给7个地方血站，中源协和等公司并没有资格取得相关牌照，它们都是与国家的血站合作成立公司，以这个公司名义持有牌照，通过给血站干股之类，赢得合法的地位。总而言之，在当时的国家法律法规下，开展细胞业务的公司生存都特别艰难。

通过市场调查，有一点非常清晰，未来20年至30年，人类对免疫细胞技术的研究和应用将进入前所未有的新阶段。人体免疫细胞将会在延缓衰老、提升生命品质、预防疾病、治疗肿瘤等领域获得广泛的应用。根据调研，瞿建国把未来细胞科技公司的业务范围锁定在“致力于为客户提供专业的、符合国际标准的免疫细胞采集、分离、存储的业务。同时通过技术合作、投资等方式，与国际、国内的研究机构和专家开展免疫细胞治疗技术的研究与产品开发，在肿瘤治疗、肿瘤免疫、抗衰老、保健及提升免疫力等领域展开应用方面的技术转化合作”。

在可行性报告里，瞿建国还提出，未来“将在浦东新区设立细胞存储基地，逐步发展北京、广东、成都等核心大城市的分支企业”。瞿建国预测，整个项目的投资规模为人民币12亿~15亿元。细胞存储，成为瞿建国绕开法律屏障的一个突破口。

一连串翔实的数据，使所有的质疑者都闭上了嘴巴。杨焕凤则加紧与何晓文等科学家联系。根据瞿建国的建议，新成立的细胞科技公司正式取名为原能。这个名字来自公司的定位，就是“存原始细胞，储生命之能”的意思。

公司英文名字的确定还经历了一番小波折。为了给原能起一个响亮的英文名，杨焕凤和何晓文、张明徽、肖振宇几个人组了个微信群，在群里商量英文名字，何晓文在美国互联网注册网站上即时核查名字。

此时，正值杨焕凤出差登机，大家都把自己想好的英文名字发到微信群里，何晓文查下来，一个个都被注册掉了。就在杨焕凤搭乘的飞机推出，乘务人员催促她关机的时刻，在美国新泽西家里的何晓文发出信息："origincell"这个词可以注册！就这样，原能细胞——Origincell，一个响亮的名字诞生了。

85家媒体机构扎堆前来调研

2014年7月1日晚间，开能环保发布公告称："公司计划以自有资金1亿元出资成立上海原能细胞科技有限公司。原能公司将致力于提供专业的、符合国际标准的免疫细胞采集、分离、存储的服务。同时通过技术合作、投资等方式与国际、国内的研究机构和专家开展免疫细胞治疗技术的研究与产品开发，在肿瘤治疗、肿瘤免疫、抗衰老、保健及提升免疫力等领域方面展开应用方面的技术转化合作。"公告最后指出："根据目前预测，预计营业后每年平均综合毛利率在50%，到2020年，该项目的营业收入可达到8亿。"

2014年，是中国A股的细胞生物元年。6月4日，姚记扑克宣布计划1.3亿元投资一家细胞企业。7月8日，冠昊生物宣布共建北大冠昊干细胞与再生医学研究院。

高国垒记得，2014年6月的一天，他和瞿建国一起到外地出席上海市上市公司联合会的一次聚会。在闲聊的时候，瞿建国和一些老朋友打招呼，提醒他们在创业的时候不要忘记健康，要饮用健康的水，要关注自身细胞的健康。"我们当然不能透露相关信息。但总有朋友抱怨我们在信息公布前不暗示一下，让他们错过机会。"

应该说，开能环保在7月1日发布公告，确实仓促了一些。也许是姚记扑克的先声夺人打乱了瞿建国的节奏。高国垒说："我们当时也很难，为了这个项目，调研了大量的单位和个人，市场已经有了诸多说法，如果我们不及时披露相关信息，也有违规之嫌。"公告发布后，全国各地的财经媒体和投资机构纷纷要求采访和调研开能环保。经过统计，一共有85家媒体和机构的108位记者和专家希望到开能环保调研。瞿建国拍板，集中在7月3日和4日，统一接受采访和调研。

开能环保董事长与实际控制人瞿建国、总经理杨焕凤、董事会秘书高国垒、证券事务代表陆董英等参与调研的接待与交流。参加采访和调研的有泽熙投资、国泰君安、富国基金、海通证券、《上海证券报》等著名投资机构和财经媒体，提出的问题相对尖锐专业。有机构直接询问开能环保："细胞项目的建设期为什么这么长？姚记扑克等上市公司已经介入这一领域，如果开能细胞项目2017年才建成，是否会丧失市场先机？"开能环保则表示，看似比较长的3年建设期是必要的。当前细胞存储的社会需求是巨大的，但有公信力的可靠的细胞存储机构相对不足。细胞存储一般历时几十年，没有高标准的存储系统则难以确保长期存储无忧。同时，在自有的免疫细胞扩培、制备和存储中心建成前，原能公司不排除借助其他机构现有设施条件先行开展业务的可能。

还有机构询问："后续十多个亿资金从何而来，占股比例是否会通过增发新股募集资金再把原能公司装入开能环保？"开能环保则解释了如何选择投资人，并称后续资金进入时，将视情况及原能项目估值适当溢价，占股比例尚难以确定，但开能环保后续肯定不会控股，而只是作为项目发起者和引导者。至于投资细胞公司是独立上市还是装入上市公司，将视情况由投资人视需要选择决策。

瞿建国在新闻发布会上表示："不管是净水设备业务，还是免疫细胞产业，开能最本质上关注的是人类健康，这就是公司未来发展的方向。"在瞿建国看来，健康是人类永恒的话题，也是发展空间最大的产业。不管是喝的水，还是呼吸的空气，包括对人体健康的研究保护，都构成人类健康生活的组成部分。人居水环保设备和免疫细胞产业是两个关联、互补的产业，开能环保有意做大健康的百年企业。

2014年7月14日刘明在中证网发文称："对于开能环保进入免疫细胞领域，专业人士表示，免疫细胞有广阔市场前景，但技术风险和长周期都导致项目存在不确定性，短期的市场炒作存在不理性因素。"

刘明在文章中借用上海一位参与调研的私募人士口气表示："看好开能环保进入细胞免疫领域，相信公司有实力和能力在细胞免疫治疗领域做出成绩。在该私募人士看来，首先，细胞免疫的大方向是对的；其次，公司管理层是干事的团队，董事长瞿建国对这个项目确实感兴趣。”

刘明还通过深圳一位医药研究员的口气表示：“最近，国内外细胞免疫治疗的技术有所突破，使得细胞免疫成为继基因测序之后又一市场炒作主题，而开能环保细胞免疫项目正契合这一主题，受到市场热捧。不过，在该研究员看来，细胞免疫治疗目前整体还处于一个探索阶段，并且周期很长，短期内难有回报。虽然细胞免疫治疗的方向没问题，但是做这类项目还是会有比较大的风险，首先是技术上能否突破，同时技术方向是否正确也很重要。”

最后，刘明回到上海那位参与调研的私募人士的采访上：“由于细胞免疫治疗是个长周期的项目，短期内难以见效，在业绩体现上有难度，股价短期大幅波动确实有不理性成分。”

市场是疯狂的，又是理性的。开能环保进军大健康产业的脚步尚未迈出，专家的质疑声已经响起。但是，人们对细胞产业的期盼，还是热烈而迫切的。2014年9月24日一位博主在“淘股吧”发文称，2014年诺贝尔奖将于10月6日起陆续公布，打头阵的是诺贝尔生理/医学奖。作为全球最具权威和影响力的科技奖项，诺贝尔奖的公布会对涉及生物医药、新材料性行业以及信息技术等高科技领域的发展指向产生重大影响。

该博主说，对2014年的诺贝尔奖主题做猜想，虽然有难度，但比预测获奖者的难度要小不少，我们完全可以大胆地对率先公布的生理/医学奖给出主题参考范围：（1）细胞自噬；（2）蛋白质折叠；（3）DNA甲基化与基因表达；（4）控制基因表达的核糖核酸分子领域研究。

该博主在寻找四大主题A股影子股时称，已开展细胞免疫研究的开能环保、香雪制药、中珠控股等将在细胞自噬方面受益。在介绍开能环保时，该博主说，开能环保（300272）的走势十分戏剧性，自机构调研5个涨停之后，股价始终维持高位震荡，这种盘势只有一种可能，即场内资金不肯出来，场外机构拼命想进来。他认为这种平衡极有可能在诺贝尔奖公布前夜被打破，一旦公司的研究课题获得诺贝尔奖，那么场外资金必然会不惜血本抢筹入场。

当然，该博主所指的“一旦公司的研究课题获得诺贝尔奖”，其实是指公司的业务与诺贝尔奖获奖项目的重叠部分，并不是指开能环保已经具有冲击诺贝尔生理/医学奖的能力。但这种评论，至少说明了资本市场对开能环保开展细胞业务的期待。

5个涨停板带来股票停复牌

从2014年7月2日开始，开能环保的股价连续5个交易日涨停，6个交易日累计涨幅达到77%。因连续3个交易日累计涨幅超过20%，自7月10日起停牌自查。深圳证券交易所要求开能环保就建立原能细胞科技有限公司事宜尽快向投资者做出说明。

面对深圳证券交易所提出的一系列问题，高国垒难以在第一时间做出回答。内定的技术总监何晓文人还在美国，能否准时回来无法确定，其他的科学家也没有正式到位。停牌那天是星期四，高国垒要求深圳证券交易所宽限几天，他会在7月14日星期一把所有资料亲自送到深圳，给投资者一个满意的答复。

从7月10日开始，投资者几乎把高国垒负责的董秘办电话打爆。所有的电话都是问同一个问题："开能环保股票为什么停牌？"提同一个要求："开能环保的股票要尽快复牌。"有的投资者哭诉，自己的资金是借来的，财务成本很高，现在股票一停牌，损失很大。

"那几天是我一生中最难熬的日子，一方面要整理深圳证券交易所需要的材料，一方面要回答投资者无穷无尽的电话，人几乎要崩溃了。"高国垒后来回忆说，"我利用双休日的时间整理好材料，7月13日星期天下午，我飞深圳，准备第二天到深交所汇报工作。"

到深圳的时候，高国垒还接到了深圳证券交易所领导的一个电话："有一个投资者把电话打到我这里了，希望高先生赶快处理一下。"资深的投资者都知道，一般的停牌都是证交所要求的，找企业无济于事。他们把电话打到了深交所，投诉深交所的专管员。面对投资者的怒火，深交所不得不把高国垒给请出来灭火。

7月14日，高国垒如约赶到深圳证券交易所，迎接他的是一顿劈头盖脸的质问："你们现在所谓的原能细胞科技有限公司还没有正式成立，就已经发布公告，引发股价大幅度飙升。今天请你来，就想请你解释一下开能这样一家做净水设备的公司，为什么会投资做细胞产业？”接待高国垒的是深交所创业板部负责人。

“我们开能环保生产的全屋净水设备，是根据中国的环保现实，借鉴、消化、吸收、创新的一款健康产品。从某种意义上讲，也属于大健康的概念。细胞科技是近几年开始兴起的一个健康产业，也是未来人类攻克癌症、提高自身免疫能力的一个新的途径。所以说，开能环保投资原能细胞，就是企业在大健康领域的升级和进化。”做了准备的高国垒，对答如流。

“我想，投资者需要了解的是原能细胞科技有限公司的技术储备和人才储备，那是你们未来的核心竞争力，这个你们能提供给我们详细的资料吗？”创业板部负责人的提问一环套着一环，让高国垒喘不过气来。

“开能环保进入免疫细胞存储行业，首先凭借的是资源优势，就是开能环保在环保产业方面的良好声誉和影响力，经过多年耕耘积累起来的上海、北京等一线城市的数万名具备先进健康理念的高端客户。瞿建国先生40多年实体企业创业经验、管理经验以及在资本市场和经济领域方面的号召力也将给项目的运作成功带来保证。”高国垒把准备好的答案告诉给对方。

“免疫细胞存储及应用技术已是相对成熟的技术，开能环保已与国内外一线的技术团队建立了良好的关系，并正在积极协商具体的合作方案。公司也将为细胞项目引入合适的管理、营运和技术人才。”高国垒接着回答，“2013年12月18日，我们董事长瞿建国代表上海市建国社会公益基金会与清华大学基金会、清华大学医学中心签署协议，在清华大学基金会设立首期2000万元的建国细胞治疗专项基金，并与清华医学中心合作建立细胞治疗研究所，专门从事细胞治疗技术研究。目前，清华大学医学院细胞治疗研究所在免疫细胞研究领域取得了显著成果，与开能环保也保持着良好的关系，我们不排除与其深入合作的可能。”

创业板部负责人听到这里，微微一笑。他说：“我仔细翻阅了你们的材料，这条还是比较过硬的。确实，你们未雨绸缪，眼光独到，在2013年就布局免疫细胞的治疗。这是可以向投资者交待的。”

高国垒擦了下额头上的汗。他知道，材料准备得太仓促了，严格意义上讲，这些材料是难以过关的。

“那么，你们的人才储备做得怎么样？”创业板部负责人抛出了最后一个重量级的问题。

“这是我们与何晓文先生签署的《劳动合同书》。”高国垒出示了一份文件。他还进行了说明：“因为公司还没有正式成立，本来我们和何晓文是有口头约定的，为了确认其入职原能细胞的真实性，昨天通过电子邮件，我们与其补签了这份《劳动合同书》。”高国垒还出示了原能细胞科技有限公司与邵海伟、宋玉、张明徽、袁正隆签署的专家聘用协议。

这些协议的签署日期都是2014年7月13日，也就是高国垒向深圳证券交易所汇报的前一天，看得出，都是为了应付这次汇报赶出来的，但是其真实性毋庸置疑。

“领导，我知道，这些材料你们都看得懂，都是为了这次汇报匆忙凑出来的。”高国垒决定推心置腹，把企业的真实情况向创业板部负责人介绍。他先是讲了王玲妹的故事，接着又讲了瞿建国40年的创业经历，从1973年在浦东川沙创办首个村级桥弄大队木器加工厂开始，一直到创办1990年全国第一批在证券交易所挂牌上市的申华实业，再到2001年加拿大归来创办开能环保。“瞿建国先生是一个在改革开放的大潮中成长起来的企业家，他在完成自己的财富原始积累以后，更多的是关注中国人的健康，为造福子孙后代履行一个企业家的社会责任。这种情怀和精神，也是感动我加入他的团队的理由。我们这次创办原能细胞科技，绝对不是炒作概念，哄抬股价，而是实实在在地在大健康产业中进行有益的探索。”

“你们提供的材料确实比较粗糙，要股票复牌，瞿建国先生必须做出一个承诺，就是三年时间内，不减持其持有的开能环保股票。如果能做到这一点，我们深交所可以考虑开能环保股票的复牌。”最后，创业板部负责人提出了一个要求。确实，开能环保发布成立原能细胞科技有限公司公告的时间有点敏感，2014年11月3日，开能环保有1.2亿股解禁，市值达20多亿元，而准备工作又是如此匆忙，让人不得不怀疑其有哄抬股价之嫌。高国垒自然是一口答应。因为瞿建国轻易不会抛售自己持有的股票，还一直要求员工长期持有企业的股票。这个要求难度系数太低了。

2014年7月16日，上海原能细胞科技有限公司正式通过工商注册成立。这一天，停牌多日的开能环保股票也正式复牌。

挡不住的原能细胞投资者

通过媒体和机构的扎堆调研和股票停复牌，开能环保进军细胞产业的消息不胫而走，引来诸多投资者的关注。早在瞿建国创办开能环保上市以后，许多老朋友都埋怨他不够朋友，不及早披露信息，大家也好买入一些原始股，共享财富盛宴。开能环保的上市，一下子造就了上百个百万富翁，投资开能环保的人赚了盆满钵满，被列入职工持股名单的人更是庆幸自己跟随了一个好老板。此次创办原能细胞科技公司，瞿建国吸取了教训，一方面通过路演的方式非公开募集资金，为好朋友投资提供方便；另一方面也确实需要更多的资金，来支撑原能细胞的发展。

高国垒认为，原能细胞设立后，瞿建国决定让尽量多的员工和外部朋友参股进来，这一设计很高明，使原能细胞募集到多方资金，汇集多方资源，也扩大了未来的消费群体和宣传员。

瞿建国后来说："当原能细胞非公开募集资金的消息传出后，前来投资的人几乎把门槛都踏破了。"最初决定募集一个亿资金的，后来实在挡不住，资金募集达2.5亿元人民币。瞿建国把个人投资的最高额限制为500万元，这样做是为了减低投资人的风险，万一没有成功，损失也不会很大。毕竟这个行业有不可预知的风险存在。有一家企业的董事长是瞿建国的好朋友，他委派总经理来缴付投资款，结果，总经理听了原能细胞的介绍后，自己也认缴了500万元。瞿建国还明确规定，借来的钱投资坚决不要。

高国垒说，前来投资的大约有两种人。一种是企业内部的员工，他们中的许多人是开能环保的持股人，已经尝到了投资的甜头。还有一种是社会资金，其中有的来自周边的客户、熟人，也有许多来自瞿总的朋友："当时我们非常冷静，反复对每一位投资者进行风险教育，出示风险提示书，当面集中宣讲投资风险，在投资协议上列出相关风险条款。"投资者的疯狂让高国垒感到害怕，许多人想尽一切办法要成为原能细胞的股东，甚至把养老的钱也砸进来。"对于这样的人，我们坚决劝阻。其实，设定个人投资的最高上限，也是保护投资者的一种办法。500万元虽然不是一笔小钱，但对有些投资者来说，就是上海半套房子的钱，在他们的承受范围以内。”

瞿建国很清醒，细胞产业的法律壁垒可能会给企业的发展带来障碍，而异常激烈的同行竞争也会使企业面临生存的困境。这些都是必须对投资者讲清楚的，也是对投资者的真正负责。

在原能细胞的投资者里，不乏一些有身份、有地位的人。如家酒店的总裁孙坚、上海恒大（集团）有限公司董事长周惠明、中房置业股份有限公司董事长桂国杰、上海敬业企业集团有限公司董事长陈柏盛都成为原能细胞的股东。在所有的投资者里面，有一位身份比较特殊，他就是清华大学生命科学与工程研究院院长，清华大学医学院常务副院长兼生命科学与工程研究院院长、教授、博士生导师赵南明。作为生物膜与膜生物工程国家重点实验室的专家，国际欧亚科学院院士，赵南明个人投资人民币200万元，说明他对原能细胞的未来十分看好。

从2014年7月开始，高国垒进入了一种疯狂的状态之中，他不断地接待媒体、投资机构和投资者：“大概每天7点就要到公司，在楼下买两个包子当早餐，就开始工作。”高国垒家住浦东联洋社区，从家里到公司开车大约需要40分钟时间。7点到公司，意味着每天早上6点就要出门。12号楼的大食堂为了方便职工工作，早上会派专人到办公的1号楼的底楼摆摊卖包子和豆浆。有时候，到了中午，他才发现，自己早餐根本就没有买，一直是饿着肚子在工作。

“忙到什么状态呢？有一次，我记得是我和太太的结婚纪念日。我就用手机发了个微信给太太：‘生日快乐！’晚上回到家里，刚生完二胎的太太一脸阴沉，说今天是谁生日啊？我才知道，我居然发错微信了！”

由于原能细胞当时尚未建立专职团队，加上时间仓促，潜在投资者群体构成复杂，对短期回报期望过高等诸多因素，落实执行过程工作量大，违规和留下潜在纠纷的风险高。瞿建国对此早有预见，责令高国垒具体牵头，对外与投行等中介，对内与瞿佩君、唐佩英等财务、人事、法务负责人紧密配合，面向几百位潜在投资主体做了大量紧张有序的工作，募资过程和结果基本达到了瞿建国的预期目标。

到了2014年11月，投资者期盼的原能细胞公司快速发展的场景并没有出现。一切因为何晓文的尚未到来而显得有些落寞，各种质疑的声音此起彼伏，直指瞿建国和开能环保。在不断与投资者解释的过程中，高国垒显得神情疲惫，他决心用一种自己熟悉的方法，向所有人解读原能细胞的发展之路。

很快，一篇名为《我们的内心很安宁——兼回复开能股票投资者关于原能项目详细安排的追问》的文章出现在开能环保的内部微信群里。

“近来陆续有投资者在追问原能细胞项目一些具体工作的详细安排。我们理解投资者的心情，尤其是在不充分了解瞿建国先生及其领衔的开能和原能情况下，大家有些着急甚至担忧都是难以避免的。我们投资者关系部门有责任通过努力，让大家更多理解开能和原能的基本面。

“原能细胞项目，着眼于朝阳产业的大方向，将通过长时间的创业发展成长为一棵根深叶茂的健康大树。原能与开能既一脉相承，又可能青出于蓝;原能与开能，既血脉相连又相对独立。短期内我们不着急于原能为开能带来多少收益，长远来看原能的壮大必定会使开能一同受益。

“着眼长远，历来是瞿建国先生的价值取向和创业风格。这或许不是唯一正确的，也很难让全部投资者认同。就像有的人期望子女中专毕业早点工作，来分担家庭负担，有的支持子女读完博士再想赚钱的事，两者之间并没有绝对的优劣。面对风格偏好各不相同的投资者，我们投资者关系部门要做的，则是更好地让大家了解开能和原能，在了解的基础上做出自己的选择。

“‘深挖洞、广积粮、缓称王’，历史上曾有逐鹿中原者以此为信条。选择着眼长远的瞿建国原能团队，在细胞产业中的竞逐策略也是根植厚土、枝展长空。原能的细胞储存要大规模、低成本、高效率、国际化，原能的细胞研究正在搭建跨机构无依赖的大型科研平台，原能的细胞技术转化应用和产业投资业务也都在积极而从容地布局。大空间大格局，需要与之匹配的时间和过程。

“当然，也有投资者说，时间久了过程长了市场将被竞争者占去。实际上，我们完全没有这一担忧。细胞储存和应用的市场空间将是难以想象的。弱水三千，何惧瓢饮。相信这一产业将来完全容得下许多个像原能一样的大公司。

“股票市场时有波动，股东大众常怀疑虑。而我们开能人，时常在清晨的办公室看到一个气定神闲的瞿总，在夜幕西垂的时候遇到一个意气勃发的瞿总，以及我们整个团队的积极、阳光、正能量，这一切都让我们的内心很安宁。我们也将努力把这份心情与投资者分享。

“原能细胞是瞿建国先生六旬之后再度创业的平台，他把自己累积了一甲子的心力与智慧和盘托出，全身心投入的又一次忘我之旅。大幕已经拉开，不管是否买票，诸位只要有意，皆可搬把板凳坐下来看一阵。或者，一起走一程。”

其实，原能细胞迟迟没有启动，在开能环保内部也有各种议论。高国垒的这篇文章，宛如春风拂面，又如当头棒喝，使狂热的投资者清醒了下来。庄乾坤给了这篇文章“一万个赞”。

2014年11月21日，《证券日报》全文刊登了这篇文章，为期待中的投资者带去了理性的慰藉。唯一令人遗憾的是，2015年春节刚过，忙碌不堪的高国垒感觉自己在公务和家事上难以平衡，在细胞业务的发展上也能力欠缺，遂向瞿建国提出辞呈，与家人一起到美国哥伦比亚大学做访问学者，离开了开能环保。

其实，一场属于原能细胞的好戏，才刚刚开场。有的人刚刚离开，有的人却要赶来登场。

第三节　研发全自动生物样本深低温存储系统

2014年11月，何晓文如约从美国归来。基于“致力于为客户提供专业的、符合国际标准的免疫细胞采集、分离、存储的业务”的定位，何晓文要求瞿建国尽快采购商业用全自动生物样本深低温存储系统。令人遗憾的是，当时全世界尚无一款真正的商业用全自动生物样本深低温存储系统，大规模商业储存细胞业务无法展开。瞿建国决定自行研发生产相关设备，经过3年多的不懈努力，终获成功。

全球寻访深低温细胞存储设备

瞿建国把“致力于为客户提供专业的、符合国际标准的免疫细胞采集、分离、存储的业务”作为未来原能细胞发展的主要方向，存储细胞的全自动生物样本深低温存储系统就成为业务开展的关键。所有采集来的细胞，必须在零下196摄氏度的液氮环境下保存。何晓文回国后做的第一件事，就是建议瞿建国尽快采购这一系统，为未来大规模的商业化运作提供装备支撑。

“其实，当时我对全自动生物样本深低温存储系统的了解也不多。”何晓文在新泽西州州立大学干细胞研究中心工作时，使用过生物样本深低温存储系统，但那是实验室级的，完全靠手工操作，操作人员在深低温状态下，容易受到伤害。存储的细胞因为设备经常被打开，会被温度的变化所损伤。商业化细胞存储，数量特别巨大，如果单纯靠手工操作，容易搞错。

根据美国同行提供的信息，瞿建国和何晓文决定先去欧洲一些国家，包括去列支敦士登考察供应商。列支敦士登是一个袖珍小国，国土面积约160 平方公里，人口近4万人，工业发达，设备制造业先进。这是一个山地国家，居民都住在白雪皑皑的山上，宛如仙境一般。企业都在山脚下，每天工人要从山上下来上班。老百姓很富有。因为整个国家和瑞士深度融合在一起，传承了瑞士高超的精密仪器制造能力。列支敦士登Liconic公司研发生产的深低温生物样本存储设备，在全球同行业具有领先地位。但是，这款设备也有许多缺点：第一，它不是液氮冷却，而是用了冰箱的压缩冷却技术，最低温度只能到零下80摄氏度；第二，它不是全自动的智能化系统，需要手工辅助。

“后来我们决定还是买下一台。”何晓文回忆当时的情况，“那台设备价值1000多万元人民币，买回来后，我们把它放在上海长征医院的生物样本库里。”

德国的制造业极负盛名，深低温生物样本存储设备的研发生产在全球也很有影响力。但是，令瞿建国和何晓文感到失望的是，整个德国的深低温生物样本存储设备研发生产也属于实验室级别的，能够应用于大规模商业化细胞存储的全自动系统几乎没有。为了工作需要，瞿建国买了一台德国Askion公司生产的生物样本深低温存储系统，这是一款实验室用的设备，使用液氮冷冻，能够达到零下196摄氏度的工作温度。在德国考察期间，瞿建国还去了德国的国家细胞库了解情况，了解了先进国家细胞存储的情况。

“后来，我们还去了英国、美国、日本等国家考察设备，发现真正能应用于大规模商业细胞储存的深低温自动化系统在全球是一个空白。”何晓文感到沮丧，作为一个科学家，他对设备方面确实不是那么精通，但如果没有商业化的全自动生物样本深低温存储系统，原能细胞的既定业务就无法展开，数百位投资者的期待就将落空，开能环保的股价和企业形象将受到损害。

何晓文归国后，瞿建国在开能研发中心腾出一间办公室，作为何晓文的临时工作场所，并安排他暂时居住在开能园区。因为实验设备尚未到位，实验室还在装修建设，团队还在陆续招聘中，一时无法正常开展工作，何晓文就经常出入开能环保的车间，有意无意地了解企业的生产情况。有一天，何晓文似乎茅塞顿开，他拉住瞿建国说：“瞿总，我建议自己生产全自动生物样本深低温存储系统！”

“自己生产？”瞿建国一下子转不过弯来。“对！自己生产。开能环保完全有这个能力。”何晓文兴奋地说。“我们从来没有做过医疗器械方面的产品，你倒说说看，我们究竟有什么样的能力做？”瞿建国也来了兴趣。

“最近，我一直在厂里转悠，发现开能正在建设的立体库原理和全自动生物样本深低温存储系统的原理很接近，如果把立体库缩小，就是一个全自动生物样本深低温存储系统。它能根据智能化的指令，指挥库存商品的进出。而缠绕车间的机器人，就像在立体库里面工作的工作人员，它根据智能化指令，完成人类应该完成的工作。如果把这两方面的技术融合在一起，也许就能造出真正的商业化全自动生物样本深低温存储系统了。”何晓文把自己的发现告诉给瞿建国。他感到很振奋，也许，困扰多日的设备支撑问题，就此可以迎刃而解了。实验室级别的深低温生物样本存储系统和商业化全自动生物样本深低温存储系统最大的区别在于智能化的应用程度。而不管是立体库还是缠绕车间，在智能化的应用上都是领先的。

“看上去很像，但实际还是有很多差别。”瞿建国是个聪明人，他已经从何晓文的叙述中看见了一丝曙光，“第一是材料问题。我们的立体库也好，缠绕车间也好，都是在常温下工作。全自动生物样本深低温存储系统，要在零下196摄氏度的液氮下工作，材料的要求很高。第二是精细化问题。立体库虽然精确度也很高，但和全自动生物样本深低温存储系统比，精度差了很多，对智能化的要求会更高。立体库搞错了，最多是商品发错了。细胞库搞错了，那是要涉及人的健康和性命啊！”因为找到了方向，瞿建国也感到很开心，他最后幽默了一把。

其实，原能细胞需要的自动化存储设备迟迟没有买到，瞿建国也倍感压力。细胞业务未来的发展前景是无限美好的，但遭遇的困难也是瞿建国难以想象的。一下子扎到一个陌生的领域里，周边一片茫然，就像摸着石头过河，心里一点底也没有。此次创办原能细胞，妻子奚秀芳是反对的：“老瞿，你创业一辈子，已经功成名就了，可不要晚节不保啊。”想不到腿还没有迈开，路就找不到了。现在，突然一下子有了突破口，瞿建国愁眉一展。2015年春节过后，他找到杨焕凤商量："原能细胞的事情不能耽搁了，你到原能去做总经理，开能的事情交给瞿亚明。我们一起到原能细胞去，你和何晓文他们一起做产品研发和细胞存储，我带团队先从全自动生物样本深低温存储系统研发着手打开局面！"

不成功的第一代样机研发

杨焕凤来到原能细胞的时候，可谓百废待兴。

原能细胞刚刚签下了收购位于张江核心区的海泰药业的合约，海泰药业的原股东在张江拥有两块工业用地，一块42亩已经建设了4万平方米房子，但还没有办理产证；另一块18亩地才打下基础，被一些拾荒者占据着。原来的股东已经没有资金投入，半拉子工程晒了近十年太阳了。

原能细胞用于细胞存储的实验室的装修工作正在紧锣密鼓地进行，年前初步装修了一个500平方米的办公室，何晓文和杨焕凤、刘晓童等七八个人先搬了进来。考虑到何博士从美国回来，杨焕凤把一间有窗靠东面的办公室给了他，把一间朝北无窗的办公室做了自己的总经理室。原能细胞的业务正式开始起步。

万事开头难。细胞存储的事情，其实涉及的过程很复杂。根据何晓文和一些医学专家们商讨的方案，定下了四步流程：（1）体检，检查客户的身体状况，需要排除不合格的比如带有传染病病毒的，以及身体状况不适合采集的；（2）采集，为了一次能采集足够的量，原能细胞采用美国进口的细胞采集设备，可以一次采集数亿个细胞。（3）采集好的细胞在全密闭的条件下，送到细胞制备中心，进行制备、质量检控、封装、降温；（4）入库冻存。整个流程都有电脑系统做信息化管理，都需要团队不断地测试、摸索、开发、完善。这是前人没有走过的道路。

特别是全自动生物样本深低温存储系统的研发工作，尚未开始。从开能环保现有的技术力量来看，缺乏这方面的人才。而启动全自动生物样本深低温存储系统的研发工作，关键是人才。

2012年，位于川大路的三一科技有限公司整体搬迁到浙江湖州。这是著名的三一重工股份有限公司旗下的一家全资子公司。从2005年到2011年，三一科技共获得26项国家级、省级、市级奖项，获评"上海市高新技术企业”“上海市企业技术中心”，获得中国机械工业科学技术进步一等奖、上海市科学技术进步一等奖等奖项，以及国家火炬计划、国家重点新产品计划等殊荣，2011年更是与三一兄弟事业部共同承担了一项国家863计划项目。

三一重工早年在湖州八里店购买了2000亩工业用地，开发后逐渐把一些相关的企业搬迁过去。一个叫孙巍巍的女孩因为在川沙购买了婚房，在企业搬迁之际，离开了三一科技，到开能环保应聘，成为杨焕凤的秘书。

通过孙巍巍，瞿建国了解到三一科技有一批技术人员因为房子买在川沙，没有随企业搬迁到湖州，而是继续留在浦东，分别在不同的企业工作。孙巍巍的丈夫苏胜晖就是其中的一名电气工程师，当时应聘到金茂大厦内的远东宏信融资租赁有限公司工作。

2015年11月，瞿建国通过苏胜晖，找到了原来在三一科技做工程师的韩凤麟，希望他们加入原能细胞团队：“我们准备与德国的Askion公司合作生产全自动生物样本深低温存储系统，需要一批工程技术人员，对Askion公司的产品引进、消化、吸收。如果你们感兴趣，将是我们生产全自动生物样本深低温存储系统的第一批技术人员。”

苏胜晖后来回忆说，虽然机械电气的原理是相通的，但对于全自动生物样本深低温存储系统，他和韩凤麟连见都没有见过：“但是瞿总说我们可以先学习研究海外的现有产品，再开发自主知识产权的产品。” 韩凤麟和苏胜晖答应加入原能细胞，并且由韩凤麟牵头负责。

“我们与Askion公司的中国总代理北京遍吉科技有限公司接触了几次，也参观了一些Askion公司生产的生物样本深低温存储系统和公司安装在长征医院的零下80摄氏度系统，终于有点概念了。”

2015年12月的时候，瞿建国告诉韩凤麟和苏胜晖，与Askion公司合作生产全自动生物样本深低温存储系统已无可能：“我们要自己动手研发了！”

一个月内，事情发生了根本性的变化。通过与北京遍吉科技有限公司的多次接触，苏胜晖认为，对方的兴趣是在于销售更多的全自动生物样本深低温存储系统给原能细胞，而瞿建国的意愿是通过购买，双方在中国合作生产全自动生物样本深低温存储系统。这是彼此不同的诉求，也是最终造成原能自行研发的原因。

瞿建国问韩凤麟：“有没有把握研发成功？”

韩凤麟回答：“给我4个月时间，4个月后见分晓！”

三一重工的企业文化特点是执行力强，行动快速。韩凤麟又招了几个原来的同事，组建了研发团队。“那个时候，我们对全自动生物样本深低温存储系统的结构和工作原理已经有了一些了解，但是，现在想来，韩凤麟还是太急于求成了。外国人搞了许多年都没有搞出来的东西，我们4个月能搞出来？”苏胜晖认为，第一次研发，从一开始就埋下了祸根。

事实上，韩凤麟本身也不具备研发全自动生物样本深低温存储系统的能力。在三一科技，他从事的是材料金相分析的工作，与真正的产品研发还有许多距离。

2016年3月，瞿建国把王海强从开能环保调过去，参与研发工作。王海强多次参与开能环保的产品研发工作，但是对于全自动生物样本深低温存储系统，他也是毫无概念：“瞿总希望我把开能的文化带过去，增强团队的凝聚力和战斗力。”

韩凤麟说到做到。2016年5月，第一代全自动生物样本深低温存储系统研发试制出来，但是效果却令人不敢恭维。储存罐里的液氮无法密封，最多的时候可以泄漏70%以上。体积庞大，占地面积达7个平方米左右，极其笨重。王海强说，取细胞的机械臂占地就达3个多平方米，这个机械臂不但大，而且贵，是从日本全进口的，价值人民币30多万元。不但贵，而且不能耐低温，工作精度也差，灵活性不够。

苏胜晖负责设备的电气部分设计。他说：“整个研发的材料费用就达80多万元。虽然说研发试制出来的设备有一定的液氮存储作用，但严格意义上来说，是没有任何商业价值的，就是和Askion公司生产的实验室用的半自动的生物样本深低温存储系统也不能比。”苏胜晖坦言，全自动生物样本深低温存储系统的技术要求极高，要保证设备运行30年无故障，这个当时根本做不到：“就拿我负责的电气部分来说，也不是简单的设备内部的电气设计，而是整个系统的电气设计，有许多智能化的要求，系统的集成要求很高，当时以我们团队的能力根本无法实现。”

瞿建国看到这台样机的时候，知道自己做出了一个错误的选择。后来在总结这次研发时，瞿建国宽容地说，不管怎么样，这是第一代样机，也可以说是原始机，为后来的研发工作提供了经验。

2016年5月，苏胜晖调到开能环保的技术部门工作。同月，来自华大基因的赵国庆加入了全自动生物样本深低温存储系统的研发团队。王海强后来说，赵国庆的到来，至少让我们明白了全自动生物样本深低温存储系统需要哪些功能，以及这些功能在细胞储备上的价值。在华大基因，赵国庆负责全自动生物样本深低温存储系统的采购工作，对生产厂商非常熟悉，对全自动生物样本深低温存储系统的功能也了如指掌。但是，在设备的研发上，赵国庆也是一无所知。

2015年7月，韩凤麟黯然离职。

原能细胞的发展，似乎又陷入了停顿。

再度出山的瞿建国总工程师

2019年1月19日，是瞿建国65周岁的生日。这一天，开能产业园举办了首次冬泳比赛，赛事被冠以“泳往直前”的开能文化个性，体现了开能环保不屈不挠、永不言败的创业精神。也是这一天，王建信带着他的团队，趁周末人少，在哈雷路的原能细胞张江生命科技园调试第四代全自动生物样本深低温存储系统。历经3年多时间的研发试制，全自动生物样本深低温存储系统距离真正的批量化生产，只有“最后一公里”之遥。

瞿建国不是一个轻易会放弃的人。2016年秋天，他吩咐王建信到全自动生物样本深低温存储系统研发团队，整理相关的技术专利文件。这份工作对王建新而言，可谓轻车熟路。不到一个月时间，王建信已经完成了瞿建国交办的任务。2017年春节前夕，瞿建国带着开能环保的一众高管到原能细胞参加聚餐。酒席间，瞿建国对王建信说：“过了春节，你到原能细胞工作，负责全自动生物样本深低温存储系统的研发试制。”如此来看，当初王建信去整理专利文件，其实是瞿建国的一个伏笔。在最困难的时候，他已经决定调换主将了。

对于全自动生物样本深低温存储系统，王建信唯一熟悉的就是它的技术专利。当时，王建信身兼三职，是开能环保生态水处理事业部的总经理，也是上海正业水质检测技术有限公司的总经理，上海开能净化饮水设备有限公司总经理王海强到原能细胞负责全自动生物样本深低温存储系统研发工作后，他又兼任了净化饮水设备有限公司的总经理。一下子抽身到原能细胞工作，王建信感到有点突然。他是水处理专业博士出身，对机械制造可谓隔行如隔山，第一代样机试制失败的情况他也非常熟悉，从技术上讲，王建信认为自己并没有比韩凤麟具有更多的优势。

最困难的时候，瞿建国出现在了曲幽路全自动生物样本深低温存储系统研发现场。他明确表态，新成立的原能细胞生物低温设备有限公司由他出任总工程师："从今天开始，我吃在厂里，住在厂里，24小时和你们在一起。搞不出全自动生物样本深低温存储系统，我决不回家！"

2015年1月8日，开能环保发布公告，称子公司原能细胞收购增靓生物100%股权。在投资概述一栏里表明，收购是为了实施免疫细胞储存等业务。此次收购完成后，原能细胞取得增靓生物位于浦东新区曲幽路380号的20幢合计27000平方米房屋的产权。2015年10月开始，瞿建国把曲幽路的建筑作为全自动生物样本深低温存储系统的研发试制基地。此次动员会以后，瞿建国把几个房间装修成为宿舍，搬来行李铺盖，真的住进了研发试制现场。

王建信临危受命，他唯一比韩凤麟更厉害的地方，就是拥有了韩凤麟研发试制失败的教训。这是一笔宝贵的财富。

"我首先认为研发团队的人员结构有问题。"王建信发现，在韩凤麟的研发团队里，机械工程师有五六名之多，而电气工程师只有一个，"这显然不符合设备智能化的要求。"在全自动生物样本深低温存储系统的研发上，智能化自动化要求非常高，靠一个人难以完成整个系统的集成。通过从开能环保抽调人员和社会招聘，王建信补强了这个短板。

因为商业化全自动生物样本深低温存储系统是一项革命性创新，王建信根据以往经验，还为研发团队聘请了专利工程师，专门为发明创造负责申请专利，保护企业的知识产权。

“我们还招聘了工业设计人员。第一代全自动生物样本深低温存储系统研发在这个方面有很大的欠缺。”王建信所指的欠缺，就是试制出来的样机笨重粗大，难以规模化生产。造成这个后果的主要原因就是忽略了工业设计。

王建信非常谦逊，他一直认为以自己的知识构架不足以领导这个研发试制团队：“是开能环保的企业文化，带动了研发的快速发展。”王建信所说的开能环保企业文化，就是瞿建国倡导的主管责任制。2009年8月23日，开能环保在博雅酒店举行当年上半年工作总结暨明星员工表彰大会。会上，瞿建国讲到新颖的开能企业管理结构时提出“主管最大”的理念。所有的经理、助理、主任都要为主管服务。这个理念和瞿建国提出的“蚂蚁工厂，蜜蜂企业”的管理思路如出一辙，也是扁平化管理的一种方法。瞿建国认为，开能环保是一家中小型企业，不需要金字塔式的管理模式，每一个主管都可以独立指挥，而部门经理的职责就是为所有的主管做好服务和保障。

“在研发试制超低温细胞储存设备的过程中，每一位工程师都发挥了自己的主观能动性，通过主管责任制，各尽所能，攻克了不少难题。”王建信把功劳都算在主管的头上，其实，在研发试制的过程中，他也发挥了重要的协调作用。通过梳理，王建信发现，要成功研发试制全自动生物样本深低温存储系统，关键要解决四个方面的问题。第一是密封，就是保证在液氮有一定泄漏的前提下，空气不进入设备内部，不造成结霜现象；第二是材料能在零下196摄氏度的环境下正常工作；第三是智能化，要实现大规模商业化应用，必须增强设备的智能化程度；第四是结构设计的合理性。

第一代样机的密封状况非常差，空气很容易进入设备内部，空气中的水汽遭遇低温后会造成大面积结霜。结霜会造成智能化系统失灵，机械部件无法运转，存储液氮的罐子结霜后，也无法存取，必须要靠人工帮助才能正常运行。最关键的是，设备在防止空气进入的同时，还要保证一定的液氮泄漏出去，不然内部会形成高压状态。这个问题不解决，设备根本无法使用。

“在我们最束手无策的时候，瞿总出现在我们团队里。他说，可以借鉴冰箱密封条的结构来提高设备的密封能力。真是醍醐灌顶啊！”

密封条在日常生活里到处可见，除了冰箱，汽车上也大量使用。但是，在零下196摄氏度的状态下使用密封条，可以说是前所未有的突破。

“我们找了好多化工企业，要求他们按照我们的标准研发密封材料。”王建信的努力得到了回报。但是，在全自动生物样本深低温存储系统内部，还有许多无法使用密封条却又不得不密封的地方，则需要通过结构工程师的专业设计来实现密封功能。

全自动生物样本深低温存储系统对于材料的苛刻超乎想象，要求在超低温下能够保持机械强度，能够不导冷或者导冷系数小，不同材料之间在超低温下的热胀冷缩系数要接近，不然在温差下设备内部零部件之间会产生胀死或者滑脱的现象，导致运行差错。

王建信说，研发试制团队找了好多供应商：“我们与上海交通大学低温工程中心也建立了合作关系。他们是国家航空航天工程材料的研发单位。”交通大学的专家告诉王建信，他们使用的材料，最低温度也就是零下50摄氏度左右。“月球车的材料也就是这个温度，再低，交大低温工程中心也没有做过。”

王海强说：“我们找了很多材料，特别是各种不同牌号的铝质材料，还有很多非金属材料，就是一个要求：特别耐低温。”

瞿建国给研发试制人员提供的思路是：“你们去找找耐高温的材料，能耐高温的，也许也能耐低温。”这是典型的逆向思维，但是这种思维方法后来解决了许多实际问题。

为了解决不同金属材料之间因为热胀冷缩系数不同，在低温下出现变形，导致设备无法正常运转的情况，瞿建国还提出了断桥的概念。就是在两种金属材料之间，用非金属材料连接，允许有一点偏差，不能做死，增加了系统的容错能力，这样就避免了因为热胀冷缩系数不同造成的配合胀死或者滑脱的情况出现。

在韩凤麟研发试制的全自动生物样本深低温存储系统中，存取细胞的机械装置使用了日本生产的机械臂，占地面积大，造成整台设备体积庞大，而且机械臂有固定位置，这样就形成了工作盲区。研发试制团队用XYZ三轴直线模组方式替代了机械臂，使设备内部存取细胞无死角，并将第一代设备的占地面积从7平方米减小到3平方米左右。XYZ三轴直线模组方式，完全借用了开能环保立体库的工作原理，成本也从原来的30多万元人民币降低为10多万元人民币。

“我们在结构上最大的创新是把原来的提篮式改为蜂巢式。”王建信说，第一代设备细胞储存空间是提篮式，这是国外最常见的生物样本深低温存储系统的一种结构方式。这种结构方式的最大缺点是要存取细胞，必须像玩轮盘枪一样，转来转去，这样才能完成存取细胞的工作，还容易造成交叉感染。“这是瞿总的主意，瞿总建议做成蜂巢式，每一个空间都是并列的，互不干涉，这样细胞存取就不会交叉感染，解决了细胞样本单支独立存取的行业性难题，对设备产业化和临床标准起到了重要的作用。更重要的是这个方式存取冻存细胞的管子，不需要抓取，而是用真空吸取的方式，减少了低温区域的机械动作。这是一个革命性的改变。在零下196摄氏度的情况下，任何机械动作都很难实现，更难稳定实现。而真空抽吸可以稳稳地把管子移动到任何位置。”

在全自动生物样本深低温存储系统中，有一个玻璃化温度的概念特别重要。所谓玻璃化温度，就是设备的扫码、细胞的存取都必须在低于零下135摄氏度的环境下进行。列支敦士登Liconic公司生产的设备工作温度是零下20至零下80摄氏度，德国Askion公司生产的设备工作温度是零下100摄氏度。对于王建信团队来说，这也是一个历史性的突破。“只有零下135摄氏度的温度对细胞的保护是最好的。在这点上，我们的设备在世界上也是遥遥领先的。”王建信很自豪。

瞿建国深深知道，如果全自动生物样本深低温存储系统在智能化上没有突破，那么其大规模商业应用的价值也无从谈起。“我看过很多国外设备，全部是手工的，液氮罐就像腌制咸菜的甏，很容易搞错。”瞿建国因为深入了解了全自动生物样本深低温存储系统的现状，才更有信心打开一条创新的道路。

2017年底，全自动深低温生物样本库存储系统项目第一次评审会

整个研发试制工作从2017年5月份正式启动，到2017年11月份，第二代样机已经研发成功。当年通过了专家评审。王建信认为，这是一台真正意义上体现了瞿建国要求的符合大规模商业应用的全自动生物样本深低温存储系统。

瞿建国对此并不满意，他指出，第二代全自动生物样本深低温存储系统在规模生产的成本控制和产品的外观设计上，还有很大的提升空间。“2017年研发试制成功后，就开始有订单要求购买这台设备，但我们拒绝了。”从2018年开始，瞿建国带领研发团队在优化设计、控制成本上继续发力。瞿建国称：“我们已经发功研成了第四代样机，在产品的外观设计和成本控制方面做到了最好！”瞿建国所称的第四代样机，具有智能化的中控系统，在细胞采集、运输、入库整个过程的多个环节中，利用了虹膜识别、扫描验证和身份牌验证等多种方式，确保客户和生物样本信息的安全可靠。细胞样本的转运罐具有加密锁、温度控制、温度曲线追溯等功能。其全冷链闭环管理系统，开启了全自动生物样本存储标准化的先河。在一个千万份级的细胞库里，实现了无人值守的运作模式。

王建信坦言，在3年多时间的研发试制过程中，全自动生物样本深低温存储系统一共申请专利200多项。这是一个了不起的数字。

原能细胞位于张衡路1227号产业园的细胞银行概念图

让瞿建国感到高兴的是，全自动生物样本深低温存储系统已经引起日本、欧洲、北美相关企业的关注，纷纷提出合作生产销售的意愿。瞿建国说："我们要充分利用他们的市场资源优势，迅速把全自动生物样本深低温存储系统的市场做大。"

2018年12月12日，在上海市中小企业发展服务中心、上海市中小企业上市促进中心、上海股权投资协会、上海市创业投资行业协会、阿里云创新中心联合举办的"2018上海最具投资潜力50佳创业企业"评比中，上海原能细胞生物低温设备有限公司及其"全自动蜂巢式深低温生物样本存储设备项目"从400多家企业中脱颖而出。

从2014年7月16日正式注册成立起，原能细胞以瞿建国特有的农民耕耘的办法，迎来了自己的第一个收获期。

第四节　涅槃重生的原能细胞生命科技产业园

随着原能细胞业务的开展，开能工业园已经无法满足原能细胞的发展需要。瞿建国决定另外寻觅公司发展基地。他在张江高科技园区张衡路哈雷路交界处发现一处闲置已久的办公楼，经多方打听，找到业主陈晓军。通过数轮谈判，终于以股权转让形式，成为陈晓军投资的海泰药业的控股股东。重新启动的复旦海泰生物园建设又面临着重重困难，如证照不全，工程队长期霸占工地不肯走人。经瞿建国多方斡旋，项目终于起死回生，建成原能细胞生命科技产业园，成为未来原能细胞的科学研发基地、设备制造基地、细胞储存基地和办公中心。

闲置多年的海泰楼

2014年底，瞿建国决定再找一个合适的地点，建设原能细胞的基地。他认为，一个为客户存储细胞的企业，必须有长期可靠的基地，也必须有一定的重金投入。好比商业银行，没有一定的实力，客户不会愿意把钱存进去，不放心。

浦东最适合医药产业发展的地方，莫过于张江高科技园区。张江高科技园区建立于1992年，经过20多年的开发，构筑了生物医药创新链，集成电路产业链和软件产业链的业态。园区建有国家上海生物医药科技产业基地、国家信息产业基地、国家集成电路产业基地、国家半导体照明产业基地、国家863信息安全成果产业化（东部）基地、国家软件产业基地、国家软件出口基地、国家文化产业示范基地、国家网游动漫产业发展基地等多个国家级基地。在科技创新方面，园区拥有多模式、多类型的孵化器，建有国家火炬创业园、国家留学人员创业园，一批新经济企业在这里实现了大踏步的飞跃。

早在2001年，瞿建国就租借了张江高科技园区蔡伦路上的嘉宝实业厂房，作为开能环保的生产车间。其出生的孙小桥乡桥弄村，也在1995 年划入张江镇。可以说，瞿建国对张江是有着特殊的感情的。当初成立原能细胞科技有限公司的时候，瞿建国选择的注册地就是周祝公路337号9幢313室，这是正在开发中的浦东国际医学园区。应该说，开能产业园注册一个公司绰绰有余，但瞿建国还是非常前瞻地把公司注册在张江国际医学园区里。根据浦东新区的园区规划调整，康桥地区也划入了张江高科技园区的范畴。

瞿建国的目标是，把原能细胞打造成一个世界级的科创企业。企业要做大做强，就要根据产业集群、人才集聚、政策集优的要求科学选址。虽然原能细胞注册在医学园区，但瞿建国还是希望在张江的核心区域找到一个发展的空间。

2015年春天的时候，瞿建国在好朋友陆德润的陪同下，来到张衡路上的润和国际科技园区看房子。陆德润是一个房地产投资客，名下拥有润和国际科技园区等多个地产项目，也是原能细胞的股东之一。

“那天我们来到张衡路988号的一栋空楼（后来租给了上海知识产权法院），登楼一看，发现马路对面有几栋破破烂烂的大楼。我一看，这个位置很不错，周边全是生物科技企业，我说我就要这个楼！”瞿建国看中的那几栋楼，就是海泰投资持有股份的海泰药业投资有限公司建造的海泰楼。当时，2万多平方米的海泰楼冷冷清清，整整6个层面，只有几家公司在办公，出租率不到30%。瞿建国问了保安，都不知道谁是业主。“据说老板是一个北京人，好久没有来过了。现在房子归张江高科技园区的一家公司管理，你可以去问一下！”一个好心的保安告诉瞿建国。这是他找到的唯一线索。

既然是张江的一家公司在管理，瞿建国就不愁找不到人。很快，通过在张江高科技园区工作的朋友，瞿建国找到了张江生物医药产业基地的总经理王兰忠。

听到瞿建国的来意，王兰忠也很兴奋。2010年5月，根据上海海泰药业投资有限公司董事会决议和修改后的合同章程的规定，张江科技投资有限公司出资5000万元，成为海泰药业的股东，拥有12%的股份。2014年7

月，张江科技投资有限公司变更为张江科技创业投资有限公司。海泰药业项目迟迟没有启动，为了避免张江创投的投资受损，作为张江生物医药产业基地负责人的王兰忠也想尽一切办法，希望能让海泰药业起死回生。海泰楼项目已经搁置多年，曾经有多家公司有意接手，但因为各种原因，最后都不了了之。“陈晓军这个人很难谈判，瞿总你要有思想准备。”有人善意地提醒瞿建国。陈晓军就是海泰药业的实际控股人。他们也希望瞿建国能够顺利接手，毕竟张江集团下属两个公司陷入其中多年，一直处于不死不活的状态，如果能够及早脱身，也是减少了一件麻烦事。

瞿建国从张江的朋友那里了解到，陈晓军从2005年投资海泰药业开始，和军事医学科学院做了几个药物开发项目，也用这些项目融了张江科投的资金，拿了张江生物医药产业基地的土地开发权，但后续资金难以跟上，整个项目处于停顿状态。在蒸蒸日上的张江高科技园区，这里成为一种另类的存在。

“瞿总，从2010年开始，这个项目前前后后有好几拨人看中，但都和陈晓军谈不拢，所以一直荒废到现在。我们公司也是没有办法，把海泰药业的一栋楼以预购方式拿了过来，现在用于出租。如果你能接手这个项目，对大家都是一种解脱。”张江的领导把陈晓军的手机号码给了瞿建国。瞿建国专程去北京和陈晓军见面。

“我和陈晓军见面20分钟，非常爽快地解决了问题！”瞿建国称，这个电话给他和陈晓军都带来了转机。他先是简单介绍了一下自己的背景，然后又把创办原能细胞的情况与陈晓军进行了沟通：“我们公司未来需要在张江入驻，从目前来看，海泰药业的项目用地是最合适的地方。我的唯一目的是获得海泰项目所有的土地和房屋所有权，而你可以以任何方式与我谈判。”

陈晓军后来说，瞿建国是他碰到的最对脾气的商人。在瞿建国以前，他也遇到了许多对海泰楼感兴趣的人，但是都不像瞿建国这样爽快，或者不像瞿建国那样有实力。而且瞿建国收购这个项目后，也是从事健康产业，与陈晓军的初衷不谋而合。

2015年11月16日，开能环保发布公告称，子公司原能细胞科技集团有限公司拟收购股权涉及上海海泰药业有限公司股东全部权益价值评估报。经上海申威资产评估有限公司评估认定，上海海泰药业有限公司股东全部权益价值为肆亿柒仟柒佰伍拾叁万叁仟壹佰陆拾叁元壹角陆分。这份公告还披露，原能细胞科技集团有限公司于2015年8月26日与海泰投资持有的上海海泰药业股份有限公司的57%股权转让事项签署了《股权转让框架协议》，拟使用自有资金和募集资金22916万元收购海泰投资持有的海泰药业57%股权。2015年11月13日，双方就海泰投资持有的海泰药业57%股权转让事项签署了正式的股权转让协议。开能环保将就此股权收购事项根据《公司章程》的相关规定提交股东大会审议批准。

在公告的项目进展一项中明确宣布，原能细胞科技集团有限公司收购海泰药业57%股权后，将取得其位于上海张江生物医药基地内合计40538.7平方米的国有土地使用权及其地上36898平方米的房屋及构筑物的产权。取得的房产及土地将用于建造原能集团总部、一个符合国际标准的细胞存储基地和具有国际水准的细胞技术工程研究中心等核心经营场所，同时，投资建设1000万份存储能力为零下196摄氏度的深低温全自动生物样本库。

最初投资上海海泰药业股份有限公司的陈晓军，成为瞿建国的合作者。

打造世界级细胞生命科技产业园

2017年7月，应立中被瞿建国从开能环保紧急抽调到原能细胞，出任工程部经理。“瞿总嘱咐我，不但要把已经建成的位于张衡路哈雷路口的原能细胞张江生命科技产业园功能进一步完善，还要尽快开工建设位于金科路蔡伦路路口的原能细胞复旦生命科技产业园，使土地的效应发挥到最大，为企业发展服务。”

一揽子工作中，位于原能细胞复旦生命科技产业园的建设是重中之重。应立中面临的是一个施工许可证过期、多项手续不全、有法律问题遗留的极其复杂的大摊子。

千头万绪，一团乱麻，应立中决定从补办证照开始。当时，这个项目还叫复旦海泰悦达科技园，其施工许可证是在2006年办理的，正式开工定在2017年11月，时间跨度长达11年之久。其间，张江地区的行政区划多次变动，原始的办证记录已难以找到，为项目的正常启动带来了困难。

“我们当时找了很多部门，都没有找到施工许可证的原始档案。后来在档案馆才找到它。”应立中所称的项目许可证，是工程合法开工的关键法律证书。相比施工许可证，工程总包单位的寻找更是一波三折。当时，工程是由广东建城工程建设有限公司总包的。其实，所谓的总包，就是一个私人老板挂靠在广东建城下面，然后层层转包。广东建城负责开票收款付款，仅此而已。随着时间的流逝，工程的搁置，许多当事人已经无法找到。而调换总包公司，所有的法律程序将重新走一遍，耗费的时间成本太大。瞿建国的意见是，一定要与广东建城公司谈好所有细节，一定要以广东建城公司的名义继续做好工程建设。

在孙忠鸣负责项目前期工作的时候，已经与广东建城公司建立了联系。因为多年未有发展，广东建城几乎成为一家空壳公司，只有几个留守人员。对方得悉工程将重新启动后，迅速派人前来上海洽谈继续合作事宜，签订了补充协议。与总包公司接上关系后，还要找到项目经理。建筑业项目经理是受企业法定代表人委托，对工程项目施工过程全面负责的项目管理者，是建筑施工企业法定方代表人在工程项目上的全权代表人。但是，原来的项目经理已经跳槽，而更换项目经理必须经过合法的程序。应立中要求广东建城全力寻找失联的项目经理，没有这个项目经理，整个项目将无法启动。

一波波消息传回上海，各方的努力都以失败告终。万般无奈之下，应立中找到广东省建交委，将情况做了说明。在建交委的同意下，原能细胞又在广东找到一个项目经理，介绍他到广东建城公司工作，接替原来的项目经理。

工程还涉及设计、民防、勘察、监理等单位，工程部的同志四处奔走，一一和他们恢复联系。2017年11月，原能细胞复旦生命科技产业园工程重新启动。2018年12月，工程全面完工，迎来了质检安监检测评估。整个产业园占地面积3500平方米，总建筑面积2万平方米，拥有四栋独立的研发、办公大楼，单栋面积5000平方米，绿化覆盖率达40%。建成后将成为张江生物医药基地极为稀罕的集生物医药研发、办公与科研为一体的高科技生物医药园区。

应立中称，已经有多家跨国企业看中了这个园区，愿意租赁园区从事生物医药研发、办公，其中不乏世界500强企业："不是随随便便就可以在张江生物医药基地进行生物医药研发的。比如说污水排放，要通过相关的环评，一般企业无法通过，而我们这个园区是有合法证照的。"

位于张衡路1227号的原能细胞产业园

位于张衡路1227号（哈雷路1118号）的原能细胞张江生命科技产业园，占地面积3万平方米，拥有六层孵化楼一栋，五层综合楼一栋，国际级千万份生物样本库一栋，原能企业总部一栋，固体制剂实验室和动力车间一栋，经过内部改造和装修，已经陆续启用。

瞿建国把原能细胞生命科技产业园看成是一个开放的平台，致力于为初创团队和企业提供物理空间、全自动细胞库存储服务、GMP级细胞制备中心、质量检测平台、研发公共服务平台、细胞技术开发平台、投融资等配套设施与服务，帮助初创团队或企业降低成本，降低创业风险，更加健康快速地成长。

高国垒称，瞿建国创办原能细胞背负了太大的压力，几百个投资人期盼着企业早日出效益。而原能细胞前几年每年的亏损高达数千万元，与投资人的期盼相差甚远。但是，随着原能细胞生命科技产业园的建成，瞿建国已经看到企业盈利的可能。他很自信地说："我们现在有6万多平方米的商业用房，按照张江地区的租金价格，每年可收入房租约1亿元人民币，这样企业可以走上良性循环发展的道路，自身也有一定的盈利。”

细胞产业是一个投入大、见效慢、造福人类健康的产业。企业必须对投资者负责，必须使企业的资产实现保值增值。瞿建国当初投资近3亿元人民币购买的海泰药业股权，在经过他战略性开发后，总体资产已经达到20多亿元，每年还将获得上亿元的现金流，这是他对每一位原能细胞的投资人做出的回报。

随着全自动生物样本深低温存储系统的研发成功与原能细胞生命科技产业园的建成，已经65岁的瞿建国看到了原能细胞未来成长的空间。

第五节　深研细胞医学技术促进成果转化

何晓文加盟原能细胞后，迅速组建团队加快细胞医学技术的研发工作，并招募了一批博士、硕士等专业人士，在冻存技术、扩培制备、抗体研发、CAR-T免疫细胞研、活性物质化妆品量产上获重大进展，与上海长征医院合作的原能细胞临床中心、与中山医院合作的原能细胞治疗中心也全面启动。原能细胞，在一群有梦想的人的努力下，向着共建美丽家园、健康中国的目标奋进。

细胞冻存技术的重大创新

何晓文来到原能细胞后，出任集团副总裁兼技术总监，一方面不断与瞿建国、杨焕凤一起到国外考察，了解细胞生物技术的最新进展，采购商业化的深低温细胞存储设备，另一方面也在积极考虑改进细胞的冻存技术。

“冻存细胞的冻存液，是欧美国家在二三十年前研发生产出来的一个成熟产品。但是，细胞种类繁多，有T细胞、NK细胞和干细胞，每个人的细胞也存在着差异，如果用同一种冻存液冻存，最后各种细胞的活性会完全不一样，细胞扩培、制备的结果也会有很大差别。这是一个行业的痛点！”过去在新泽西州州立大学做实验时，何晓文就非常了解冻存液的这个弊端，但是苦于资金和技术支撑有限，一个人也难以改变现状。现在到了原能细胞，瞿建国又把企业的盈利模式定位为细胞存储，这就必须要充分考虑在细胞的冻存技术上，特别是冻存液上加以改进创新。

美国华盛顿大学（西雅图）机械工程系和生物工程系（兼）终身正教授高大勇，是世界上著名的低温生物工程和低温保存领域的专家。他是中国人，在人工器官（人工肾和人工肝）领域有着杰出的贡献，担任世界低温医学生物大会主席和国际低温生物学会年会共同主席。何晓文决定向高大勇请教。

2015年春节刚过，何晓文与瞿建国、杨焕凤一起飞抵美国西雅图，来到位于西雅图的华盛顿大学，与约好的高大勇教授会面。

瞿建国考虑如何利用高大勇的资源和技术，为原能细胞的发展提供方便。他说：“高教授是世界级的低温保存领域的权威，我们原能细胞是一家刚刚起步的细胞生物企业。但是，我们都是中国人，我们都有一个共同的使命，就是为人类健康做出贡献。”

高大勇对于远道而来的瞿建国一行表示了自己的诚意：“瞿总，作为一个在低温保存领域方面的专家，我乐见像原能这样致力于细胞生物的企业越多越好。我也愿意以自己的知识，帮助原能这样的企业不断成长。”

瞿建国认为，聘请高大勇这样的科学家到原能细胞工作似乎不现实，毕竟，原能还是在起步阶段。但瞿建国非常愿意与华盛顿大学结成合作关系，同时也能使高大勇更加放心地与原能细胞形成紧密的合作。

在高大勇教授的牵头安排下，很快华盛顿大学副校长Jeff亲自来上海拜会瞿建国。会面中介绍了华盛顿大学设立“原能细胞讲习教授”基金的方案，捐赠方捐资100万美元给大学基金会，建立的基金本金不动，每年产生的5%左右的利息，也就是约5万美元，可以由捐赠人指定的讲席教授支配使用。同时，捐赠方将成为华盛顿大学各种资源的优先合作方。

在高大勇的努力和积极协调下，面对华盛顿大学伸出的橄榄枝，求贤若渴的瞿建国拍板决定：捐赠100万美元，设立原能细胞讲席教授基金。目前，高大勇教授的所有个人介绍、发表的论文都署名原能细胞讲席教授。

高大勇教授自然对瞿建国的慷慨非常感激，便问瞿建国：“对我有什么要求？”

瞿建国说：“要求谈不上，但高教授在世界细胞生物科技的第一线，对整个行业的动态了解得要比我们迅速和深刻，我想以后在这方面高教授会对我们有所帮助。”

“这个是应该的。现在是全球一体化，知识财富应该由全人类分享。

提供行业发展动态，这本身就是我应该做的工作。”高大勇松了一口气。这个要求对他而言，实在是太轻松了。“这样，为了帮助原能细胞尽快实现细胞生物的产业化，我建议华盛顿大学和原能细胞一起合作成立深低温研究实验室。我们来提供技术支持，你们来负责课题运行。资金由原能细胞解决。实验室可以设立在上海原能细胞总部。”高大勇给出了实质性建议，这对原能细胞来说是一件好事。

2016年，瞿建国、杨焕凤到华盛顿大学拜访高大勇教授（左一）

访问美国华盛顿大学，看到校园内比尔·盖兹家族、波音公司等捐赠的一座座建筑，瞿建国很有感触。国外的教育、医疗之所以如此先进和发达，原因之一是有企业家的捐赠支持。回国后，瞿建国出资支持上海市健康医学院建立了教育发展基金，并担任理事，每年捐资给医学院支持教育发展。

“深低温研究实验室就设在海泰楼的六楼。光仪器设备就投资了数百万元人民币。”何晓文对这个实验室的建成非常兴奋，回到中国以后，虽然整体条件比不上在美国，但许多事情可以按照自己的设想一步步实现，这才是他回国创业最大的理由。后来的事实证明，投在这个实验室的数百万元人民币是物有所值的。许多高端专业人士到原能细胞面试，因为这个实验室，很快就决定留下来。里面的许多仪器，甚至比中国一流的大学还要“高大上”。

健康医学院院长黄钢的好友是上海理工大学研究生院院长刘宝林教授。在一次健康医学院举办的会议上，杨焕凤认识了刘宝林教授，便积极邀请刘教授到原能来参观讨论合作。

刘宝林是上海理工大学医疗器械与食品学院院长，教育部“现代微创医疗器械及技术”工程研究中心副主任，上海市重点学科“医疗器械工程”学科带头人，上海市东方学者特聘教授，被列入教育部新世纪优秀人才支持计划。他曾经在1993年获得制冷及低温工程博士学位，是国内著名的深低温领域专家。

2014年5月就到原能细胞工作的徐艳红说，刘宝林团队的加盟大大推进了包括冻存液在内的一系列产品的改进工作，为原能细胞实现大规模商业化存储细胞奠定了坚实的技术基础。

在细胞处理方面，除了冻存液，还有洗涤剂和复苏液。细胞放到零下196摄氏度液氮之前，首先要放到冻存液里处理。冻存液里有一种叫二甲基亚枫的化学成分，具有一定的毒性。所以在使用冻存液后，还要用洗涤剂予以清洗，通过离心的方式，将二甲基亚枫甩出去。复苏液的原理和洗涤剂的原理是相同的。

“在市场上，有好的洗涤剂和普通的洗涤剂之分，两者的价格要差50%左右，洗涤效果要差10%左右。”徐艳红说，有一些比较高端的细胞，比如心肌细胞和胰岛细胞，都需要用好的洗涤剂清洗，一般的洗涤剂不能满足它们的需要。在何晓文的带领下，大家通过翻阅文献和资料，不断研发探索，渐渐解决了洗涤剂的改进问题。

在改进洗涤剂的同时，冻存液的改进工作也在有条不紊的进行中。后来参与冻存液改进的郭昊博士称，这项工作非常专业，主要是利用购买的先进设备，分析各种细胞在冻存过程中的偏好性，根据冻存过程中结出的冰晶的不同，了解细胞对渗透压的承受情况，在此基础上，通过不同的试剂，配比出最合适的冻存液。

徐艳红说，这个团队最大的成功不仅仅是改进了洗涤剂和冻存液的品质，更重要的是改变了细胞冻存的方式。直接从常温到零下196 摄氏度，细胞会受到伤害。必须逐步降温，才能使细胞被安全地存储起来。这个过程，就像船过三峡大坝，要一级一级降温，才有效果。传统的细胞降温有两种办法，比较普遍的是通过程序降温盒逐渐实现细胞降温，还有一种是通过程序降温仪器逐渐实现细胞降温。程序降温仪是在程序降温盒的基础上增加了控制时间的仪器，这样对降温时间的控制更为精确。

在何晓文团队的努力下，原能细胞通过“冻存管改造+程序降温仪+冻存方式”的办法，对传统的冻存方式进行了革命，这样，细胞的生物活性将提高10%~20%。

何晓文称，通过对冻存液和冻存技术的改进，原能细胞实现大规模商业化细胞存储变成可能。企业还将自主生产冻存液、洗涤剂等相关产品，使之成为新的盈利点。

与长征医院合作招募1000名志愿者，开展临床研究

何晓文的到来，使原能细胞的医学技术研发工作很快走上正轨。2015年秋天，瞿建国对何晓文说：“我们不要老王卖瓜，自卖自夸。我们的免疫细胞好不好，不能自己说了算，专业的事情要请专业的人做。何博士，你去找一家医院，招募一些志愿者，我们免费给他们打一针免疫细胞，请第三方专业机构测试评估，看看我们的细胞到底好不好。”

瞿建国的一番言论让何晓文大为叹服：“毕竟是企业家，看问题和科研人员不同。”一般检测免疫细胞的功效都是用小白鼠作为试验对象。所有的小白鼠都生活在一样的环境里，得出的数据比较真实。而向社会公开招募志愿者，则风险极大。一是为志愿者生活的环境完全不同，年龄职业相差悬殊，身体素质也千差万别，最后的数据难免失真。二是一针免疫细胞价值数万元，费用不低，对刚刚起步的原能细胞来说是一笔不小的支出。但这样的检测方法却很有说服力，对企业形象的宣传和企业品牌的推广也很有帮助。

长征医院的院长对瞿建国非常赏识和认可，认为瞿建国有魄力，干事情踏实稳健。长征医院需要建设一个生物样本库，瞿建国爽快地答应帮忙。2015年原能细胞与长征医院签订了合作协议，共建细胞库及转化医学中心，并约定了五个方面的合作项目，其中之一就是有关免疫细胞抗衰老的研究。何晓文把启动项目这个想法与医院负责临床转化的王雪琦博士进行了沟通，她非常支持，但项目落在哪个科室呢？试探了几个，输血科唐晓峰主任非常有兴趣，马上打报告给院里。很快，医院同意了他们的这个方案，双方初步确定第一阶段向社会公开招募50名志愿者。

原能细胞与长征医院合作签约，右为长征医院院长郑兴东

原能细胞和长征医院的临床合作一直在进行中。当初从列支敦士登Liconic公司花了200万美元买来的生物样本深低温存储系统，就建在长征医院。免疫细胞有两个功能，一是治疗癌症，二是提高人体免疫力。瞿建国希望把长征医院作为原能细胞提高人体免疫力的一个合作单位。作为一个存储细胞、研究细胞应用的企业，与国家级三甲医院结成战略合作，发挥了双方的互补优势，为未来原能产品的转化应用奠定了基础。

在与长征医院合作之前，原能细胞已经与上海赫赫有名的三甲医院中山医院在2015年7月签署了合作成立细胞治疗中心的协议。何晓文很自豪，中山医院的地皮极为金贵，但是，在了解了原能细胞的工作后，他们马上调整了500 平方米的场地，建立一个细胞制备中心。“中山医院的肝癌手术非常有名，其领军人物樊嘉院长是中科院院士，肝外科主任。”

2018年3月，中山医院生物治疗中心与原能细胞合作开展的“新型NK–T细胞治疗晚期肝癌患者”的临床试验，获得中山医院伦理委员会批准，正式向社会招募6名受试者。

与医院在临床方面展开合作，推动了细胞制备业务的深入开展。所谓的细胞制备业务，就是把存储的细胞改造成临床所需要的细胞。瞿建国曾形象地说，免疫细胞治疗，就是从人体中抽取一个游击队员， 然后通过细胞扩培和制备，变成一个集团军，最后回输进入人体，为人类的健康服务。制备，就是一个从游击队员变成集团军的过程。存储的细胞只有经过扩培制备，才有医学价值。

细胞扩培制备工作，要随时满足合作医院的临床需要。负责这项工作的王岱蒙说，制备工作几乎处于24小时待命状态："有一次，我们早上5点到单位，开始制备细胞，然后早上7点多送到市区的长征医院，因为受试者要赶早晨9点的飞机。"

抢占行业制高点的CAR-T细胞疗法

2015年，年轻的郭昊还在上海交通大学药学院读博士研究生，利用撰写论文的空隙时间，他来到闵行区银都路上的科济生物医药（上海）有限公司实习，赚一点零花钱，贴补自己的生活。郭昊在公司里负责肿瘤机制的研究。

2016年初的时候，郭昊获悉美国将举办一个关于免疫细胞治疗方面的国际性会议，他想了解一下国际上免疫细胞治疗的最新动态，于是报名参加了会议。在这个会议上，郭昊全面掌握了CAR-T细胞免疫疗法的相关信息。这是一个和他专业交叉的学科，实用价值很大，前途广阔。

1988年，Steven Rosenberg与他的同事发现体外培养的外周血淋巴细胞经IL-2激活扩增后能够有效杀灭未经培养的原代肿瘤细胞，他们把这些细胞称为LAK细胞（Lymphokine-activated killer cell，淋巴因子激活的杀伤细胞）。这些细胞在回输至患者体内后能够广谱地杀伤肿瘤细胞。但Rosenberg发现单纯使用LAK细胞治疗晚期癌症的病人并不能产生很好的效果。

1991年，Schmidt-Wolf报道了细胞因子诱导的杀伤细胞（CIK）。相比较于LAK细胞，CIK细胞具有更强的细胞毒性，并表现出了更好的扩增效率，为开发更新的CAR-T细胞疗法提供了坚实的基础。

原能细胞与中山医院合作签约，左为中山医院院长樊嘉院士

Gideon Gross于1989年报道了第一个CAR分子的产生。2010年，出现了一例严重的脱靶毒性致死事件，使得CAR-T的发展受到了不小的打击。

2012年，6岁的艾米丽·怀特海德（Emily Whitehead）因罹患B细胞急性淋巴性白血病而生命垂危，成为全球第一位接受试验性CAR-T疗法的儿童患者。在接受CAR-T治疗后，虽然出现了强烈的副作用，但是奇迹般地痊愈了。这一事件极大激发了CAR-T的不断发展，到2017年7月13日，诺华公司的CAR-T产品获得美国药品食品监督管理局（FDA）顾问委员会的全票通过。2017年8月30日，其CAR-T产品Kymriah成为全球第一款获得FDA批准上市的药物。

中国在CAR-T产品方面还是一个空白。郭昊决心紧跟这个世界医学的潮流，有所建树。回到国内后，郭昊被导师叫回学校修改博士论文。这一改，就是将近一年时间。2017年春节前夕，郭昊决定回西安老家过年。在走之前，他想把毕业以后的工作落实好。郭昊在科济生物工作了一段时间，也熟悉了那边的工作环境，但真正要选择科济生物，他心里还是忐忑不安的。因为科济生物是一家初创型企业，资金完全依靠风投，有几次资金链跟不上，企业的经营就出现了问题。郭昊感觉还是找一家更可靠的企业为好，他就把自己的信息发给了猎头公司。

就在郭昊返程的前几天，他突然接到了原能细胞HR姚莉虹的电话，希望他到公司面试。其实，那几天郭昊的日程安排得特别紧，最后，他安排在自己返程的当天，到原能细胞参加面试。

何晓文也在寻找适合做CAR-T细胞免疫疗法的人才，这是世界免疫医学顶上的皇冠，只有掌握了CAR-T细胞免疫疗法，原能细胞才能在行业中具有话语权。开始的时候，原能细胞找了几个专业人员，但一年多时间下来进展不大。何晓文决定换人，正好，郭昊的资料进入了他的视线。

因为都是专业人员，何晓文对郭昊的面试直来直去，直奔主题。他说：“郭博士，在我们研发工作中，提高CAR-T细胞的记忆力是一个关键。那么，如何提高CAR-T细胞的记忆力？有几种路径？它的机制如何？你能够回答我吗？”

国家卫健委原副主任金小桃（左三）、瞿建国（右三）、杨焕凤（左二）、何晓文博士（右二）等合影

还没有走出校门的郭昊被何晓文的这个提问一下子弄蒙了。他尽可能地按照自己的理解回答何晓文的问题。当时，郭昊对自己的回答是非常不

满意的。他最后走的时候告诉何晓文："我尽快把相关答案告诉您！"

何晓文其实对郭昊的回答也没有放在心上。第二天凌晨1点的时候，何晓文的电子邮箱收到了郭昊的回答，除了有他自己对这个问题的见解外，还附有30多份相关文献。这些工作，部分是郭昊在从上海到西安的高铁上完成的，部分是郭昊到西安以后完成的。面对如此高效专业的人才，何晓文非常激动，他当即拍板，一定要留下这个年轻人！

何晓文说，郭昊是他进入原能细胞以来，唯一一个当天面试、当天拍板录用的员工。

郭昊的到来果然为何晓文带来了惊喜。2017年4月，郭昊以实习生的身份加盟了原能细胞的CAR-T细胞研发团队。2017年7月，郭昊正式入职原能细胞，慢慢地成为CAR-T细胞研发团队的负责人。

在癌症的治疗过程中，人们把化学治疗、靶向治疗和免疫治疗称为三次革命。

CAR-T细胞免疫疗法就是先从患者身上分离免疫T细胞，然后利用基因工程技术，通过逆转录病毒和慢病毒载体、转座系统或直接将mRNA转导到T细胞里，使T细胞表面表达嵌合抗原受体（CAR），即成为CAR-T细胞。CAR-T细胞与传统免疫细胞的区别在于，一个是普通的炸弹，一个是巡航精准打击的导弹。使用CAR-T细胞治疗，能够使免疫细胞精准地找到癌细胞。这是一次免疫细胞治疗癌症历史上的革命。

成为CAR-T细胞研发团队负责人后，郭昊对市场上名气比较响亮的CAR-T研发企业进行了全面的总结。发现国内许多研发工作在重复别人的劳动，走别人走过的老路，没有创新性，价值不高。郭昊决定找到市场的痛点，用产业化的办法，走创新的道路，实现原能细胞在CAR-T细胞领域的突破。

从2017年7月开始，一直到2019年1月，经过长达1年半的研发，郭昊带领的团队在CAR-T细胞研发上终于取得成果。经过不断筛选，他们在CAR-T细胞记忆性上，通过基因改造，找到了一个合适的基因元件。在对100只小白鼠进行长达120天的实验观察后，发现使用改造基因后的CAR-T细胞的小白鼠，存活率明显高于使用传统的CAR-T细胞的小白鼠。

没有使用CAR-T细胞的小白鼠，一般在实验进行到30天左右就死亡了。使用传统CAR-T细胞的小白鼠，一般在实验进行到80天左右陆续死亡。而使用了改造基因后的CAR-T细胞的小白鼠，则全部存活超过120天。

“我们研发的CAR-T细胞在护航性上效率更高。”郭昊所说的护航性，就是药品在患者身体里面持续产生效率的时间。一般来说，药品在患者身体里面产生效率的时间长，则对患者恢复健康更为有益。与一般传统的小分子药随着时间的推延药效不断减弱不同，细胞制药可能会随着时间的延长而药效呈现几何级数的增长，这就需要提高细胞的护航性。在这一步上，郭昊和他的团队做到了。

“我们未来将在生物制药上有所突破。目前，正在探索后期的临床使用，做药物层面的申报。”郭昊解释说，细胞生物制药未来将成为一种趋势，“一般来说，一个新药的研发需要15年左右的时间和12亿美元的投入。从目前来看，这不是原能细胞能够承担的，但整个新药研发是一个系统，我们原能细胞将在新药的原创性环节上有所作为，将我们的知识成果与大型药企分享，造福人类健康。”

在整个研发的过程中，郭昊要特别感谢的一个人就是杨焕凤。在原能细胞，瞿建国负责全自动生物样本深低温存储系统的研发，而杨焕凤则负责细胞免疫医学和再生医学的新技术新产品的开发。对于何晓文和年轻的郭昊提出来的设想，杨焕凤的原则是，为公司业务发展和产品开发所需要，我一定支持，而你就尽管去努力实现设定的目标。这种开放包容的领导态度，为郭昊团队的研发工作带来了极大的帮助。郭昊团队的成功，其实与瞿建国所倡导的主管负责制企业文化有着不可分割的关系。

在抗体筛选上弯道超车

CAR-T细胞如果没有抗体，就像导弹没有巡航设施一样，只能随机找到癌细胞。在推进CAR-T细胞研发的同时，抗体的研发工作也被何晓文摆上了议事日程。

2017年4月，当郭昊刚到原能细胞开始工作的时候，何晓文决定到自己的母校第二军医大学物色相关的专家。原能细胞的抗体研发已经开展将近两年时间了，可迟迟没有成果。随着CAR-T细胞研发的进行，他要物色一个高水平的专家，来承担抗体的研发工作。

何晓文找到了自己的同学、第二军医大学教研室主任王芳。王芳推荐了李博华："我们学校肿瘤研究所的副所长李博华博士在抗体研究方面很有建树，不知道他有没有兴趣。"

李博华是何晓文的校友，在二军大做博士生导师，负责肿瘤靶向的抗体研究，承担过国家973项目、863项目、强直性脊柱炎新干预策略等重大课题，在行业里颇有知名度。何晓文听了王芳的一番介绍，表示愿意与李博华见上一面。

2002年的时候，李博华已经取得了博士学位，后来一直从事新抗体的研发。李博华所在的第二军医大学肿瘤研究所是一支强大的团队，为抗体药物国家工程研究中心科研攻关群体，曾获得2007年度国家自然科学二等奖、国家技术发明二等奖两项大奖。2017年，正遇部队改制，据说要裁员瘦身，李博华决定先走一步，凭借自己的一身本事，到社会上闯荡一番。长期做基础理论研究的他，希望自己的成果在抗体的临床应用方面有所作为。王芳的到来，让李博华怦然心动。他说："可以，我就和何博士见个面吧！"

何晓文和李博华的第一次见面，就在第二军医大学附近的一个川菜馆里。何晓文虽然是一个科学家，但他从小却很喜欢文学，一直有一个作家梦，语言的感染力很强。在何晓文的描绘下，李博华对原能细胞的未来产生了兴趣："何博士，能否安排我参观一下原能公司，然后我再做最后的决定？"

李博华对于未来选择的慎重是有原因的。当时，与他同事多年的王华菁博士也希望在部队改制以前重新换个单位。王华菁是做抗体实验的好手，李博华决定与她共进退。出于对朋友的负责，李博华要对原能细胞有充分的了解。

在杨焕凤和何晓文的热情接待下，李博华参观了原能细胞总部。他发现这里的实验室设备有许多甚至比第二军医大学的还要先进，说明老板是一个为了做事业而愿意砸钱的人，在这里做抗体筛选完全没有问题。让李博华最后下决心的是，瞿建国的创业故事深深打动了他。一个已经功成名就的60多岁的企业家，居然为了细胞生物事业从头再来，这份豪气让刚刚想走出体制自谋发展的李博华钦佩不已。2017年7月，在办理离职手续后，李博华和王华菁正式加盟原能细胞，成为抗体研发团队的一员。和李博华、王华菁一起到原能细胞的，还有李博华承接的国家科技部强直性脊柱炎新干预策略课题。

从事抗体筛选，必须建立一个庞大的抗体库，里面抗体的数量要达到10的11次方，绝对是一个天文数字，这是抗体研发的第一步。

李博华和王华菁的到来加快了原能细胞抗体产品的开发。到2017年10月，一个全人源抗体库已告建成。基于原能细胞大量的免疫细胞存储志愿者，团队用临床研究不需要的B细胞建库，总计用了200个志愿者的样本，建成一个10的11次方噬菌体展示文库。

筛选抗体一般公司使用的是小鼠杂交瘤技术，从小白鼠脾脏中的B细胞筛选抗体，这种抗体被称为鼠源单克隆抗体。小鼠和人类是两种不同的物种，鼠源单克隆抗体打到人体里，会产生一些不良的免疫反应，与人体的亲和力较差，必须经过人源化的操作，利用基因手段，置换或者切除单抗基因中鼠源性的蛋白片断，弱化其在人体内的抗原性。重新表达的抗体，其大部分氨基酸序列为人源序列取代，才能在人体中起到作用。单克隆抗体的发展经历了四个阶段，分别为鼠源性单克隆抗体、嵌合性单克隆抗体、人源化单克隆抗体和全人源单克隆抗体。从鼠源单克隆抗体到人源化单克隆抗体，是抗体筛选中的常规动作，但筛选出的抗体与人体的亲和力还是不理想。

全人源抗体库筛选出来的抗体经过亲和力成熟后，具有非常好的成药性。全人源抗体库建成后，原能细胞的抗体开发平台更加完善。

李博华和王华菁还发现，原能细胞的抗体研发工作主要是围绕服务CAR-T细胞展开的，还远远没有把抗体研发上升到单独开发抗体药物上来。他向杨焕凤和何晓文提出了把抗体作为一个单独的项目来研发，筛选出来的抗体，一方面做为CAR-T靶点，提供给郭昊团队；另一方面由抗体团队进一步开发成抗体药物，在细胞医学技术和医学转化上赢得战略制高点。

2018年，根据以往抗体研发的经验，李博华和王华菁建议再建设一个抗体次级库。李博华的思路是，次级库的抗体完全从人体免疫细胞中提取，这样所有的抗体全部从鼠源抗体变为人源抗体。

在肿瘤治疗方面，单克隆抗体、肿瘤疫苗、免疫检查点阻断、CAR-T和双特异性抗体都是免疫治疗的有力工具。在20世纪80年代，双特异性抗体就被提出用于治疗癌症。直到最近，双特异性抗体被深入研究，专家发现可以通过双特异抗体的结构优势，将效应细胞转向肿瘤细胞，增强对肿瘤的杀伤力。此外，双特异性抗体不仅在治疗剂和靶标之间进行有效链接，而且同时阻断两种不同的致癌介质，能同时治疗多种不同的癌细胞。

完全源于人体免疫细胞的次级库建立后，李博华和王华菁的工作速度大大提升。他们把抗体药物的研发定位在从单克隆抗体到双特异性抗体两个层面，加上李博华原来承接的国家科技部强直性脊柱炎新干预策略课题，在短短一年时间里，都取得了实质性的突破。他们还为郭昊团队研发的CAR-T细胞筛选到了最合适的抗体。

2018年8月，李博华和王华菁利用两个单克隆抗体链接起来形成的双特异性抗体，经过多组小白鼠试验，显示了良好的开发前景。李博华很谦逊地说："我们只是完成了抗体药物的早期研发和临床前准备，要使其真正成为一种新药，还有漫长的路要走。"李博华所说的漫长的道路，就是临床试验和大批量生产上市。对于他们的科研成果，许多世界500强药企已经伸出了橄榄枝。而李博华和王华菁在离开自己成长的第二军医大学后，正朝着自己的梦想又进了一步。

胡润百富尚优品榜的新秀奖产品

2019年1月16日，"第十五届胡润百富尚优品"颁奖典礼在上海举行。全球领先的研究中国高净值人群的权威机构胡润研究院正式发布《2019至尚优品——中国千万富豪品牌倾向报告》，原能细胞研发的抗衰精华系列主打的轻奢级产品I-CYTES修护精华液以其优越的抗衰功效和安全性，一举夺得"高端抗衰护肤新秀奖"。据称，胡润研究院撰写的这份报告，访问了465位千万级以上富豪，其中84位资产过亿。平均年龄为35岁，男女占比分别为58%和42%，来自北上广深一线城市、主要二线城市以及港澳台地区和海外城市，是指引中国高净值人群高端消费趋向和品牌偏好的全新风向标。

原能细胞副总裁韦嘉称："细胞健康了，皮肤才真正健康。我们研发这款产品，希望通过前沿的细胞生物技术，从根本上改善自身皮肤的免疫力，以此来抵抗年龄、环境、压力等人们不得不面临的肌肤挑战。"

原能I-CYTES修护精华液只是原能细胞研发的第一款美容护肤产品，其最大的特点就是拥有100余种高活性亲和蛋白，百倍于同类产品，能够唤醒肌肤的自愈力。说起这个产品的诞生，颇有点无心插柳柳成荫的感觉。有一次，瞿建国在听取科学家的汇报时，听到他们提起在人体细胞培养过程中，会产生很多生物活性蛋白和小分子肽，在医疗和美容行业都有很好的应用价值，便说："那你们开发一些化妆品试试，也许会有意想不到的收获。"

不久以后，何晓文带领技术部门按照瞿建国的要求，在做了很多基础研究和细胞毒性评价等工作后，将多种对人体皮肤有益的成分做了生物技术改性，大大提高了生物活性物质的透皮效率，研发出的美容液具有优异的抗衰老和修复功效。产品出来了，杨焕凤带头和一些原能的早期客户开始试用，在试用了一段时间后，发现皮肤变得通透白皙，皱纹也变浅了，效果出乎意料地好。跟随瞿建国多年，杨焕凤养成了敏锐的商业嗅觉，她要求技术部门把美容护肤品的开发逐步向医用方向发展，并准备依托这个产品，建立一个新的子公司，独立发展。

2018年5月，原来在伽蓝（集团）股份有限公司做化妆品研发工作的严晓娟博士正式加盟原能细胞，大大加快了美容护肤品的研发进程。伽蓝（集团）股份有限公司的美素、自然堂、植物智慧、医婷四个品牌在化妆品、个人清洁与护理品领域享有盛名，是2010年上海世博会唯一参展的中国化妆品企业。在严晓娟面试时，面试官给了她一本《瞿建国微信微博选》，严晓娟感到好奇，一个企业的老板居然去写书，真是蛮有闲情雅致的，打开一看，全是正能量传播，还是每天一篇，够厉害的！可以说，正是看了《瞿建国微信微博选》，严晓娟才下定决心，选择了原能细胞。

美容化妆品要进入市场，必须在产品的安全性、稳定性、温和性和功效性上下功夫。严晓娟发现，原能之前研发的修护精华液在这方面是有所欠缺的。她到来的第一件事情，就是改进这些方面存在的问题。到了2018年10月份，修护精华液完成了食药监局的报备工作，能够上市销售了。

李丽娟是原能细胞丽人会员部的总经理。这个机构是研发修护精华液的时候，杨焕凤要求建立的。杨焕凤借鉴了开能环保的会员俱乐部和正道红酒俱乐部的营销模式，考虑到修护精华液比较高端，价格不菲，走传统的商超渠道难以销售，建议建立一个丽人会员部，通过红酒分享、茶会雅聚的形式，把有一定消费能力的女性汇聚在一起，搭建美容护肤品的营销渠道。

李丽娟说，丽人会员部建立在2017年11月，先后有50多人成为会员。这些会员，有的是存储细胞的客户，有的是投资人，还有的是杨焕凤的朋友。那时候，修护精华液刚刚开始研发，大家通过试用的方式，接受了这款产品。

在严晓娟加盟以前，原能细胞的化妆品研发团队尝试过冻干粉产品的开发。修护精华液是一种液体的化妆美容品，而其中所含的活性物质在空气和水的条件下容易氧化水解，从而造成活性降低乃至消失。对于需要保持生物活性的物质，冻干是一种有效的方法。就是在低温下使液体制品所含的水分冻结，然后放在真空的环境下干燥，让水分由固体状态直接升华为水蒸气并从制品中排除而使制品活性保存。这种方法有效地防止了制品理化及生物特性的改变，使其快速进入休眠状态，有效保护了许多热敏性药物和生物制品有效成分的稳定性。

原能细胞曾经委托第三方做产品的冻干，但没有成功。严晓娟的到来使何晓文又旧事重提，他希望尽快恢复冻干粉的研发工作。

冻干粉技术严格意义上属于生物医学范畴，严晓娟也没有做过相关的实验。面对何晓文交办的任务，这个文弱的小姑娘显得有点兴奋：冻干粉技术好“高大上”，真是一次学习的好机会！

2018年6月，原能细胞开始冻干粉的研发工作。当时，企业连做冻干粉实验的设备也没有。通过多种渠道打探，严晓娟终于在张江高科技园区找到了一家企业，利用他们的实验室设备，开始了冻干粉的研发。通过设计处方，开发工艺，配方和工艺条件摸索与优化等程序，同年9月底确认了冻干粉的工艺和处方。为了技术从小试到生产放大，原能细胞对多家生产商进行了解和技术沟通，最终在11月份确定了生产商并开始中试放大生产。严晓娟说：“光小试实验我就做了几十次，积累了大量的数据和经验。”

由于原能细胞对产品的要求高，技术难度大，中试过程中仪器频频出故障，最终以操作人员失误而告失败。杨焕凤鼓励大家：“我们现在离成功只有一步之遥，不要轻易放弃！”严晓娟清楚地记得，最后一次中试实验，各部门大力配合，技术人员亲临现场，3天日夜坚守，终于成功完成了首次批量生产。原能细胞的冻干粉产品目前已进入产品的临床验证和备案阶段，不日将正式上市销售。严晓娟很自信：“比较过国内外类似产品，原能的产品是高于其他同类产品的。未来将做国内最好、国际品质最高的护肤品，做最有科技含量的优质产品，为爱美人士带来福音。”

2019年，带着梦想一起飞

2019年春节，瞿建国登上了飞往德国的航班。每年春节，他都要到世界著名的葡萄酒产地寻酒、品酒、买酒，为正道红酒俱乐部调整品种。这一次去德国，除了看红酒庄园，主要还是和当地一家企业洽谈合作生产全自动生物样本低温存储系统事宜。在春节前，日本的合作厂商希望瞿建国为产品起一个响亮的名字。瞿建国深思一番，说：“就叫天宫100型吧。”天宫，就是广漠浩大的意思，意味着这套系统可以存储的细胞无穷无尽。100，就是未来人们的期望寿命有望达到100岁以上，人人都是百岁老顽童。

全自动生物样本低温存储系统完成第四代改进后，进入了批量生产阶段。瞿建国希望，国内市场由原能细胞生物低温设备有限公司生产销售，亚洲市场由日本合作企业生产销售，北美市场由美国合作企业生产销售，欧洲市场由德国合作企业生产销售。这是他对全自动生物样本低温存储系统全球市场的布局。当时，日本合作企业找到瞿建国的时候，看到原能细胞研发的全自动生物样本低温存储系统，感到极为震撼。他们在几年前也研发过相关产品，但都失败了。想不到这个产品居然在中国被研发成功了。

瞿建国（左四）等人与德国合作伙伴Liconic创始人Cosmas（左三）合影

德国的那家合作企业，是一家生产传统医疗仪器的厂家。瞿建国看中德国制造的品牌，希望把欧洲的生产点设在德国。这个春节，他在德国忙得不亦乐乎。

2019年，对于瞿建国来说，真是一个特别的年头。已经规划好的千万份细胞库将要在5月份完工启用，不断升级研发的全自动生物样本低温存储系统将要开始量产，治疗实体瘤的CAR-T等一批细胞生物技术将进入临床试验阶段……这份成就，不久以前还是美丽的蓝图，都将在2019年化为现实。

这一年，瞿建国已经65岁了，从2014年7月开始创办原能细胞，他已经走过了五个年头。有人问他几时退休，他笑笑，不敢回答。45岁那年，他退出了申华股份，希望到加拿大温哥华颐养天年。一年以后，他又卷土重来，创办了人生第二个上市公司——开能环保。60岁的时候，他又一次宣告要退休，但因为免疫细胞，又开始了人生第四次创业。现在，原能细胞的雏形已现，正朝着既定的目标奋进。瞿建国感到，他还不能轻言退休，因为未来不知道还有多少问题需要他去解决，有多少困难需要他去克服，有多少业绩需要他去创造。

“做到哪一天就是哪一天吧！”对于一个创业老兵而言，退休是一件奢侈的事情，2019年的瞿建国，还有很多梦想等待着实现。在他的规划中，原能细胞的业务板块被分为全自动生物样本低温存储系统制造的基础业务，大规模、低成本、安全高效人体细胞存储的核心业务，细胞免疫医学和再生医学研发的前沿业务，发挥张江高科技产业园区区位优势的原能细胞张江生命科技产业园和原能细胞复旦生命科技产业园的开放式创新服务生态系统孵化与投资业务。

让瞿建国感到自豪的是，千万份细胞库是中国第一个真正意义上的大规模的商业细胞存储库。他与秦皇岛市合作的第二个千万份级细胞库也已经进入筹划阶段，他希望的1+N细胞库即将变为现实。但是，这种模式、这个细胞库与他所期盼的细胞银行还相差甚远。

瞿建国曾经研究过世界上所有的银行模式，他把银行归纳为三类。其中一类是财富银行，即我们平常所见到的银行系统。在2014年3月19日的微博中，瞿建国提出了时间银行的概念："节俭、辛劳一生，仍贫难困苦无保障。我们创造的价值去哪儿了？如今，劳动累加或者购买1万个时间，30年后必定超过3000万。但如果1万个小时挣来的20万存在银行，30年后又能有多少本息呢？守住时间的价值，唯有存起来。当30年后存有2万个劳动时间时，再也不用担心生活了，因为你已经足够富有了。"

在2014年7月2日的微博里，瞿建国这样写道："银行是不信任的产业，随着人间不信任的持续，时间与生命银行必将诞生。细胞储备实质上是将年轻健康的细胞存起来，以备未来之需。细胞可以重复青春，更可治病救人。细胞不但是健康保障，也能保值增值。就算错过了钱财，错过了时间，也不能让生命白白早逝。原能细胞，生命储存！"

瞿建国认为，再大的细胞库，如果没有交换、买卖、增值的功能，也不能叫细胞银行。人类的主要免疫细胞T细胞来源于骨髓的多能干细胞，在人体胚胎期和初生期，骨髓中的一部分多能干细胞或前体细胞迁移到胸腺内，在胸腺激素的诱导下分化成熟，成为具有免疫活性的免疫细胞。但是人类到了18周岁以后，免疫细胞的新生渐渐减少，一直到60周岁左右停止。这样，细胞的存储业务就有了发展的空间，人类可以将自己年轻时的免疫细胞通过超低温技术存储起来，到年老时再取出来，根据需求，把不同的免疫细胞亚群分别扩培、制备、回输，提高自己的免疫能力。这是瞿建国创办原能细胞的初衷。在细胞存储的基础上，瞿建国考虑引进银行的机制，使细胞存储产生更大的效益。

2016年，西安电子科技大学计算机系学生魏则西，因患滑膜肉瘤，根据百度搜索，找到武警北京总队第二医院，花费了20多万元人民币，接受了4次生物细胞免疫治疗，最终还是没能治好肿瘤，因病情恶化而死亡。

魏则西事件经媒体披露后，引起了轩然大波。2016年5月2日，国家网信办会同国家工商总局、国家卫计委成立联合调查组进驻百度公司，对魏则西事件及互联网企业依法经营事项进行调查并依法处理。2016年5月9日，联合调查组因百度搜索相关关键词竞价排名对魏则西选择就医产生影响，百度竞价排名机制存在付费竞价权重过高、商业推广标识不清等问题，影响了搜索结果的公正性和客观性，容易误导网民，责成百度公司必须立即整改。

魏则西事件导致的直接后果是，国家卫计委发文叫停所有免疫细胞疗法，明确要求自体免疫细胞治疗技术按照临床研究规定执行。中国的细胞生物公司的研发工作几乎全部陷入停顿，瞿建国所在的原能细胞也不例外。

闻玉梅院士与瞿建国参加中国卫生信息与健康医疗大数据学会细胞生物产业化专委会成立大会（原能细胞为该专委会主任委员单位）

这种情况在2018年有了好转。这年年初，就传来了2017年末国家食药监总局药审中心先后受理两个免疫新药上市申请的消息。再早些时候，中国细胞生物学干细胞生物学分会编制的中国首部《干细胞通用要求》发布。

2018年1月，国家知识产业局发布的2018年新版《知识产权重点支持产业目录》，将干细胞、免疫细胞等党中央、国务院文件明确的重点发展方向列为重点支持产业。

2018年2月，国家卫计委官网刊出关于政协委员"改进干细胞临床研究准入标准"提案的答复函。答复中明确指出：今后，随着研究领域工作的不断深入，管理体制机制不断健全，国家卫生计生委和食品药品监管总局将适时对《干细胞临床研究管理办法（试行）》进行修订完善，以适应我国干细胞临床研究的发展状况和管理要求。这个消息摆明管理层顺应时代发展，为干细胞产业的重振开启了大门。

克隆羊之父伊恩·维尔穆特爵士（Sir Ian Wilmut）（中）来访开能原能

2018年，国家统计局明确将干细胞临床应用服务列为现代医疗服务范畴，分类代码是080106，国民经济行业代码是8499，这是国家相关部门首次将干细胞行业列入产业统计分类，也代表着我国政府对干细胞产业发展的认可和支持。这一年7月，上海市人民政府正式对外发布《关于进一步推进本市健康服务业高质量发展加快建设一流医学中心城市的若干意见》，重点强调有序发展前沿医疗服务，发展细胞治疗、基因治疗、液体活检技术，推动新型个体化生物治疗产品标准化规范化应用，打造免疫细胞治疗、干细胞治疗和基因检测产业集群。这是绝对的利好消息！

2018年11月29日，诺贝尔委员会和诺贝尔生理学/医学委员会秘书托马斯·帕尔曼教授一行参观了原能细胞。这是帕尔曼教授的首次中国之行。在听取了原能细胞副总裁、技术总监何晓文博士在深低温冻存技术、冻存设备方面，以及在细胞扩培、细胞治疗技术和细胞治疗药物产品方面所取得的进展后，帕尔曼教授对原能细胞的工作表示赞赏。

2018年，诺贝尔生理学/医学奖授予美国科学家詹姆斯·艾利森和日本科学家本庶佑，以表彰他们在癌症免疫治疗方面所做出的贡献。帕尔曼教授就是那个打电话通知获奖者的人，他本身也是干细胞研究方面的权威。

帕尔曼教授还参观了开能健康，对其自动化清洁车间、全水回收系统印象深刻，并在开能健康发起的“‘向塑料瓶子说不’环保行动计划——塑战速决”的行动宣言板上签下自己的名字。

2019年12月10日，诺贝尔奖颁奖仪式在瑞典的斯德哥尔摩举行。在古朴的市政厅里，1200多位宾客受邀参加了典礼。主席台上，瑞典国王和王后以及女王储及其丈夫出席，由瑞典国王为获奖的科学家颁发证书。瑞典国家音乐团的艺术家们倾情表演。瞿建国、杨焕凤盛装出席。

瞿建国和杨焕凤还受邀参观了位于卡罗林斯卡大学校园里的诺贝尔楼。在诺贝尔基金会理事、生理学或医学奖评审委员会秘书长帕尔默教授的解说中，瞿建国大受启发。

诺贝尔先生当年对其财富的安排方式，成就了诺贝尔奖对人类社会和科学发展的巨大贡献。本来瞿建国对自己财富的安排就是回馈社会，未来还有很多的事情可以做。

一切的困难都已经过去。对于未来，瞿建国还有着自己的梦想，那就是把原能细胞做到科创板上市。瞿建国作为一个资本市场的老兵，热切地憧憬着！

分享浦东开发开放30年成果

2020年，是浦东开发开放30周年，也是中国资本市场成立30周年。11

月18日晚，陆家嘴金融城组织开展“LuTalk陆家嘴大讲堂——纪念浦东开发开放30周年暨中国资本市场30周年”系列活动第四讲，国务院新闻办原主任、首任浦东新区管委会主任赵启正，中国最早的上市公司之一“申华实业”创始人瞿建国，以及盒马（中国）副总裁沈丽从各自的经历出发，回溯了自己在浦东这片热土上的创新创业历程。

作为浦东开发开放的亲历者、土生土长的浦东人，瞿建国和大家分享人生四次创业的历程。瞿建国透露，他正在筹备第五次创业，希望未来在80岁的时候，依然能够在浦东的土地上创业创新，“奉献一切所能，创业奋斗终生”。

对于瞿建国来说，2020年实在是不平凡的一年。突如其来的“新冠”肺炎疫情，既给自己带来了压力，也给自己带来了希望。4月，开能健康发布公告，控股股东钧天投资与瞿建国在4月10日签署了《终止协议》，双方同意瞿建国将其持有的公司11.38%股份项下的表决权委托期限于该协议签署之日终止。此外，瞿建国还签署了《关于放弃表决权的承诺函》，另行放弃其持有的公司2.31%股份表决权。本次权益变动完成后，瞿建国及其一致行动人合计可支配公司29.59%股份表决权，公司创始人瞿建国重新成为上市公司实际控制人。当天，开能健康董事长赵笠钧递交了辞职报告。2020年6月2日，开能健康第五届董事会第一次会议聘请瞿亚明担任公司总经理，聘请金凤担任公司副总经理，聘请蒋玮芳担任公司副总经理兼任董事会秘书，聘请袁学伟担任公司财务总监。开能健康翻开了新篇章。

帕尔曼教授与瞿建国在“向塑料说不”活动板后的合影

瞿建国近照

新的管理团队为开能健康带来了新气象。2021年4月13日，开能健康发布公告称，2020年营业总收入达到118112.16万元，较上年同期实现12.22%的增长。

原能细胞也是喜事连连。原能集团旗下原能细胞医学技术有限公司宣布完成超过2亿元人民币的A轮融资。本轮融资由浦东科创、张江科投和沂景资本联合领投，原有股东方启明创投，建发新兴、高森资产跟投。

根据浦东“6+6+X”重点产业布局设计，解决产业发展中的“卡脖子”节点，体现浦东科科创中心特点的“中国芯”“蓝天梦”“创新药”“未来车”“智能造”“数据港”等六大硬核产业已经引起更多的关注。生物制药成为“创新药”的重要组成部分，让原能细胞再次成为政策红利的受益者。

人们有理由期待，已经67岁的瞿建国，未来的第五次创业究竟是什么。在浦东这块开发开放的热土上，一切奇迹都有可能发生。

本书采访团队到开能环保访谈时与瞿建国（前排右六）等人的合影（前排右五为范永进、右七为秦其斌、右八为沈惠民）

本书写作团队讨论创作工作

后记

“老八股”之一“申华电工”创始人瞿建国，是研究中国股市发展、企业制度演变、民营经济及企业家精神等课题时，较值得关注的一位重要人物。上海金融文化促进中心致力于凝聚力量讲好中国金融故事，策划出版金融文化丛书。本书力求从中国资本市场发展的一位历史亲历者角度，挖掘珍贵史料，讲述精彩故事，启发思考探索，从一个视角展现改革开放和金融发展的宏大背景，也体现中国民营企业家勇于开拓、不屈不挠、持续创新的精神价值。

本书的创作设想源于2016年11月，上海金融文化促进中心理事长范永进带队，组织沈惠民、金蕴等有关专家、企业家及写作编辑团队参观了瞿建国的新华老年公寓；后于2017年3月起，中心又组织采访团队在高安路瞿建国早年寓所、浦东开能环保公司等地对瞿建国及其创业同仁、干部员工、早年同事、亲友徒弟等进行了多轮专访；同年12月，本书整理执笔人王家骏、徐进等加入，并担纲繁重的采写任务。本书历时4年多完成，上海金融文化促进中心多位员工也参与访谈工作，在此不一一列名。《上海证券报》记者徐汇为本书提供部分照片。

本书传主瞿建国非常支持本书的编写工作，热忱接待，接受采访。瞿总公司的领导、干部及员工杨焕凤、庄乾坤等为本书的采编提供便利，并提供相关材料。

由于编者水平所限，本书难免还存在一些错误和不足，敬请各位读者批评指正。